El

¿TIENE FUTURO DIOS?

"Al ser un físico nuclear que trabaja con la teoría básica del campo cuántico, mi visión del mundo está de acuerdo con la de Deepak Chopra. El campo cuántico global holístico es un paso hacia delante en nuestra interpretación clásica y reduccionista de una 'realidad' determinada. Sugiere un cosmos dinámico, vivo, o Wirklichkeit. Se hablará del trabajo del doctor Chopra por mucho tiempo en el futuro".

—Hans Peter Duerr, científico miembro y director emérito del Max Planck Institute for Physics

"Como explica Deepak Chopra, el espejismo es el materialismo de Dawkins, no Dios. Espiritualistas de Oriente, constructivistas de Occidente y físicos cuánticos están de acuerdo: si no lo crea, la mente da forma al mundo. El materialismo es un espejismo de un nivel más profundo de la realidad cuántica, el cual aflora en sistemas vivos y guía la conciencia y la evolución. El 'Relojero' no es ciego. Dawkins sí lo es".

—Stuart Hameroff, doctor en medicina, profesor de anestesiología y director de psicología del Center for Conciousness Studies de la Universidad de Arizona, www.quantumconsciousness.org

"*¿Tiene futuro Dios?* es una exposición brillante de la necesidad de una realidad basada en la conciencia. Es consistente con la visión del mundo de la física cuántica que demostró la importancia de la mente y una respuesta adecuada a las afirmaciones de los ateos militantes, cuya ciencia se basa en puntos de vista anticuados, los cuales ahora se sabe que son falsos y que desde hace casi un siglo se convirtieron en obsoletos".

—Menas C. Kafatos, profesor Fletcher Jones de física computacional en la Universidad de Chapman y coautor de *The Non-Local Universe: The New Physics and Matters of the Mind*

"Una presentación magnífica y argumentada de forma magistral sobre por qué lo aleatorio nunca podrá explicar el gran misterio de la vida en la Tierra. Este libro, maravillosamente accesible, es una lectura obligada para cualquiera que, como le sucedió a Einstein y a otros pioneros de la nueva física, experimente un sentimiento de absoluta humildad al contemplar la grandeza del cosmos". —P. Murali Doraiswamy, profesor de psiquiatría y miembro del Duke Institute for Brain Sciences

"Los descubrimientos más transformadores comienzan con la ilusión, se desafían con el entendimiento, se motivan por la fe, se persiguen con la ciencia y culminan en la verdad. De forma hermosa, Deepak Chopra deja claro que el mayor espejismo es un universo sin Dios o sin conciencia".

—Rudolph E. Tanzi, coautor de *Super Brain*, bestseller de *The New York Times*

Deepak Chopra

¿TIENE FUTURO DIOS?

Deepak Chopra es autor de más de cincuenta libros que han sido traducidos a más de treinta y cinco idiomas. Entre ellos se encuentran numerosos bestsellers de *The New York Times*, tanto de ficción como de no ficción.

DEEPAK CHOPRA

¿TIENE FUTURO DIOS?

Un enfoque práctico a la espiritualidad
de nuestro tiempo

Traducción de Karina Simpson

VINTAGE ESPAÑOL

Una división de Penguin Random House LLC

Nueva York

PRIMERA EDICIÓN VINTAGE ESPAÑOL, MARZO 2016

Copyright de la traducción © 2015 por Karina Simpson

Información de catalogación de publicaciones disponible en la Biblioteca del Congreso de los Estados Unidos.

Vintage Español ISBN en tapa blanda: 978-0-8041-6965-3
eBook ISBN: 978-1-101-87226-0

Para venta exclusiva en EE.UU., Canadá, Puerto Rico y Filipinas.

www.vintageespanol.com

Impreso en los Estados Unidos de América

10 9 8 7 6 5 4 3 2 1

Para todo aquel que busca

Índice

Prólogo

La fe está en problemas. Durante miles de años la religión nos ha pedido que aceptemos, por medio de la fe, a un Dios amoroso que lo sabe todo y que posee todo el poder. Como resultado, la historia ha transitado un camino largo y a veces tumultuoso. Han existido momentos de gran euforia intercalados con otros en los que se han cometido horribles atrocidades en nombre de la religión. Pero ahora, al menos en Occidente, la era de la fe ha declinado de manera drástica. Para la mayoría de la gente, la religión simplemente es algo transmitido. No hay una conexión viva con Dios. Mientras tanto, la incredulidad ha ido en aumento. ¿Cómo podría no suceder eso?

Una vez expuesto el distanciamiento entre nosotros y Dios, una especie de profunda decepción sale a la superficie. Hemos sufrido muchas catástrofes por confiar en una deidad benigna y amorosa. ¿Quién puede reflexionar sobre el Holocausto o el 11 de septiembre y creer que Dios es amor? Me vienen a la cabeza incontables sufrimientos. Si uno averigua qué es lo que la gente en realidad tiene en mente cuando piensa sobre Dios se da cuenta de que su aprecio por la religión no es tan alto, sino que alberga un sentimiento inquietante de duda e inseguridad.

Por mucho tiempo, la carga de la fe ha recaído en el creyente imperfecto. Si Dios no interviene en aliviar el sufrimiento o conceder la paz, la falla debe de estar en nosotros. En este libro he revertido las cosas, poniendo la carga de nuevo en Dios. Ya es hora de hacer preguntas directas.

¿Qué ha hecho Dios por ti a últimas fechas?

Para mantenerte a ti y a tu familia, ¿qué es más efectivo: tener fe o trabajar duro?

¿Alguna vez has permitido *realmente* que Dios solucione un problema muy fuerte en tu vida?

¿Por qué Dios permite semejante sufrimiento en el mundo? ¿Todo esto es un juego o una promesa hueca de que existe un Dios amoroso?

Estas preguntas son tan problemáticas que evitamos plantearlas, y para millones de personas ya ni siquiera son importantes. Siempre está en el horizonte el próximo adelanto tecnológico que mejorará nuestras vidas. En el siglo XXI, para nada está extinto el deseo de un Dios que sea importante.

Como yo lo veo, la verdadera crisis de la fe no es sobre la decreciente concurrencia a la iglesia, tendencia que comenzó en Europa Occidental y Estados Unidos durante la década de 1950 y continúa hasta ahora. La verdadera crisis es sobre encontrar a un Dios que importe y en el que se pueda confiar. La fe presenta una encrucijada en el camino y todos hemos llegado hasta ahí. Uno de los caminos bifurcados conduce a una realidad sostenida por un Dios vivo; el otro conduce a una realidad en la que Dios no sólo está ausente, sino que es una ficción. En nombre de esta ficción los seres humanos han peleado y han muerto, torturado a los infieles, emprendido cruzadas sangrientas y llevado a cabo todos los horrores imaginables.

Hay una presentación desgarradora de cinismo en el Nuevo Testamento cuando Jesús está en la cruz, en una muerte lenta y agónica, y los espectadores, entre ellos los máximos sacerdotes de Jerusalén, escupen y se burlan: "A otros salvó y a sí mismo no puede salvarse. Rey de Israel es: que baje ahora de la cruz, y creeremos en él. Ha puesto su confianza en Dios: que le salve ahora, si es que de verdad le quiere" (Mateo 27:42-43).

El veneno de esas palabras no ha disminuido con el tiempo, pero hay algo más desconcertante. Jesús le enseñó a la gente que debía confiar por completo en Dios, que la fe puede mover montañas. Le enseñó que nadie debería esforzarse hoy o ahorrar para mañana, porque la Providencia le proporcionará todo. Dejando de lado el significado místico de la crucifixión, ¿acaso tú y yo deberíamos tener ese tipo de confianza?

Si tan sólo la gente se diera cuenta de eso, muchas veces al día llegaría a una bifurcación en el camino. No estoy escribiendo desde una perspectiva cristiana —practico una religión no organizada en mi vida personal—, pero Jesús no quiso decir que la Providencia proveerá dinero, comida, refugio y muchas otras bendiciones si tan sólo esperas lo suficiente. Él se refería a la comida de esta mañana y al refugio de esta noche. "Pide y recibirás; llama y la puerta se abrirá" se aplica a decisiones que tomamos en el momento presente. Y esto eleva mucho lo que está en juego, porque si Dios nos decepciona por todas las veces que no ha estado ahí para nosotros, nosotros lo decepcionamos por todas las veces que hemos tomado el camino de la incredulidad, literalmente cada hora del día.

La semilla de la incredulidad está en todos nosotros. Ofrece muchas razones para no tener fe. Creo que, como ser humano compasivo, si hubiera visto el espectáculo de la crucifixión habría sentido compasión. Pero cuando se trata de mi propia vida voy al trabajo, ahorro para el futuro y me pongo nervioso si paso por una calle peligrosa en la noche. Pongo más fe en mí mismo que en un Dios externo. A esto lo llamo el punto cero, el punto más bajo de la fe. En el punto cero, Dios no importa en realidad, no cuando se trata del difícil asunto de vivir. Visto desde el punto cero, Dios es inútil o ineficaz. Puede mirar hacia abajo y ver nuestro sufrimiento y conmoverse, o igual podría darle la bienvenida al sufrimiento y encogerse de hombros.

Para que Dios tenga un sitio en nuestro futuro, debemos escapar del punto cero y encontrar una nueva forma de vivir la espiritualidad. No necesitamos nuevas religiones, mejores Escrituras o testimonios más inspiradores sobre la grandeza de Dios. Las versiones que ya tenemos son lo suficientemente buenas (o malas). Nos debe importar tener un Dios que merezca nuestra fe, y él sólo logrará eso si comienza a actuar en vez de decepcionarnos.

Hacer un cambio tan radical implica algo igual de radical: una reflexión total de la realidad. De lo que la gente no se da cuenta es de que al desafiar a Dios se desafía la realidad misma. Si la realidad es sólo lo que se ve en la superficie, entonces no hay nada en lo cual tener fe. Podemos estar pegados al ciclo de noticias las veinticuatro horas los siete días de la semana y hacer lo mejor que podamos para salir adelante. Pero si la realidad es algo que se extiende a dimensiones más elevadas, el asunto cambia. No puedes reconstruir a un Dios que nunca existió, pero puedes reparar una conexión rota.

Decidí escribir un libro sobre cómo reconectarnos con Dios para que él se vuelva tan real como una rebanada de pan y sea tan fiable como la salida del sol, o como cualquier cosa en la que confías y sabes que es verdad. Si existe un Dios así, ya no hay razón para estar decepcionado ni de él ni de nosotros. No se necesita cambiar de credo. Aunque se debe hacer algo más profundo, reconsiderar lo que es posible. Esto implica una transformación interna. Si alguien te dice: "El reino de Dios está en el interior", no deberías pensar, con una punzada de culpa: "No, dentro de mí no está". Deberías preguntar qué necesitas hacer para que esa declaración sea cierta para ti. El camino espiritual comienza con la curiosidad de que algo tan increíble como Dios quizás exista de verdad.

Millones de personas ya han escuchado sobre "el espejismo de Dios", un eslogan de un grupo de ateos militantes que son enemigos declarados de la fe. Este alarmante movimiento alrededor de Dawkins encubre sus ataques en términos de ciencia y razón. Incluso si las personas no aplican la palabra *ateo* a sí mismas, muchas todavía viven como si Dios no importara, y esto afecta las decisiones que toman en su vida cotidiana. La incredulidad ha ganado implícitamente ahí donde cuenta.

La fe, si es para sobrevivir, sólo puede ser restaurada a través de una exploración más profunda del misterio de la existencia.

No tengo nada crudo que decir sobre el ateísmo no militante. Thomas Jefferson escribió: "No encuentro en el cristianismo orto-doxo ninguna cualidad positiva", pero al mismo tiempo ayudó a fundar una sociedad basada en la tolerancia. Dawkins y sus seguidores están orgullosos de ser intolerantes. El ateísmo puede tener mucho sentido del humor, como cuando George Bernard Shaw bromeó: "El cristianismo sería algo muy bueno si alguien alguna vez lo practicara". Toda línea de pensamiento tiene su opuesto, y cuando se trata de Dios, la incredulidad es el opuesto natural de la creencia.

Sin embargo, no está bien suponer que el ateísmo siempre se opone a Dios. De acuerdo con una encuesta de Pew Research levantada en 2008, 21 por ciento de los estadunidenses que se describen a sí mismos como ateos creen en Dios o en un espíritu universal, doce por ciento creen en el cielo y diez por ciento rezan al menos una vez por semana. Los ateos no han perdido la fe por completo; no hay nada que juzgar en contra de eso. Pero Dawkins propone un nihilismo espiritual con una sonrisa y un tono de confianza. Me di cuenta de que tenía que manifestarme en contra de esto, aunque no siento ninguna antipatía personal hacia él.

La fe debe ser salvada por el bien de todos. De la fe brota una pasión por lo eterno, que es más fuerte que el amor. Muchos de nosotros hemos perdido la pasión o nunca la hemos conocido. Al defender a Dios, quisiera poder infundir la urgencia que está expresada en unas cuantas líneas que escribió Mirabai, princesa hindú que se convirtió en una gran poeta mística:

El amor que me une a ti, oh, Señor,
es inquebrantable
como un diamante que rompe el martillo
cuando es golpeado.
Como el loto emergiendo del agua
mi vida emerge de ti,
como el ave nocturna mirando a la luna que pasa
estoy perdida sufriendo por ti.
¡Oh, amado mío, regresa!

En cualquier época la fe es así: un llanto desde el corazón. Si estás determinado a creer que Dios no existe, entonces estas páginas no te convencerán de lo contrario. Sin embargo, el camino nunca está cerrado. Si la fe puede ser salvada, el resultado será un aumento de la esperanza. Por sí misma, la esperanza no puede traer a Dios, pero logra algo más oportuno: hace posible a Dios.

¿Por qué Dios tiene futuro?

Cuando se trata de Dios, casi todos nosotros, creyentes y no creyentes, sufrimos una especie de miopía. Vemos, y por lo tanto creemos, sólo lo que está frente a nosotros. Los creyentes ven a Dios como una figura paterna benigna que concede paz y justicia al juzgar nuestras acciones realizadas aquí abajo. El resto de nosotros piensa que Dios es algo mucho más lejano, impersonal y desapegado. Sin embargo, Dios puede ser más cercano y estar más comprometido, incluso más cerca que tu propia respiración.

En todo momento, alguien en el mundo se maravilla al encontrar que la experiencia de Dios es real. El asombro y la certeza todavía suceden. Tengo a la mano un pasaje de *Walden*, de Thoreau, acerca de esto, en el que habla sobre "el hombre solitario que es contratado en una granja a las afueras de Concord, y que tuvo su segundo nacimiento". Como nosotros, Thoreau se pregunta si es válido el testimonio de alguien sobre una "experiencia religiosa peculiar". En respuesta, él mira a través de los siglos: "Zoroastro, hace miles de años, viajó el mismo camino y tuvo la misma experiencia, pero él, siendo sabio, entendía que era universal". Thoreau sugiere que si de repente te encuentras infundido de una experiencia que no puedes explicar, seas consciente de que no estás solo. Tu despertar está entretejido con una gran tradición. "Entonces conversa con humildad con Zoroastro y, a través de la liberadora influencia de todos los dignos, con el mismo Jesucristo, dejemos que 'nuestra Iglesia' se vaya por la borda."

En el lenguaje contemporáneo, Thoreau nos aconseja confiar en nuestra creencia más profunda de que la experiencia espiritual es real. Los escépticos voltean este consejo como les conviene. Dicen que el hecho de que Dios haya sido experimentado a lo largo de los siglos sólo demuestra que la religión es un remanente primitivo, una reliquia mental, y debemos entrenar a nuestros cerebros para que la rechacen. Para un escéptico, Dios persistía en el pasado porque los sacerdotes, que tenían el poder para imponer la fe, no permitían que sus seguidores se alejaran. Pero todos los intentos de aclarar las cosas —para decir, de una vez por todas, que Dios es absolutamente real o absolutamente irreal— continúan fracasando. El embrollo persiste, y todos hemos sentido el impacto de la perturbación y la duda.

¿Dónde estás ahora?

Vayamos de lo abstracto a lo personal. Cuando te miras a tí mismo y te preguntas dónde estás parado con respecto a Dios, lo más seguro es que estés en una de las siguientes situaciones:

- *Incredulidad.* No aceptas que Dios es real y expresas tu incredulidad viviendo como si Dios no significara una diferencia.
- *Fe.* Esperas que Dios sea real, y expresas tu esperanza por medio de la fe.

• *Conocimiento*. No tienes duda de que Dios es real, y por ello vives sabiendo que Dios siempre está presente.

Cuando alguien se convierte en un buscador espiritual, desea ir de la incredulidad al conocimiento. Sin embargo, el camino no es claro. Cuando te levantas de la cama por la mañana, ¿qué es lo espiritual que debes hacer? ¿Deberías tratar de vivir en el momento presente, por ejemplo, lo cual se considera muy espiritual? La paz reside en el momento presente, si es que reside en alguna parte. Y aun así Jesús describe lo radical de esa decisión: "Por eso os digo: no andéis preocupados por vuestra vida, qué comeréis, ni con vuestro cuerpo, con qué os vestiréis. [...] Buscad primero su Reino y su justicia, y todas esas cosas se os darán por añadidura. Así que no os preocupéis del mañana: el mañana se preocupará de sí mismo" (Mateo 6:25 y 33-34).

En la visión de Jesús, vivir en el presente implica tener completa confianza en que Dios lo proveerá todo. Su confianza en Dios es ilimitada. Lo que Jesús necesite, llegará. ¿Pero qué pasaba con sus oyentes, trabajadores judíos pobres que luchaban por cubrir sus necesidades básicas y vivían con grandes dificultades bajo la opresión romana? Ellos habrían esperando que la Providencia se ocupara de ellos; quizá tuvieron la suficiente fe como para creerlo. De todas formas, entregarse a la fe era un gran esfuerzo. Sólo Jesús tenía ese estado de conciencia basado del todo en la Providencia, porque él veía a Dios en todas partes.

En todos nosotros hay semillas de incredulidad, porque nacimos en una época secular que es escéptica acerca de todo lo místico. Es mejor ser libre y escéptico que estar atado a mitos, superstición y dogma. Cuando miras al escéptico que hay dentro de ti, su incredulidad te parece razonable. Pero para muchas personas también es un estado infeliz. Se sienten insatisfechas en un mundo totalmente secular donde se podría decir que el mayor culto se rinde a los héroes del deporte, los cómics y el tener un cuerpo perfecto. La ciencia no nos asegura que la vida tiene sentido cuando describe el universo como un vacío frío regido por el azar.

Y entonces la fe persiste. Queremos que el universo sea nuestro hogar. Queremos sentirnos conectados a la creación. Sobre todo, no queremos libertad si es que significa soportar a perpetuidad la ansiedad y la inseguridad, una libertad que ha perdido su anclaje en el sentido de la vida. Entonces, ya sea que la llames aferrarse a la fe o seguir las tradiciones de nuestros antepasados, la creencia religiosa existe en todas partes. Para miles de millones de seres humanos no existe una alternativa llevadera.

¿Pero qué pasa con el tercer estado, el conocimiento certero de Dios, que es el más raro y escurridizo? Para tener certeza verdadera, la persona deberá someterse a una experiencia transformadora, o bien retener de manera milagrosa el alma inocente de un niño pequeño. Ninguna de las dos opciones es realista para la vida de la mayoría. Quienes regresan de experiencias cercanas a la muerte, que de entrada son extremadamente excepcionales, no tienen pruebas sobre su "ir hacia la luz" que puedan convencer a un escéptico. Aquello que los ha transformado es privado, interno y subjetivo. Con respecto a la inocencia de los niños, tenemos buenas razones para abandonarla. Al crecer, cada uno de nosotros construye un "yo" de experiencia y memoria. El proyecto, que consume todo nuestro tiempo, es crecer y avanzar. La alegría de la infancia es *naïve*, un estado no formado, y aunque haya sido muy feliz, anhelamos experimentar un mundo de logros más amplio. Las cumbres creativas de la historia de la humanidad han sido alcanzadas por adultos, no por niños grandulones.

Digamos que te reconoces en uno de estos tres estados: incredulidad, fe y conocimiento. Está muy bien si están revueltos y tienes momentos de cada uno. Si recurrimos a modelos estadísticos fríos, en una gráfica la mayoría de nosotros, parte de la gran mayoría que cree en Dios, se agrupa bajo el montículo de una curva en forma de campana. Al final de la curva está una pequeña minoría: a la izquierda, los ateos declarados; a la derecha, los que son profundamente religiosos y que buscan a Dios como vocación. Pero es justo decir que la mayoría de la gente que responde que cree en Dios no está experimentando asombro ni certeza. Por lo regular, dedicamos nuestros días a todo menos a Dios: formar una familia, buscar el amor, esforzarnos por tener éxito, alcanzar más bienes materiales en la cadena sin fin del consumismo.

El caos actual no le hace bien a nadie. La incredulidad está poseída por sufrimiento interior y el temor de que la vida no tiene sentido. (No me persuaden los ateos que afirman vivir con alegría en un universo aleatorio. No se levantan cada mañana y dicen: ¡"Qué maravilloso, otro día en el que nada tiene sentido"!) El estado de la fe es insostenible de diferente manera: a lo largo de la historia ha conducido a rigidez, fanatismo y violencia desesperada en el nombre de Dios. ¿Y el estado del conocimiento verdadero? Parece ser la jurisdicción de los santos, quienes son sumamente escasos.

Y aun así, Dios está escondido en alguna parte, como una presencia de sombras, en las tres situaciones, ya sea como negativa (la deidad de la que te alejas cuando abandonas la religión organizada) o positiva (una realidad más alta a la que aspiras). Que esté un poco presente no es lo mismo que sea en verdad importante, y mucho menos que sea lo más importante de la existencia. Si es posible hacer real a Dios de nuevo, yo creo que todos estaríamos de acuerdo en intentarlo.

Este libro propone que te muevas de la incredulidad hacia la fe y luego al verdadero conocimiento. Cada uno es una etapa evolutiva, y al explorar la primera encontrarás que la siguiente se abre. La evolución es voluntaria cuando se trata del mundo interior. Hay una completa libertad de decisión. Una vez que conoces la incredulidad a todo detalle, puedes permanecer ahí o moverte hacia la fe. Una vez que explores la fe puedes hacer lo mismo, aceptarla como tu hogar espiritual, o bien ir más allá. Al final del camino se encuentra el conocimiento de Dios, el cual es tan viable, y mucho más real, que las dos primeras etapas. Conocer a Dios es tan místico como saber que la Tierra se mueve alrededor del Sol. En ambos casos, una realidad es establecida como verdad, y así todas las dudas previas y las creencias errantes se desvanecen de manera natural.

Dios es un verbo, no un sustantivo

Se ha vuelto casi imposible imponer la fe, sobre todo en uno mismo. Nuestro antiguo modelo de Dios está siendo desmantelado ante nuestros ojos. En lugar de tratar de recoger las piezas, es necesario un cambio más profundo. Se están uniendo la razón, la experiencia personal y la sabiduría de muchas culturas. Esta nueva síntesis es como Dios 2.0, donde la evolución humana da un salto en cuestiones del espíritu.

Dios 1.0 reflejaba necesidades humanas, que son muchas y variadas, y éstas tomaron una personificación divina. Las necesidades estaban primero. Como los seres humanos precisamos de seguridad y amparo, proyectamos a Dios como nuestro protector divino. Dado que la vida requiere de un orden, hicimos de Dios el legislador supremo. Contra lo que se afirma en el Génesis, nosotros creamos a Dios a nuestra propia imagen. Él hizo lo que nosotros queríamos que hiciera. A continuación explico las siete etapas que fabricamos para semejante Dios.

Dios 1.0

Hecho a nuestra imagen

1. La necesidad de tener seguridad, amparo y estar protegidos del daño.

Dios se vuelve padre o madre. Controla las fuerzas de la naturaleza y trae la buena y la mala fortuna. Los humanos vivimos como niños bajo la protección de Dios. Sus pensamientos son incognoscibles; actúa de forma caprichosa para dar amor o para castigar. La naturaleza es ordenada pero aun así es peligrosa.

Éste es tu Dios si rezas para que te rescate, si para ti lo divino es una figura de autoridad, si crees en el pecado y la redención, si ansías los milagros y ves la mano de Dios cuando un accidente o una catástrofe suceden de forma repentina.

2. La necesidad de logros y éxito.

Dios se convierte en legislador. Fija reglas y las sigue. Esto permite que sea posible conocer el futuro: Dios premiará a los que sigan la ley y castigará a quienes la desobedezcan. Basados en esto, los seres humanos podemos forjar una buena vida y alcanzar el éxito material. El secreto es trabajar duro, lo cual agrada a Dios, y crear una sociedad de leyes que sea un espejo de las leyes de la naturaleza, donde se venza al caos y el crimen se mantenga a raya. La naturaleza existe para ser domada en vez de ser temida.

Éste es tu Dios si crees que Dios es razonable, quiere que triunfes, premia el trabajo duro, separa lo bueno de lo malo y ha creado el universo para que te conduzcas de acuerdo con leyes y principios.

3. La necesidad de vincularse afectivamente, formar familias y comunidades amorosas.

Dios se convierte en una presencia amorosa dentro de todos los corazones. La mirada del devoto se ha volcado hacia dentro. Vincularse afectivamente a otros va más allá de la supervivencia mutua. La humanidad es una comunidad reunida por la fe. Dios quiere que construyamos una ciudad en la montaña, una sociedad ideal. La naturaleza existe para nutrir la felicidad humana.

Éste es tu Dios si eres idealista, optimista sobre la naturaleza humana, un creyente de la humanidad común y si estás abierto a ser amado por una deidad indulgente. Sentirás el perdón dentro de ti, y no te lo dará un sacerdote.

4. La necesidad de ser comprendido.

Dios deja de juzgar. Conocerlo todo es perdonarlo todo. Comienza a sanar la herida de la naturaleza humana que divide el bien del mal. Aumenta la tolerancia. Desarrollamos empatía por quienes hacen el mal porque Dios nos muestra su empatía. Disminuye la necesidad de recompensas y castigos estrictos. La vida tiene muchas gamas de lo bueno y lo malo, y todo tiene sus razones. La naturaleza existe para mostrarnos el rango completo de la vida en sus formas más creativas y en las más destructivas.

Éste es tu Dios si es que comprendes en lugar de juzgar, si te ves a ti mismo compasivamente porque Dios así te mira, si aceptas que el bien y el mal son aspectos inevitables de la creación, si Dios te dice que te comprende.

5. La necesidad de crear, descubrir y explorar.

Dios se convierte en una fuente creativa. Nos regaló la curiosidad por derecho de progenitura. Él permanece incognoscible, pero despliega un secreto tras otro en la creación. En la orilla lejana del universo, lo desconocido es un desafío y una fuente de asombro. Dios no quiere que adoremos, sino que evolucionemos. Nuestro papel es descubrir y explorar. La naturaleza existe para aportar misterios interminables que desafían nuestra inteligencia: siempre hay más por descubrir.

Éste es tu Dios si vives para explorar y ser creativo, si te sientes feliz confrontando lo desconocido, si tienes total confianza en que la naturaleza puede ser descifrada, incluyendo la humana, siempre y cuando continuemos preguntando y no nos conformemos nunca con una verdad establecida y preordinada.

6. La necesidad de guía moral e inspiración.

Dios se convierte en maravilla pura. Cuando la razón ha alcanzado los límites del entendimiento, el misterio permanece. Los sabios, los santos y aquellos con inspiración divina lo han penetrado. Han sentido una presencia divina que trasciende la vida cotidiana. El materialismo es una ilusión. La creación está compuesta por dos capas: lo visible y lo invisible. Los milagros se vuelven reales cuando todo es un milagro. Para llegar a Dios, uno debe aceptar la realidad de lo invisible. La naturaleza es una máscara de lo divino.

Éste es tu Dios si eres un buscador espiritual. Quieres saber qué se esconde debajo de la máscara del materialismo, encontrar la fuente de la sanación, experimentar paz y estar en contacto directo con una presencia divina.

7. Unidad, el estado situado más allá de toda necesidad.

Dios deviene Uno. Sientes una satisfacción completa porque has alcanzado la meta de la búsqueda. Experimentas lo divino en todas partes. El último indicio de separación se ha esfumado. No tienes la necesidad de dividir entre santos y pecadores porque Dios lo impregna todo. En tal estado no sabes la verdad: te conviertes en la verdad. El universo y todo lo que pasa en él son expresiones de un Ser único y subyacente que es conciencia pura, inteligencia pura y creatividad pura. La naturaleza es la forma externa que la conciencia toma al desplegarse en el tiempo y el espacio.

Éste es tu Dios si te sientes conectado por completo a tu alma y a tu fuente. Tu conciencia se ha expandido para acoger una perspectiva cósmica. Observas que todo sucede en la mente de Dios. El éxtasis de los grandes místicos, quienes parecen especialmente dotados o elegidos, ahora está disponible para ti porque has madurado en lo espiritual.

El Dios que lleva el plan a su término, el Dios como Uno, es diferente de todos los demás. No es una proyección. Él significa un estado de arrobamiento y certeza total, y si puedes alcanzar ese estado ya no te estás proyectando. Todas las necesidades han sido satisfechas; el camino ha terminado con la realidad misma.

Al leer esta lista quizá no te hayas identificado con ninguna etapa en especial. Eso es comprensible cuando Dios es confuso. Ninguna versión de Dios es lo suficientemente fuerte para ganar tu lealtad. La confusión también está arraigada en la forma en que el cerebro procesa la toma de decisiones. Cuando estás en un restaurante decidiendo si pides una ensalada o una hamburguesa grasienta con queso, tu decisión es organizada por grupos separados de neuronas en el córtex cerebral. Un grupo promueve que pidas la ensalada, el otro promueve que pidas la hamburguesa. Estás decidiendo.

Pero al mismo tiempo, cada grupo neuronal envía señales químicas para suprimir la actividad del otro. Este fenómeno, conocido como "inhibición cruzada", está siendo estudiado por investigadores del cerebro. La noción básica es familiar: en los deportes, los aficionados animan a su equipo y abuchean al otro. En todo conflicto armado, les dicen a los soldados que Dios está de su lado y no del lado del enemigo. El pensamiento de "nosotros-contra-ellos" quizá tiene una conexión cerebral profunda. Al referirnos a dudas espirituales, la idea de un Padre amoroso inhibe la idea de un Padre que castiga. Cada uno tiene su lógica, y cada uno inhibe al otro. Un padre amoroso debería amar a todos sus hijos por igual; sin embargo, todas las personas favorecidas por Dios han sufrido sin causa. El comportamiento de Dios es errático al igual que el nuestro, así que cualquier razón para adorar un tipo de Dios es inhibida por su versión competidora; de hecho, son siete las versiones que compiten entre sí.

Si Dios 1.0 es una proyección, ¿significa que Dios no existe? ¿Se ha añadido otro clavo a su ataúd? No necesariamente. El hecho de que Dawkins y compañía rechacen a Dios no significa que su visión sea completa o verdadera. Si se le pide a un adolescente que describa a sus padres, su descripción no será confiable. Como adolescente tiene una visión revuelta de cómo son ellos. Mezcla la necesidad infantil de amor, seguridad y protección con la necesidad adulta de independencia, confianza en sí mismo y autoafirmación. Cuando las dos caras se encuentran, se inhiben la una a la otra. Nadie tomaría a pecho la crítica de un adolescente hacia sus padres, y mucho menos aboliría la institución de la familia basándose en dicha crítica. De igual manera, en nuestra visión revuelta de Dios somos testigos no confiables de la verdadera naturaleza de lo divino, y nuestras dudas no significan que Dios deba ser abolido.

Una nueva versión, Dios 2.0

En cada era se crea a un Dios que funciona sólo por un rato (aunque ese rato pueda durar siglos). Nuestra era hace la exigencia más mínima al espíritu: queremos una deidad que podamos ignorar libremente.

¿Cómo y cuándo deberíamos recrear a Dios? Estoy hablando de Dios en Occidente. Otras variedades de Dios no están listas para ser renovadas. El islam fundamentalista es una acción retrógrada que trata de preservar con desesperación a Dios 1.0, insistiendo en la versión más primitiva: un Dios que protege a los fieles de la aniquilación. Semejante Dios no puede ayudar, sino sólo ser un asunto de vida o muerte. No estoy hablando de Dios en Oriente, que viene de una antigua tradición en la que es percibido como Uno. Ése es Dios 1.0 en la séptima etapa, una presencia que impregna toda la creación. Semejante deidad no tiene un lugar, excepto en la fuente de la conciencia, que sólo puede ser encontrada después de un viaje interior. Dios como el ser supremo es la máxima revelación. Innumerables personas en Asia son educadas para creer en el ser supremo (en la India se llama Atman), pero en realidad no emprenden el viaje interior. Como en Occidente, la mayoría de las personas en Oriente viven como si Dios fuera opcional, un aspecto preestablecido de su herencia cultural que marca poca o ninguna diferencia en cómo resulte su vida práctica.

Para tener un futuro, Dios debe satisfacer las promesas que se han hecho en su nombre a lo largo de la historia. En lugar de ser una proyección, Dios 2.0 es lo opuesto. Él es la realidad de la cual emerge la existencia. Al viajar al interior, la vida cotidiana es bañada por las cualidades divinas, como el amor, el perdón y la compasión. Estas cualidades son experimentadas en ti mismo como una realidad. Dios 2.0 hace mucho más: es la conexión entre tú y tu conciencia infinita. En la actualidad la experiencia de Dios es escasa, apenas insinuada, porque estamos enfocados en el mundo exterior y las metas materiales. Cuando comienzas el proceso de encontrar a Dios, el mundo interior se revela. La experiencia de Dios comienza a convertirse en la norma, no de la forma espectacular de un milagro esperado, sino de una manera mucho más profunda que es la transformación.

Dios 2.0
Se logra la conexión

Primera conexión: Dios experimenta un nacimiento.
Te vuelves centrado. La mente se calma y es más consciente de sí misma. Disminuye la inquietud y la insatisfacción. Tienes momentos de dicha y paz interna, que son cada vez más frecuentes. Encuentras menos resistencia en tu vida. Sientes que eres importante en un proyecto más grande. La vida cotidiana se vuelve más fácil. Sientes menos estrés, esfuerzo y presión.

Conexión más profunda: la experiencia de Dios te transforma.

La conciencia superior se vuelve real. Aprecias el valor de tan sólo ser. Tus deseos se vuelven realidad con mucho menos esfuerzo que antes. Tienes estallidos de comprensión y te das cuenta de por qué existes y cuál es tu propósito. Pierdes el interés en las distracciones externas. Te sientes vinculado afectivamente a quienes amas. La ansiedad y la lucha disminuyen de forma drástica. Tu vida está impregnada de una sensación de virtud.

Conexión total: tu ser verdadero es Dios.

Te fundes con tu fuente. Dios es revelado como conciencia pura, la esencia de quien eres. En su momento, esta esencia será irradiada a toda la creación. Experimentas la luz de la vida dentro de ti. Todo es perdonado; todo es amor. Tu ego individual se ha expandido para convertirse en el ego cósmico. Al intensificar la iluminación, experimentas un segundo nacimiento. Desde ahora tu evolución será un viaje hacia la trascendencia.

En realidad ya estás conectado a Dios por completo, ya que estamos hablando del origen de la existencia. Pero hay diferentes estados de conciencia y la realidad cambia en cada uno. Si tu conciencia está hacia fuera, enfocada en el mundo material con sus precarias subidas y bajadas, no percibirás a Dios. El mundo exterior será suficiente en sus propios términos. En cambio, si miras más allá de las apariencias externas y te enfocas en valores más elevados, como el amor y la comprensión, tu fe en Dios ofrece seguridad y consuelo. Pero sólo cuando transformas tu propia conciencia Dios es claro, real y útil. Mientras tanto, lo divino tiene una realidad ensombrecida y es casi inservible. Los escépticos tienen razón en cuestionar a semejante Dios. Pero su error es cegarse a uno mejor.

En pocas palabras, Dios 2.0 es un proceso, un verbo y no un sustantivo. Una vez que comienzas el proceso, éste se desarrolla por sí mismo. Sabrás que estás en el camino correcto porque cada paso te dará entendimiento, claridad y experiencias de expansión, que validarán la realidad de una conciencia superior.

Donde hay conciencia suficiente aparece Dios. Lo sabrás de forma tan cierta como sabes que tienes pensamientos, sentimientos y sensaciones. Pensar *Esto es Dios* cruzará tu mente con tanta facilidad como pensar *Esto es una rosa*. La presencia de Dios será tan palpable como el latido de tu corazón.

Tres estados de conciencia

Eso es lo que está por venir. Tenemos que dar igual importancia a los tres estados en los que la gente se encuentra ahora mismo, ya que la incredulidad, la fe y el conocimiento sirven para un propósito. Son peldaños que van de "no hay Dios" a "tal vez hay un Dios" y "Dios está dentro de mí".

Incredulidad. En esta etapa la persona es guiada por la razón y la duda. La posición de "no hay Dios" parece razonable. Se llega a ella al cuestionar todas las inconsistencias de Dios y los mitos que rodean la religión. La ciencia juega su papel, no al probar a Dios o demostrar que no existe, sino al enseñarnos a plantear preguntas escépticas. La incredulidad no sólo es negación: también existe un ateísmo positivo, el que se enfoca en Dios como una posibilidad pero se niega a aceptar la tradición, el dogma o la fe sin tener pruebas. Esta rama de la incredulidad conduce a la claridad mental. Nos obliga a crecer y actuar como adultos, espiritualmente hablando, a desafiar la inercia que hace que sea demasiado fácil aceptar al Dios de las lecciones del catecismo.

Imagina que tu cerebro tiene caminos neuronales dedicados a la incredulidad. Estos caminos procesan el mundo como lo perciben tus cinco sentidos. Confía en los objetos que podemos ver y tocar. Desconfía de cualquier cosa mística. Las rocas son duras, los cuchillos filosos, pero Dios es intangible. Una buena parte de ti está unida a esta área del cerebro, la cual abarca diversas regiones. Los impulsos primitivos de hambre, miedo, ira, sexo y defensa personal te llevan al mundo físico, aquí y ahora. La vida consiste en gratificar tus deseos en el presente, y no en posponerlos hasta que llegues al cielo. Al mismo tiempo, la incredulidad incorpora la función superior del cerebro de razón y discriminación, así como el proyecto entero (el cual no tiene una ubicación precisa en el cerebro) de construir un ego fuerte, un "yo" que nunca se siente satisfecho por mucho tiempo. Todo este proceso neuronal va en contra de la realidad de Dios. No beneficiará en nada fingir. La vida es un capataz demandante, y Dios no ha logrado que sea diferente.

Fe. Aunque la vida moderna ha deteriorado todas las religiones organizadas, la gente todavía se identifica con la fe. En varias encuestas, 75 por ciento de los norteamericanos se identifican a sí mismos con una religión organizada, sin importar las dudas que tengan. Para un escéptico, aferrarse a la fe es infantil y débil. En el peor de los casos, es una defensa primitiva que protege a una persona que es incapaz de lidiar con la realidad. Pero para el proceso de restaurar a Dios, la fe es esencial. Te da una meta y una visión. Te dice hacia dónde vas mucho antes de llegar. (Me gusta una metáfora que una vez escuché: la fe es como oler el mar antes de verlo.)

La fe puede ser negativa. Todos conocemos los riesgos del fanatismo basado en la fe. El paso de creer en la promesa de las recompensas celestiales a convertirse en un hombre bomba suicida es aterradoramente pequeño. Más allá de las filas de los fanáticos, la fe tiene su precio. El "buen" católico y el "buen" judío están orgullosos de no pensar en sí mismos. La fe respalda un impulso de conservación muy hondo y, si somos honestos con nosotros mismos, todos deseamos la seguridad y la pertenencia con los que la tradición abraza a los fieles.

La fe abarca sus propias redes neuronales en el cerebro. Una gran parte de la actividad sucede en el sistema límbico, el asiento de las emociones. Cuando eres niño, la fe se une al amor por la familia y la devoción hacia tus padres. La memoria invoca la nostalgia de un tiempo y un lugar mejores; la fe te dice que volverás ahí algún día. Pero tu cerebro superior también está involucrado. A través de la historia religiosa los fieles han sido perseguidos. Ofrecer la otra mejilla en vez de responder con un golpe de venganza requiere que el cerebro superior se aferre a valores evolucionados, como la compasión, el perdón y el desapego. Todos sabemos lo que se siente tener dentro el conflicto entre el perdón y la venganza; es un ejemplo clásico de la inhibición cruzada del cerebro.

Conocimiento. La única manera de terminar con el conflicto interno es llegar a un estado de certidumbre. El camino va de "tengo fe en que

Dios existe" a "sé que Dios existe". Puedes inculcar el escepticismo en los niños a temprana edad (de hecho, hay un sitio en internet dedicado a enseñar a los niños a "escapar" de Dios); puedes engañar a los creyentes para que sigan a un falso Mesías. El conocimiento es diferente cuando viene del interior. Tú sabes que existes; sabes que eres consciente. Dios 2.0 no necesita un fundamento. La expansión de la conciencia aporta un conocimiento espiritual verdadero por sí misma.

Dios no es como el cometa Halley: no puedes esperar que aparezca en el cielo. Tampoco puedes pensar en tu camino hacia Dios. Por fortuna, no tienes que hacerlo. Comienzas buscando y se desarrolla por sí mismo. Dios no es como los dinosaurios. Un fósil de *T. rex* basta para establecer si los dinosaurios alguna vez merodearon la Tierra. Conocer a Dios consiste en muchas experiencias adquiridas a lo largo de una vida, una epifanía en cámara lenta, por así decirlo. Es cierto que experimentarás cimas temporales, revelaciones impactantes y momentos en los que la verdad parecerá asombrosamente clara. Unos cuantos quizá sean cegados por la luz de Dios en el camino a Damasco. Para ellos, Dios es revelado de manera súbita.

Pero el cerebro cuenta otra historia. Nuestras vidas dependen de caminos neuronales confiables que trabajan en lo mismo todo el tiempo. Si has practicado para tocar el piano o lanzar una pelota de futbol, la habilidad se volvió confiable porque estableciste caminos neuronales específicos. Toda experiencia añade o le resta algo a tu habilidad. Aunque no te des cuenta, tu cerebro siempre está construyendo nuevos caminos y desviando, o incluso destruyendo, otros. En el nivel microscópico, en el que las neuronas se encuentran unas con otras, Dios necesita sus propios caminos.

En una epifanía en cámara lenta, entrenas a tu cerebro para adaptarse a experiencias espirituales. De acuerdo con la idea popular, cualquiera puede dominar una habilidad si dedicamos diez mil horas a practicarla: tocar el violín, hacer trucos de magia, desarrollar una supermemoria o cualquier otra meta. Esta teoría tiene una validez básica, porque alterar viejos caminos y construir otros nuevos toma tiempo y repetición. Dios 2.0 es más que un proyecto en la remodelación del cerebro, pero a menos que tu cerebro esté remodelado, la experiencia de Dios será imposible. Un proverbio de la tradición védica de la India dice: "No es conocimiento lo que aprendes. Es conocimiento en lo que te conviertes". Visto desde el plano del cerebro, esto es literalmente cierto.

El proceso de Dios incorpora a la persona completa. Te invito a descreer de cualquier cosa que hayas escuchado de Dios y mantener la fe al mismo tiempo. Si Dios es Uno, no deberías dejar nada fuera, incluyendo el escepticismo más extremo. La realidad no es frágil. Si dudas de una rosa, la rosa no se marchita y muere. El único requisito es que aceptes la posibilidad de que Dios 2.0 sea real.

Una vez alguien preguntó a un gurú famoso: "¿Cómo debería ser como discípulo tuyo? ¿Debería adorarte? ¿Debería aceptar todo lo que dices como verdadero?" El gurú respondió: "Nada de eso. Sólo abre tu mente a la posibilidad de que lo que yo diga sea verdad". Reprimir cualquier potencial interno (incluyendo aquel para encontrar a Dios) lo aborta. Se mata la semilla antes de que dé brotes. Tener una mente abierta es como abrir una contraventana. La luz entrará por sí sola.

Es claro que no estamos en un momento de regaños. La transformación personal es más como el desarrollo infantil. Cuando tenías cuatro años y jugabas con muñecos de papel y veías *Plaza Sésamo*, tu cerebro todavía estaba en desarrollo; a lo largo del tiempo abandonaste los muñecos de papel y comenzaste a leer libros. Nunca apareció una bifurcación en el camino en la que tuvieras que escoger tener cuatro, cinco, seis o incluso siete años. Eras tan sólo tú mismo, mientras que en un nivel invisible la evolución estaba ejerciendo su fuerza.

El proceso de la transformación personal trabaja del mismo modo. Permaneces siendo tú mismo mientras cambios invisibles suceden muy dentro de ti. Cada persona es como un ejército. Algunos aspectos de tu personalidad van al frente y exploran, mientras que otros se quedan atrás. El camino espiritual es como si un día avanzaras volando y al otro estuvieras casi arrastrándote, o incluso deslizándote. La incredulidad, la fe y el conocimiento: los tres tienen influencia en ti.

Pero con el tiempo, si permaneces consciente y llevas registro del proceso, progresarás en verdad. Habrá más días en los que te sentirás seguro y protegido. Los momentos de dicha aumentarán. Sentirte seguro en tu centro interior se convertirá en un sentimiento de base y será constante. El yo es como un holograma, en el que cada pequeña parte representa el todo. El proceso que crea la experiencia de Dios revuelve el viejo holograma, pedazo a pedazo. Verás una nueva totalidad cuando el trabajo esté completado. Esa totalidad es Dios.

EL CAMINO HACIA DIOS

Etapa I: Incredulidad

Dawkins y sus espejismos

La incredulidad no es el enemigo natural de la fe. De hecho, en los tiempos modernos la incredulidad es un punto de partida razonable. Pero es un final mediocre. Las protestas más virulentas en contra de Dios pueden ser utilizadas para aclarar la mente de creencias falsas y pavimentar el camino para una fe más sólida. En ese sentido, Richard Dawkins, un enemigo declarado de Dios, se convierte en un aliado tácito de Dios.

Cuando *El espejismo de Dios* apareció en 2006 y se convirtió en un gran *bestseller*, Dawkins le dio al ateísmo militante su posición polémica. Dawkins no sólo rechaza a Dios; muestra desprecio por todo tipo de espiritualidad. Se burla de nuestras aspiraciones de conectarnos con una realidad suprema y basa su argumentación en los fundamentos más simplistas: que el mundo físico es todo lo que existe. Retrata la religión como un estado de engaño que no tiene bases en la realidad.

Dawkins obtuvo su reputación primero como escritor sobre genética, y más tarde como autor de un libro que ataca a la religión, *El espejismo de Dios*. No se puede estar en desacuerdo con el vigor de esta obra cuando acusa a la religión en sus formas más fanáticas. En un punto del libro, Dawkins se apropia de la dulce canción *Imagina*, de John Lennon, y la adapta a sus propios propósitos.

Imagina, con John Lennon, un mundo sin religión. Imagina que no hay hombres bomba suicidas, ni 11 de septiembre, ni atentados del 7 de julio en Londres, ni Cruzadas, ni cacería de brujas, ni Conspiración de la Pólvora, ni Partición de la India, ni guerras entre Israel y Palestina, ni masacres de serbios, croatas y musulmanes; no hay persecución de los judíos por ser "asesinos de Cristo", ni "problemas" en Irlanda del Norte, ni "asesinatos por honor", ni tele-evangelistas bien trajeados con pelo abombado sacándole el dinero a la gente ("Dios quiere que des hasta que te duela").

Mientras estos horribles ejemplos se acumulan, la seguridad de Dawkins crece; no ofrece esperanza o simpatía. Está desahogando su desprecio. "Imagina que no hay talibanes dinamitando esculturas antiguas, ni decapitaciones públicas de blasfemos, ni azotes a las mujeres por el crimen de mostrar un poco de piel."

Después de escuchar esta letanía de horrores, uno pensaría que los conversos irían en bandadas para unirse a la causa atea, pero no lo han hecho. La decadencia de la religión organizada en Estados Unidos y en Europa Occidental comenzó en la década de los cincuenta y no se ha revertido. En una época científica y escéptica, las catástrofes desenfrenadas del siglo XX fueron vaciando poco a poco las iglesias. Pero no se ha acogido masivamente la incredulidad al estilo Dawkins, la cual no puede soportar a Dios y ataca a todos los creyentes. ¿Por qué la gente ha abandonado la religión sin abandonar a Dios? Ésta es una pregunta importante frente a la cual Dawkins permanece ciego.

El hecho de que la propaganda de Dawkins haya dado un asombroso revuelo a la incredulidad es signo de nuestros tiempos agitados.

Se puede decir que fue el desafío a la religión más exitoso desde 1966, año en que la revista *Time* publicó un reportaje de portada que preguntaba "¿Dios ha muerto?" Se abrió una rendija a través de la cual las personas se atrevieron a formular la pregunta, antes impensable, y en las cuatro décadas que han pasado desde entonces esa rendija se ha ensanchado. Ahora Dawkins lanzó una bomba dentro de ella. (En 2007 *Time* lo puso en la portada por sus esfuerzos.) Llamó al Dios del Antiguo Testamento un "abominable modelo a seguir": Jehová es "el personaje más desagradable de toda la fábula: celoso y orgulloso de ello; un anormal al que le gusta el control mezquino, injusto y rencoroso; un vengativo, un sanguinario que hace limpieza étnica; misógino, pestilente, megalómano, sadomasoquista y abusador caprichoso y malevolente". Dawkins afirmó que un mundo sin Dios sería mejor en todos los sentidos.

Se buscaba que el mensaje causara conmoción. Sobre el Nuevo Testamento, Dawkins escribió: "La evidencia histórica de que Jesús afirmó encarnar cualquier tipo de condición divina es mínima". Si semejante evidencia alguna vez existió, entonces ésta indicaría que Jesús tal vez estaba loco; en el mejor de los casos, estaba "honestamente equivocado". La única razón plausible por la cual fue creada la religión, dice Dawkins, es que nuestros ancestros escuchaban cuentos de hadas y, como "niños ingenuos", creyeron que eran ciertos. Ser engañados era suficiente para los cerebros primitivos, pero necesitamos crecer. Si Dawkins pudiera convencernos de una vez por todas de que Dios es un remanente inútil de la era de la superstición, el Espíritu Santo no tendría ninguna oportunidad.

Dawkins se vanagloria de ser el ateo absoluto, capaz de urdir diatribas como la que enderezó contra el papa Benedicto XVI en su visita al Reino Unido en el otoño de 2010. Esta primera visita de Estado oficial de un pontífice a la Gran Bretaña fue considerada controversial en muchos aspectos, incluyendo la posición de la Iglesia sobre la anticoncepción y el escándalo del momento sobre abusos sexuales de los sacerdotes. La participación de Dawkins en un mitin de "protesta contra el Papa" fue mucho más allá. Ninguna acusación fue tan provocativa y temeraria. Ya antes había respaldado la idea de que debería emitirse una orden judicial para el arresto del Papa por "crímenes en contra de la humanidad". En el mitin, Dawkins dio un discurso que abordó la participación de Benedicto en las Juventudes Hitlerianas en los años treinta, sin mencionar que en ese entonces era una obligación de todos los jóvenes alemanes; de hecho, el padre del Papa se manifestó en contra de Hitler. Dawkins acusó a la Iglesia por apoyar al nazismo, llamó a Hitler un católico romano (el dictador nació en una familia católica pero dejó de practicar la fe después de la infancia) y repitió la denuncia de que el Papa es un "enemigo de la humanidad".

El anticatolicismo en esta forma virulenta (un prominente director de un periódico católico condenó el ataque calificándolo de "luná-tico") nunca había sido aceptable en la sociedad civilizada. Fomenta discordia y prejuicio religioso. Dawkins ya se había convertido en una celebridad pública por *El espejismo de Dios*, y su prestigio acadé-mico enmascaraba actitudes que hubieran sido deplorables en un ciudadano común y corriente, al que habrían deshonrado. Hizo un uso inapropiado de la autoridad que le daba ser profesor y biólogo de la Universidad de Oxford. En su propio campo, los escritos de Dawkins sobre la evolución y la genética quizá lo habrían conver-tido en el divulgador científico más respetado de su generación. Su título oficial de Oxford no es sobre ninguna especialidad científica y no tiene nada que ver con la investigación: es profesor Simonyi en la revista *Public Understanding of Science*. Trasladarse hacia una idea mal entendida de Dios fue un paso perverso.

El autor dice que *El espejismo de Dios* está dirigido a un público específico: todos aquellos que dudan y que permanecen en la religión de sus padres, pero que ya no creen en ella y se preocupan por los horrores cometidos en nombre de Dios. Una multitud de personas quiere huir de la religión, escribe, "sin darse cuenta de que están en su derecho de abandonarla". De hecho, el lema de *El espejismo de Dios* es "No sabía que podía". Dawkins cree que él es el espíritu humano avanzado; se presenta como un luchador de la libertad. Según declara en la primera página, "ser ateo no es nada de lo cual avergonzarse. Al contrario, es algo de lo cual enorgullecerse, erguidos y con la vista en el horizonte lejano".

El espejismo de Dios mereció algunas reseñas mordaces por sus tácticas extremistas; un ejemplo de ello es su lectura de las atrocidades cometidas en nombre de la religión. Hay mucho más en la religión que los actos terribles de fanáticos, pero no sucede lo mismo en los argumentos de Dawkins, que sostienen explícitamente que la religión moderada debe ser condenada de la misma forma que el fundamentalismo más intolerante. (Un capítulo está titulado "Cómo la 'moderación' en la fe fomenta el fanatismo".) El ateísmo militante equivale al absolutismo. Una vez que se etiqueta como "muy maléfico", creer en Dios hace que alguien tan culpable como Osama Bin Laden sea un santo.

No hay multitudes de escépticos esperando ser liberadas gracias al mensaje de *El espejismo de Dios*. Éstas son el espejismo de Dawkins.

La realidad es que a la gente le disgusta ser etiquetada como atea. Incluso con sus bajos índices de asistencia a la iglesia, los norteamericanos se identifican fuertemente a sí mismos con una Iglesia o una religión de algún tipo. Una encuesta de Pew Forum de 2012 encontró que alrededor de veinte por ciento de los norteamericanos se describen a sí mismos como ateos o agnósticos. Esta cifra salió en los encabezados de las noticias porque fue un aumento significativo desde la encuesta anterior, cinco años antes, en la que quince por ciento eran ateos o agnósticos.

Tácticas de persuasión

Hay buenas razones para no confiar en Dawkins como guía para el "horizonte lejano" de un mundo mejor. Alguien que está cegado al lado espiritual de los seres humanos no tiene nada que decir con valor espiritual. Las tácticas empleadas en *El espejismo de Dios* son trucos de retórica para debilitar a la oposición. El objetivo de un debate no es llegar a la verdad, sino ganar. La mala fe de Dawkins engañó a algunos críticos. Incluso, alguien que le dio crédito por la integridad de su ateísmo se preguntó por qué *El espejismo de Dios* era tan crudo en sus argumentos. La estrategia básica del libro se sintetiza con facilidad.

1. Apegarse a un estereotipo familiar

El Dios al que Dawkins ataca es el tipo de Dios más simplista. Se encuentra en las ilustraciones del catecismo que muestran a un viejo de barbas blancas sentado en un trono sobre las nubes.

Por qué es efectivo: Dawkins cuenta con que el estereotipo más simple (y el primero del que la mayoría aprende) permanezca en nuestra mente, y por supuesto lo logra. La mayoría de las personas aceptan la enseñanza moral que les dieron en la infancia. Al atacar esas enseñanzas, Dawkins tiene una buena oportunidad de hacer que la gente se sienta insegura y con dudas.

El contraargumento: Cada aspecto del estereotipo expone una falacia. Por ser inmortal, Dios no puede ser viejo. Si impregna toda la Creación, no necesita tener un lugar específico en el tiempo y el espacio, así que no hay trono. Dotar a Dios de identidad masculina contradice las religiones en que la deidad es femenina. Otras creencias religiosas comprenden a Dios de manera abstracta; el islam, por ejemplo, prohíbe las representaciones de Dios. En el budismo no se asume nada de antemano como verdad sobre Dios; sólo es conocido a través de un viaje espiritual.

2. Tratar a Dios como humano

Dawkins insiste en que Dios es una ficción, pero culpa a este personaje ficticio como si fuera una persona real. Sus ataques van dirigidos a aspectos humanos como la ira, la venganza, la envidia, la traición, etcétera.

Por qué es efectivo: Humanizar a Dios es algo que la religión ya hace. El ateísmo le roba las ideas al enemigo, por así decirlo. A un Dios humanizado se le pueden dar todas las cualidades negativas de la naturaleza humana y al mismo tiempo afirmar que no posee ninguna positiva.

El contraargumento: Hay una buena razón para darle a Dios imagen humana: estamos buscando lo que nos hace humanos. En toda cultura existe un Dios personal, pero también existe un Dios impersonal al cual Dawkins ignora por completo. Dios no necesita ser límitado a los rasgos que vemos en nosotros mismos; puede contener ésos pero también muchos más. Un ser infinito no está definido por cualidades finitas.

3. Hacer que la religión parezca primitiva

Dawkins se va muy atrás, como ya he dicho, para rastrear a Dios en los principios primitivos de la misma manera en que su gran héroe, Charles Darwin, rastreó los orígenes de las especies. Para Dawkins, Dios data de un período en el que los seres humanos éramos más como "niños ingenuos" (la frase literal es de Dawkins). Ahora que hemos evolucionado no tenemos la necesidad de aferrarnos a nuestro pasado de superstición.

Por qué es efectivo: En una palabra, por Darwin. Ahora que la evolución ha derrocado a la Biblia como la forma moderna dominante para comprender cómo fue creada la vida, es creíble extender el mismo argumento a las ideas. La espiritualidad puede ser pintada como un remanente, al igual que el cerebro reptiliano, que preserva nuestras necesidades más primitivas hacia el sexo y la violencia o, mejor aún, como la cola y las branquias de los embriones cuando están en el vientre materno antes de que desaparezcan para ser remplazados por el cuerpo humano.

El contraargumento: Ya he mencionado que la evolución puede ser usada para probar lo opuesto de lo que Dawkins afirma. La espiritualidad está centrada en el cerebro superior tanto como la razón. Hemos evolucionado para experimentar a Dios. La teología es una forma avanzada de pensamiento, no un atavismo primitivo. Comparado con el de nuestros ancestros, el pensamiento religioso moderno es más sofisticado y coherente. El neocórtex, la parte del cerebro que evolucionó más recientemente, es el asiento del discernimiento, el amor, la compasión, el entendimiento y la inteligencia. Todas estas cualidades se ajustan a nuestra búsqueda moderna de Dios. Esa búsqueda apela a nuestra naturaleza más evolucionada.

4. Etiquetar a toda la religión con los peores extremos

Dawkins cita los peores extremos del fanatismo como si constituyeran el corazón de la creencia religiosa. El mundo está plagado de fundamentalistas y del daño que hacen. No hay peligro más grande para nuestro bienestar; analizando más a fondo, el ascenso de la razón y la ciencia depende de borrar al fundamentalismo, del que se culpa por completo a la religión.

Por qué es efectivo: Por el miedo. Perseguir el terrorismo y la guerra en nombre de Dios provoca que todos se sientan amenazados. Sin esas amenazas, la mayoría de la gente no tendría motivos para decir que la religión saca lo peor de la naturaleza humana, y mucho menos que saca *solamente* lo peor, que es una de las principales afirmaciones de Dawkins. El miedo también da lugar a cierto tipo de argumentos que en momentos de mayor calma serían rechazados por completo, como la declaración de Dawkins de que la religión moderada es responsable del fanatismo.

El contraargumento: Si eliminas el miedo, es obvio que no todos los creyentes son fundamentalistas y que la religión tolerante y moderada no es la culpable del fanatismo. Dawkins se aprovecha de lo emocional porque vivimos en tiempos de ansiedad, así que su táctica es la más virulenta. Ésa es la palabra correcta para alguien que explota el miedo generalizado para sus propios fines.

Permíteme extenderme un poco en este breve esbozo. Primero me enfocaré en las tácticas de Dawkins, tal vez porque yo participé en varios debates en la escuela de medicina y conozco de primera mano la tentación de vencer a tu oponente con el mayor ingenio posible. La gente gana debates por medio de lo psicológico. El vencedor obtiene una sensación de poder. Logra convencer (o manipular) al auditorio al ponerlo de su lado emocionalmente, aunque el propósito real es ganar las mentes de las personas.

Dios sin trucos

En un libro, los debates son fáciles de ganar porque la otra parte no tiene voz. Por tal motivo, el tipo de libro menos confiable es el polémico. En vez de retratar con justicia lo que la otra parte tiene que decir, un polémico lo ignora, menosprecia y tergiversa. Dawkins hace esto con descaro y argumenta contra una creencia sin la más mínima consideración de que la experiencia espiritual es universal. Ha existido en cada era, incluyendo la nuestra. En lugar de aceptar con honestidad este hecho, Dawkins nos pide que creamos que un organismo vivo complejo, el *Homo sapiens*, de alguna manera le dio la espalda a sus orígenes, como si un gato de pronto dejara de tener gatitos y en vez de eso le nacieran amibas.

El pensamiento moderno sobre Dios no está ni remotamente en la etapa primitiva que él caricaturiza. El judaísmo moderno, por ejemplo, no ordena que se acepte de forma literal el Antiguo Testamento. Durante siglos, la fe judía se ha pulido a través de los comentarios aportados por los estudiosos del Talmud, las discusiones interminables entre creyentes y la exploración de todas las posibilidades que resultan de la Biblia hebrea original. Han surgido el judaísmo místico y los "rabinos milagrosos". En medio de todo este fermento, es obvio que el judaísmo ha evolucionado desde sus orígenes.

Es innegable el hecho de que cada religión ha experimentado su propia evolución. Hace dos milenios, un granjero iletrado que viviera en la India estaba atrapado espiritualmente. Tenía que conformarse con un rígido sistema en el cual debía pagar a los sacerdotes brahmanes locales para que realizaran rituales que él mismo no comprendía y no podía llevar a cabo. La religión era como la propiedad privada de la casta más alta. Si el granjero quería una buena cosecha, un bebé sano o una esposa adecuada, no tenía más remedio que acatar este rígido sistema. Y en cuanto a sus propias dudas y preguntas, no había lugar para ellas.

En la actualidad la situación es tan diferente que el sesgo evolucionista de Dawkins se vuelve absurdo. La religión no es una trampa debido a las supersticiones antiguas. Se convierte en una trampa por los creyentes que se niegan a desafiar el dogma o el sacerdocio. Es desafortunado que los cristianos moderados hayan sido abatidos por fuerzas reaccionarias; no necesitamos de la polémica de Dawkins para saber que el fundamentalismo quiere que volvamos a la era en que se creía que la obediencia ortodoxa y los "valores tradicionales" hacían la vida mucho más simple. Pero un gran número de creyentes permanecen fuera de la tendencia reaccionaria. Se cuestionan y dudan.

El clero que los guía de ninguna manera es el encargado de hacer cumplir las normas religiosas. Un pastor anglicano no es un ayatolá.

El clero moderno a menudo comparte las mismas dudas y predica sobre ellas desde el púlpito. Fuera del campo fundamentalista, la vasta mayoría de los creyentes está compuesta por buscadores de mente abierta, en particular aquellos que tienen fe en Dios pero que no asisten a los servicios. (Los encuestadores los llaman "sin Iglesia".) La razón por la que la religión organizada está disminuyendo día con día en Occidente es que demasiados buscadores se han alejado del dogma, de los sacerdotes, los rituales, la teología rígida y la doctrina de que Dios debe ser aceptado sin cuestionarse, sin que se permita la reflexión. *El espejismo de Dios* ignora la creencia moderna, si no es que la menosprecia. Una vez más, es una cuestión de tácticas. A menos que Dawkins haga de todos los creyentes lobos de la misma camada, sus trucos de retórica serán ineficaces. La mente religiosa debe ser culpable de todo pecado para que la mente secular pueda disfrutar de todas las virtudes.

A lo largo de más de un cuarto de siglo he conocido a incontables buscadores que desean encontrar a Dios por sí mismos: esto es evolución verdadera. En primer lugar, el modelo darwiniano nunca fue aplicable. A menos que te deslumbren las metáforas, la mente no evoluciona al competir por la comida y los privilegios de apareamiento, que en el esquema de Darwin eran las dos motivaciones básicas para la supervivencia. Los mamíferos surgieron como la forma de vida predominante después de que los dinosaurios se extinguieron. Las religiones no se borran unas a otras de esa misma forma (por más que tratemos). Coexisten. No tiene sentido aplicar a la religión la idea de que "sobrevive el más fuerte". ¿Acaso el Padre Nuestro es más apropiado que una oración de la Pascua judía? Sería absurdo decir, como algunos lo han hecho, que el budismo fue un paso evolutivo del hinduismo. Todas las religiones se presentan a sí mismas como la mejor, y a su Dios como el único Dios. Pero incluso en el ámbito donde los fundamentalistas son impulsados (una devoción fanática a una versión de Dios), la tendencia ha sido ecuménica por más de un siglo. Las religiones se dan cuenta de que deben llevarse bien. La unidad de creencias no es un ideal vacío. La experiencia espiritual es la raíz común de la cual se derivan todas las ramas de la religión.

No es difícil descubrir ninguna de estas fallas, errores y tácticas falsas. Pero considero que muchos lectores le dieron pase libre a *El espejismo de Dios*. Proclama defender la racionalidad por encima de la irracionalidad; halaga a la sociedad secular por ser superior a la religiosa. Pero sospecho que la razón más importante es psicológica. A aquellos que dudan y se afligen por ello, Dawkins les dice que no tienen por qué sentirse culpables, confundidos, perdidos o solos. Están en la cúspide de un nuevo mundo que es más brillante y mejor que cualquiera que pueda ofrecer la espiritualidad. Promete el ateísmo como consuelo, y puede ser así para algunas personas.

Pero si la posibilidad de Dios es tan retrógrada como para ser rechazada por cualquier mente racional, ¿por qué Einstein dedicó una considerable cantidad de tiempo a intentar incluir a Dios en el nuevo universo del que fue pionero? Es una pregunta que vale la pena discutir, porque el duro contraste entre la razón y la sinrazón domina todas las páginas de *El espejismo de Dios*. Si la mente más grande del siglo XX no aceptó que la religión fuera la enemiga de la ciencia, seguro es porque él vio más profundo que Dawkins. Después de todo, ¿en qué guía del futuro debemos confiar?

La espiritualidad de Einstein

Einstein no era un creyente convencional, pero sí lo suficientemente compasivo para darse cuenta de que la pérdida de la fe puede ser devastadora, y aún más si Dios ha sido central en tu vida. Al principio su historia fue la misma que la de muchos escépticos del siglo XX. De joven rechazó la religión y su propio judaísmo con bases lógicas, sin poder aceptar la verdad literal de los sucesos narrados en el Antiguo Testamento. La creación en siete días, Dios hablándole a Moisés desde una zarza ardiendo, Jacob peleando con el ángel: muchos de los judíos del siglo pasado no podían sustentar de manera razonable el milagro del mundo del judaísmo antiguo. (Más tarde en su vida, Einstein dijo: "La idea de un Dios personal es ajena a mí e incluso me parece ingenua".) Einstein fue más allá de la fe ortodoxa mientras luchaba personalmente con su propio judaísmo. Pudo haber seguido la trayectoria fácil de Dawkins, usando la ciencia como arma para combatir los vestigios de la fe. En *El espejismo de Dios* hay una breve sección sobre Einstein, en la que lo presenta como un "científico ateo". Es verdad que Einstein no era un místico. Pero Dawkins descarta un viaje personal que, de hecho, apunta hacia donde se dirige la espiritualidad, incluso en la actualidad.

Einstein estaba interesado en la esencia de la religión, la cual pensaba que era genuina por completo. Una anécdota destaca en la biografía reciente escrita por Walter Isaacson. En una cena a la que asistió Einstein en Berlín, en 1929, la conversación giró hacia la astrología, la cual los invitados desecharon por ser supersticiosa e inverosímil. Cuando alguien dijo que Dios caía en la misma categoría, el anfitrión trató de callarlo al señalar que incluso Einstein creía en Dios. "Eso no es posible", exclamó el invitado. En respuesta, Einstein dio una de sus razones más agudas y consistentes para creer:

> Si intentas penetrar los secretos de la naturaleza con nuestros medios limitados, encontrarás que detrás de todas las leyes discernibles y sus conexiones permanece algo sutil, intangible e inexplicable. Mi religión es la veneración hacia esta fuerza que va más allá de cualquier cosa que podamos comprender. En ese sentido soy, de hecho, religioso.

El comentario está pletórico de posibilidades. Refuerza la idea de que una búsqueda moderna de Dios no debería perseguir la vieja imagen de un patriarca sentado en su trono. Einstein no iba tras eso. Estaba buscando a Dios detrás de la cortina de las apariencias materiales. La clave aquí es la *sutileza*. Al igual que todos los científicos, Einstein exploró el mundo material, pero percibió una región más sutil de la existencia. Hay que notar que no afirmaba que su creencia religiosa estuviera basada en la fe. Estaban involucrados la percepción y el descubrimiento por medio de la mente.

Einstein dio el valiente paso de tratar de comprender si una realidad única abarcaba tanto la motivación para creer en una realidad suprema, como la motivación de explicar la naturaleza según leyes y procesos que operan de forma independiente del espíritu. El tiempo, el espacio y la gravedad no necesitan de Dios; sin embargo, sin Dios el universo parece azaroso y sin sentido. Einstein expresó esta dicotomía en una famosa frase: "La ciencia sin religión está coja. La religión sin ciencia es ciega".

Otra de sus frases famosas aborda la mente de nuevo: "La inclinación religiosa yace en la vaga conciencia que vive en el hombre de que toda la naturaleza, incluido él mismo, para nada es un resultado accidental, sino la comprobación de que hay una causa fundamental de todo cuanto existe". Aquí el pensamiento principal es sobre el orden de la naturaleza. Einstein no podía creer que la sutil belleza que nos rodea fuera accidental. Toda su vida rebatió la idea de un universo fortuito explicado por la mecánica cuántica. Sin entender realmente lo que él quería decir, el público estaba del lado de Einstein cuando dijo que Dios no juega a los dados con el universo.

Pero lo que para mí sobresale en esta cita son las palabras "toda la naturaleza, incluido él mismo". Científicos menores, entre ellos escépticos famosos como Dawkins, cometen el error de creer que los humanos pueden pararse fuera de la naturaleza y ver su funcionamiento, como niños que se asoman a la ventana de una pastelería. Suponen que tienen el tipo de objetividad que la física cuántica abolió hace casi cien años. El observador desempeña un papel activo en aquello que observa. Vivimos en un universo participativo.

Más allá de un argumento puramente científico, Einstein comprendió la ambigüedad de la situación humana. Nuestra "vaga conciencia" de algo que está más allá del universo observable nos pone en una posición extraña. ¿En qué debemos confiar, en la conciencia o en los hechos objetivos? Si lo piensas bien, la ciencia misma nació de una "vaga conciencia". En vez de contentarse con el mundo de la vista, el oído, el tacto, el gusto y el olfato, la mente científica trasciende las apariencias. Esta mente piensa lo siguiente: "Tal vez existen leyes invisibles que funcionan aquí. La creación de Dios quizás obedece a estas leyes. Quizás él mismo quiere que sus hijos las descubran, como parte de su reverencia a la Creación".

Debemos recordar que Copérnico, Kepler y Galileo tuvieron que luchar personalmente con la era de la fe; eran hombres de esa era y al mismo tiempo pioneros de una nueva. La religión definía cómo participaba cada quien en el universo. La primera regla era que Dios trasciende el mundo visible. Esto llevaba a una lucha por cambiar las cosas y decir que las matemáticas trascienden el mundo visible, porque una vez que elevas las matemáticas, entonces elevas las leyes de la naturaleza que operan de acuerdo con las matemáticas. Se ingresa a un terreno de arenas movedizas. De pronto entran en tu cabeza pensamientos inimaginables. Tal vez Dios está sujeto a las mismas leyes. No puede darle la vuelta a la gravedad. ¿O acaso Dios está jugando a ser impotente? Al haber decidido que la Creación sucediera de forma mecánica, como si estuviera regida por precisión matemática, él podría echar abajo toda la maquinaria si así lo quisiera.

La búsqueda de Einstein se movía en gran parte en el mismo mundo de sombras. No podía explicar lo que se extendía más allá del tiempo y del espacio (estiró las matemáticas del tiempo y el espacio lo más que pudo), pero no cometió el error vulgar de descartar esta "vaga conciencia" de una realidad superior como un retroceso hacia la superstición. Este tipo de ambigüedad frustró a muchas personas en ese entonces. Dawkins está en lo correcto cuando señala en *El espejismo de Dios* que tanto creyentes como ateos gustan de manipular las afirmaciones contradictorias de Einstein acerca de Dios. Quieren que el pensador más grande del mundo les dé respuestas definitivas.

Un rabino prominente le envió a Einstein un telegrama exasperado: "¿Usted cree en Dios? Punto. Respuesta pagada. Cincuenta palabras". Einstein respondió: "Creo en el Dios de Spinoza, que se revela a sí mismo en la armonía de todo lo que existe, pero no en el Dios que se preocupa por el destino y el quehacer de la humanidad". Influido por Spinoza, el filósofo holandés, a Einstein le fascinó la posibilidad de que la materia y la mente formaran una sola realidad, y que Dios fuera la inteligencia suprema que bañara dicha realidad. Elogió a Spinoza como "el primer filósofo que habla del cuerpo y el alma como unidad, y no como dos cosas separadas".

Para cuando Einstein estaba en la edad madura, había rechazado a un Dios personal y lo había puesto más allá de los confines de la tradición judeocristiana. Pero no del todo: cuanto tenía cincuenta años, un entrevistador le preguntó si había sido influido por el cristianismo y él respondió: "Soy judío, pero me cautiva la luminosa figura del Nazareno". Claramente sorprendido, el entrevistador le preguntó si creía que Jesús había existido en realidad. "Sin duda. Nadie puede leer el Evangelio sin sentir la presencia de Jesús. Su personalidad vibra en cada palabra. Ningún mito tiene tanta vida."

Aun así, Einstein avanzaba hacia una espiritualidad mucho más secular de lo que sugiere su comentario. Sin decirlo, se estaba haciendo eco de la comprensión que millones de personas estaban teniendo como secuela de la primera Guerra Mundial y la Gran Depresión: un Dios amoroso no iba a interferir en las mayores desgracias. Einstein estaba cambiando hacia una visión más sutil de Dios, una deidad impersonal escondida detrás de la máscara de la materia. Con respecto a si el universo exhibía inteligencia más allá de la inteligencia humana, Einstein fue más cauteloso y habló de un universo "ordenado de forma maravillosa y que obedece ciertas leyes" que los seres humanos comprenden vagamente. Declaró que no creía en la inmortalidad ("una vida es suficiente para mí") ni en el libre albedrío: las leyes que gobiernan el destino humano son tan inamovibles como las leyes de la física.

En realidad nunca encontró lo que estaba buscando, un tipo válido de espiritualidad secular. En muchos sentidos ésa es nuestra esperanza hoy en día. La espiritualidad secular contempla sin prejuicios la totalidad de la existencia. Dios y la razón pueden coexistir sin pelear. ¿Cómo? El vínculo está en el ámbito de la mente. Einstein dijo que su meta máxima era comprender a Dios. Pero para lograrlo, primero debía ser explicada la mente humana. Después de todo, nuestras mentes son el filtro a través del cual percibimos la realidad, y si ese filtro está distorsionado y es mal interpretado, no tenemos posibilidades de captar la mente de Dios, ya sea que nosotros pensamos como él o él piense como nosotros. Si ninguna opción es verdad, no puede haber conexión.

Einstein supera a Dawkins en todos sentidos como guía para la religión y la ciencia. Sin un solo dejo de arrogancia, Einstein escribió: "Lo que me separa de la mayoría de los llamados ateos es un sentimiento de absoluta humildad hacia los secretos inasibles de la armonía del cosmos". (*El espejismo de Dios* no relata nada acerca del verdadero viaje espiritual de Einstein, y de esta forma prueba la débil relación de Dawkins con la verdad.) Para mí, el rasgo más inspirador es la fascinación de Einstein con un nivel de creación fuera de nuestro alcance. Es el lugar oculto donde comienza el asombro. En su profesión de 1930, "Lo que yo creo", encontramos esta frase: "Percibir que detrás de cualquier cosa que puede ser experimentada hay algo que nuestras mentes no pueden asir, cuya belleza y sublimidad nos llega sólo de forma indirecta, esto es religiosidad". Declaraciones como ésta abren el camino para una visión más amplia y tolerante de la búsqueda espiritual. Con respecto a eso, Einstein eclipsa la rigidez de los científicos escépticos actuales, quienes desechan a un Dios personal pero dejan un vacío estéril en su lugar.

Respuesta al ateísmo militante

A Richard Dawkins, que promueve el ateísmo como progreso, se le han unido otras voces prominentes, entre ellas las de tres escritores exitosos: el filósofo Daniel Dennett, el difunto polemista Christopher Hitchens y el imán anticristiano, ex estudiante de budismo y neurólogo Sam Harris. Los libros que escriben son provocaciones deliberadas, pero me desconcierta la superficialidad de sus argumentos en contra de Dios. Se regocijan en distorsionar la espiritualidad y no tienen empacho en desplegar sus tácticas fraudulentas. Por ejemplo, Hitchens descarta un testimonio espiritual antes de que pueda ser expresado:

> Cualquier argumento intelectual decente debe comenzar por excluir a las personas que afirman saber más de lo que pueden saber. Uno comienza diciendo: "Bueno, para empezar eso está mal. ¿Podemos continuar?" Así que el teísmo es desechado en la primera ronda. Está fuera de lugar. Fuera del espectáculo.

Personalmente, no puedo imaginar una mejor fórmula para la deshonestidad intelectual. El vocero del ateísmo militante no confronta su estrecha visión, sino que se regodea en ella. Todos los ideólogos lo hacen. Esto los conduce a hacer afirmaciones erróneas y ciegas. He aquí una muestra tomada de charlas grabadas:

Harris: "Toda persona religiosa resiente la misma crítica de las religiones de otras personas que nosotros hacemos como ateos. Ellos rechazan los pseudomilagros [...] ven cómo se estafa la confianza en las religiones de otras personas".

Hitchens: a la gente religiosa "le gusta la idea de que [Dios] no pueda ser demostrado, porque entonces no habría nada a lo cual ser fiel. Si todos hubieran visto la Resurrección y todos supiéramos que fuimos salvados por ella, entonces viviríamos en un sistema de creencia inalterable —y tendría que ser vigilado".

Harris otra vez: "Si la Biblia no fuera un libro mágico, el cristianismo se evaporaría. Si el Corán no fuera un libro mágico, el islam se evaporaría. Si te fijas en estos libros, ¿hay alguna frase que no haya sido pronunciada por una persona para quien una carretilla haya sido un gran avance tecnológico?"

Escupen prejuicio por todas partes, pero en una era escéptica como ésta, el ateísmo militante ha obtenido bastante respeto intelectual. Dennett, quien argumenta que todos somos "zombis" siguiendo de manera mecánica los dictados de nuestros cerebros, es muy aclamado por desacreditar estas nociones desgastadas del alma y el ser personal. El provocativo libro de Hitchens, *Dios no es bueno* (él escribe "Dios" en minúsculas a lo largo de todo el texto), fue finalista del National Book Award. En 2011, durante sus últimos días —sucumbió al cáncer de esófago, triste resultado por haber sido bebedor y fumador empedernido toda la vida—, Hitchens escribió una carta abierta para una convención anual de ateos en Estados Unidos.

Su mensaje fue incisivo en su resistencia frente a cualquier conversión en el lecho de muerte. Aquí algunos fragmentos:

> He descubierto, ahora que el enemigo [la muerte] se vuelve más familiar, que todas las súplicas especiales de salvación, redención y liberación sobrenatural parecen ser aún más vacías [...] que antes.

> He descubierto que mi confianza está mejor situada en dos cosas: la habilidad y los procedimientos de la ciencia médica avanzada, y la camaradería de innumerables amigos y familia, todos ellos inmunes a los falsos consuelos de la religión.

> Son estas fuerzas, entre otras, lo que se acelerará el día en que la humanidad se emancipe a sí misma del servilismo y la superstición, que son los grilletes de la mente.

Los términos clave que Hitchens usa en su carta para condenar una visión del mundo vieja y desacreditada son familiares en la retórica del ateísmo militante: "superstición", "falso consuelo", "el servilismo y la superstición, los grilletes de la mente", "pseudociencia atrófica" y "adulación" de la religión organizada. En contra de estas fuerzas perjudiciales, Hitchens reúne el impulso de lo bueno que está de su lado: decencia, escepticismo, "nuestra solidaridad innata", valentía, "sincera resistencia a tonterías insidiosas", etcétera.

La retórica es sólo retórica: poca gente se toma en serio que los ateos son modelos de decencia y moralidad, mientras que todos los creyentes son serviles y supersticiosos. La naturaleza humana no está fraccionada con tanta meticulosidad. Pero un error más grande está en juego: poner la razón en un lado y la fe en Dios en el otro. El asunto no es quién le va a Dios y por otra parte quién es un ser humano racional. (Eso es falsa lógica, como decir que algunas personas son vegetarianas mientras que otras piensan que las vacas son color café.) La razón y la fe no son enemigas. Algunos científicos van a la iglesia (se estima que más que la población general) y otros no lo hacen. Sir Isaac Newton era un cristiano devoto, tal como hoy día lo es Francis Collins, el médico y genetista que encabezó el Proyecto del Genoma Humano y luego fue designado presidente de los Institutos Nacionales de Salud de Estados Unidos.

En el plano emocional estoy sumamente perturbado por el comportamiento abusivo que busca aplastar los brotes de espiritualidad personal. En mi experiencia, la gente que ha abandonado el consuelo de los credos tradicionales por lo general se siente insegura. Su anhelo espiritual es vago e inmaduro. No están armados en contra de los argumentos de los ateos militantes. Dawkins, Hitchens, Harris y Dennett son escritores y pensadores profesionales, dominan el arte de la persuasión. No tienen vergüenza al esgrimir argumentos deshonestos sólo para ganar o por desdén hacia sus oponentes. Basta con que alguien pronuncie la palabra "Dios" para que Dawkins y sus cohortes lo acusen de fundamentalista religioso. También hay muchos matices de ateísmo. Vale la pena repetir que la encuesta Pew de 2008, con la que comencé, encontró que 21 por ciento de los estadunidenses que se dicen ateos creen en Dios o en un espíritu universal, y que la misma encuesta encontró que doce por ciento de los ateos creen en el cielo y diez por ciento reza al menos una vez a la semana.

¿Qué hay con respecto a la afirmación de que disfrutaríamos más la vida si dejáramos la noción absurda de que Dios existe? El escritor irlandés-estadunidense T. C. Boyle desmintió esto en una triste observación que hizo en una entrevista con el *New York Times*. Salió el tema de la muerte (las novelas de Boyle retratan la muerte de forma prominente) y su respuesta dio en el clavo al describir el sentimiento de desengaño:

> En generaciones previas había un propósito: uno tenía que morir pero ahí estaba Dios, y la literatura y la cultura continuarían. Ahora, por supuesto, no hay Dios, y nuestra especie está condenada de forma inminente, así que no hay propósito. Nos preparamos, formamos familias, tenemos cuentas de banco, nos arreglamos los dientes y todo lo demás. Pero, en realidad, no hay propósito más allá de estar vivos.

Para muchos, este tipo de desencanto se siente muy real, pero nadie lo llamaría un estado mental de felicidad. Deja fuera la palabra manchada *Dios* con todas sus malas connotaciones. Sustitúyela por un sinónimo de lo que los buscadores desean, como *paz interior, satisfacción espiritual, alma, conciencia superior, lo trascendente*. Borrarlas de la faz de la Tierra no es la clave para una existencia más feliz. Es más bien como un anticipo del infierno en la Tierra. La felicidad que se supone que sigue después de que renuncias a tus aspiraciones espirituales está vacía.

No es difícil ver todo esto. Lo difícil es contraargumentar, porque el ateísmo militante hace el diagnóstico correcto mientras que ofrece la medicina equivocada. La medicina correcta es la renovación espiritual. En esencia somos seres espirituales. Nuestro lugar en la creación no está definido por ser inteligentes (aunque estamos orgullosos de eso), sino por aspirar a llegar más alto. El ateísmo militante aplastaría esta hermosa característica. Intercambiaría la tragedia de un Dios fallido por la de no tener alma. Su acervo de ciencia e información no muestra asombro, sobrecogimiento o misterio. La alegría de la existencia no tiene realidad excepto en el interior: nosotros añadimos sentirnos maravillados o podemos preferir no hacerlo.

Un mundo de cabeza

Un siglo antes de *El espejismo de Dios*, aparecido en 2006, la situación era muy diferente; podría decirse que era el reflejo opuesto de nuestra era. La fe no estaba bajo ataque visible fuera de algunos círculos intelectuales selectos (como los revolucionarios marxistas, los lectores de Darwin y los seguidores de Freud). Para 1906 la reina Victoria llevaba cinco años de muerta, pero no la devoción vitoriana. Donde fuera que la paz reinara, que era casi todo el mundo, se le agradecía a Dios. La religión cristiana había creado grandes zonas de prosperidad en Occidente y prevalecía la creencia compartida en una deidad amorosa y benevolente a cuya imagen fuimos creados. Al hablar con elocuencia en nombre del idealismo de su era, Rabindranath Tagore escribió: "El amor es la única realidad y no es un mero sentimiento. Es la máxima verdad que yace en el centro de la creación".

El colapso llegó con una velocidad estremecedora. El ascenso de la ciencia no fue lo que detonó la caída de Dios. Décadas antes, la teoría de la evolución de Darwin ya había derrocado la historia de la creación del Génesis y la había sustituido por una explicación científica de la vida en la Tierra. (Irónicamente, el cofundador de la teoría de la evolución, Alfred Russel Wallace, era espiritualista.) Pero para destruir la fe, la civilización tenía que enloquecer. Sir Edward Grey, un olvidado estadista británico, pronunció una de las frases más terribles cuando estalló "la guerra para terminar con todas las guerras" en 1914: "Las antorchas se están apagando por toda Europa. No volveremos a verlas encendidas en nuestro tiempo".

Esta observación profética era apenas un indicio del futuro. Comenzando con los horrores de una guerra de trincheras en la primera Guerra Mundial, y culminando con la muerte de setenta millones de chinos bajo el régimen de hierro de Mao, el siglo XX trajo consigo la exterminación masiva a una escala que nadie pudo prevenir o imaginar. Se estima que cien millones de personas fallecieron en la turbulencia del siglo pasado, si se cuentan las víctimas chinas (casi todos campesinos que murieron de inanición durante las hambrunas a cargo de los comunistas) y la terrible cantidad de víctimas de las dos guerras mundiales, el Holocausto y las purgas revolucionarias en las que se dieron asesinatos al por mayor desde Rusia y China hasta Camboya y Bosnia.

Si Dios permitió la matanza al por mayor, si abandonó a millones de personas religiosas mientras sufrían y morían, ¿merece ser alabado? Esto me recuerda a "Los que escaparon de Omelas", una parábola de la aclamada escritora de ciencia ficción Ursula K. Le Guin. La ciudad de Omelas es una utopía con un secreto: ha comprado su felicidad y su confort manteniendo un solo niño escondido en la oscuridad, sucio y miserable.

Todos lo saben; se les revela cuando cumplen la mayoría de edad. La mayoría de la gente se siente incómoda, pero en cierto momento hallan paz con la tortura de un chivo expiatorio inocente. Sólo algunos se alejan en silencio y sin mirar atrás. Nadie sabe a dónde van, y nunca se le revela al lector, pero cabe decir que es un lugar incluso más imaginario que Omelas. La parábola es acerca del significado de la conciencia.

Podemos aplicarla a la vida real con perturbadora facilidad. Piensa en un entrenador que gana todas las temporadas y es adorado por las multitudes, sólo que en secreto abusa sexualmente de niños. Menos estremecedor pero más difundido es el caso del buen esposo que provee a su familia de lo que necesita pero de vez en cuando le pega a su esposa. Dawkins plantea el mismo argumento moral en contra de la religión. Dawkins se siente más moral que el devoto que se hace de la vista gorda ante las fallas de Dios. No puede ser disculpado que continúen yendo a la iglesia y al templo como si Dios fuera amoroso y misericordioso.

El rechazo de un Dios fallido está justificado moralmente. Pero un Dios amoroso puede ser restaurado frente a los incontables horrores. No tienes que poner pretextos o hacerte de la vista gorda. Lo que se requiere es un viaje personal. Ten por seguro que encontrar la verdad no es el camino más fácil, pero conduce a una conciencia clara. Como sociedad, los estadunidenses metemos a la cárcel a todos los criminales que se pueda, en vez de confiar en la rehabilitación. Rehabilitar a Dios es mucho más difícil; de hecho, parece una contradicción de términos. Si Dios lo sabe todo, él debe de saber qué es lo que él mismo hace todo el tiempo. Pero si lo que está haciendo es malo, entonces no puede ser Dios, quien es la esencia de la bondad. La tarea que tenemos enfrente es formidable.

Christopher Hitchens murió de cáncer diez días antes de la Navidad de 2011. Tenía sesenta y dos años. La valentía existencial que mostró, en la "larga discusión que hoy en día tengo con el espectro de la muerte", es honorable y conmovedora. Es igual de honorable ser un buscador espiritual e, irónicamente, aquí hay una convergencia. La espiritualidad también es existencial. Ella se pregunta quiénes somos, por qué estamos aquí y cuáles son los valores más altos bajo los cuales debería vivir una persona.

El error del ateísmo es que se nombra el centro de la moralidad y declara que sólo los no creyentes son dueños de la verdad. La verdad es un proceso de descubrimiento, y alguien que desdeña el proceso debe despertar antes de afirmar que todos los demás están dormidos. Cuando la gente habla con los encuestadores, casi de manera unánime expresa su fe en Dios. Pero la semilla de la incredulidad no ha sido arrancada. Para comenzar el proceso de reiniciar a Dios, cada uno de nosotros debemos ver en un espejo nuestra propia incredulidad. Eso parecería una expectativa aterradora o desalentadora. No lo es. Cuando eliminas los espejismos en los que confías, lo que permanece es la verdad, y la verdad máxima es Dios.

La prueba de que existe
el ornitorrinco

Es difícil probar la existencia de Dios, pero también es difícil probar la existencia de una de las creaciones más extravagantes de la naturaleza, el ornitorrinco. Si en realidad no existiera, nadie le daría mucho crédito a esta improbable criatura. Tiene patas palmeadas y pico de pato. El macho puede lanzar una picadura venenosa con sus patas traseras. La hembra no da a luz como los demás mamíferos, sino que pone huevos como los peces, los reptiles y las aves. Digamos que llaman a un matemático para probar qué tan improbable es una criatura así. Con suficientes variables confiables, daría una probabilidad estadística muy baja. Un mamífero reptil que parece pescado desafía todas las posibilidades. Sin embargo, lo erróneo de esos cálculos se demuestra en el momento en que alguien saca a un ornitorrinco de su madriguera a un lado de un riachuelo australiano. (Son criaturas nocturnas y tímidas.)

Hay que tener cuidado con los argumentos basados en la probabilidad. Cuando Einstein era joven trabajaba como empleado en la Oficina de Patentes de Suiza. ¿Cuáles son las probabilidades de que actualmente un empleado de la misma oficina sea el próximo Einstein? Es una pregunta absurda para ser planteada de esa forma (como preguntar las posibilidades de que una persona sorda sea el próximo

Beethoven). Incluso si resultan posibilidades plausibles (diez mil millones de millones a uno), el próximo Einstein no será encontrado por medio de la probabilidad. De igual manera, cuando quieres subirte a un autobús no calculas la probabilidad de que te lleve adonde quieres llegar. Consultas los horarios y lo averiguas. Hay muchas preguntas incorrectas que conducen a respuestas equivocadas.

En *El espejismo de Dios*, Dawkins hace de la improbabilidad la pieza central para negar la existencia de Dios. Es un caso clásico de plantear las preguntas incorrectas. Se puede encontrar su argumento en el capítulo titulado "Por qué casi es seguro que no existe Dios", lo cual se hace pasar como objetividad. En una escala del uno al siete, en la que uno es la certeza de que Dios existe y siete es la certeza de que no existe, él se cuenta en el seis: "No puedo saberlo con seguridad, pero creo que Dios es muy improbable, y vivo mi vida bajo el supuesto de que él no está aquí".

¿Por qué la existencia de Dios debe llegar al grado de calcular sus posibilidades como en una carrera de caballos? No es necesario llamar a un experto en estadística si has encontrado un ornitorrinco, y por tres mil años lo mismo ha sucedido con Dios. La gente ha tenido muchas experiencias directas con Dios a lo largo de la historia. Como parte de la generación posterior a la crucifixión, San Pablo declaró que más de quinientos conversos habían visto a Cristo ascendido. Mahoma subió a una cueva arriba de la Meca donde encontró paz y quietud, sólo para ser confrontado por el ángel Gabriel, que le ordenó: "¡Recita!" De forma espontánea, Mahoma comenzó a recitar los versos del Corán. La historia religiosa está repleta de epifanías, revelaciones, visiones, milagros y maravillas. Con un fenómeno tan universal como la espiritualidad, la experiencia directa tiene un significado. Un escéptico tiene derecho de descartar algo genérico como una encuesta pública general. El hecho de que de 80 a 90 por ciento de los norteamericanos crean en Dios es una prueba débil a menos que entrevistes a cada encuestado y le preguntes por qué cree.

Dios (a diferencia del ornitorrinco) puede ser invisible, pero también lo es la música. Confiamos en nuestra experiencia de la música, ¿pero qué pasaría si llegara un escéptico sordo? ¿Probarías la existencia de la música para él? Podrías llevarlo a salas de concierto donde la gente se reúne para disfrutar la música. Si sigue dudando, tendrías muchas más opciones: conservatorios de música, fábricas de instrumentos musicales y demás. En cierto punto, incluso si un escéptico sordo no tuviera la habilidad de comprobar que la música es real, la vasta experiencia de los otros sería convincente, a menos que se opusiera terminantemente a ello.

Dawkins está terminantemente en contra de reconocer la existencia de Dios; por ello, la experiencia directa de otras personas no tiene ningún peso para él. Todos son crédulos y viven engañados. *El espejismo de Dios* contiene un índice analítico detallado al final. Aquí hay algunos nombres que no aparecen en él: Buda, Lao-Tse, Zoroastro, Sócrates, Platón, San Francisco de Asís y los autores del evangelio: Mateo, Marcos, Lucas y Juan. Dawkins descarta toda experiencia espiritual del pasado con un encogimiento de hombros. Tampoco menciona a Confucio, y la única referencia que hace al confucianismo se traslapa con el budismo porque para Dawkins en realidad no son de naturaleza espiritual: "No me interesan para nada otras religiones, como el budismo o el confucianismo. Es verdad que hay algo que debe decirse de ellas por no tratarse de religiones, sino de sistemas éticos o filosofías de la vida".

Esto es algo nuevo para varias generaciones de sacerdotes budistas y lamas tibetanos. Dawkins es el tipo de autor que quiere que el lector acepte que el judaísmo "originalmente fue un culto tribal de un Dios único, violento, desagradable, obsesionado de forma morbosa con las restricciones sexuales, con el olor de la piel quemada", etc. No considera que sus ninguneos exagerados pueden debilitar su propia credibilidad como científico objetivo.

Un gran corpus científico intenta verificar las experiencias espirituales y lo paranormal. *El espejismo de Dios* dedica poco tiempo a los descubrimientos de investigación imparcial y no se detiene para nada a analizar los pros y los contras de las controversias sobre la reencarnación, las experiencias cercanas a la muerte y la eficacia de la oración. Por ejemplo, al comenzar la década de 1960, en el departamento de psicología de la Universidad de Virginia el psiquiatra Ian Stevenson condujo un estudio a largo plazo para investigar a niños que parecían recordar sus vidas pasadas. Esto sucede por lo regular entre los dos y los siete años; se desvanece rápido después de esa edad. Durante más de cuatro décadas de investigación se han recopilado más de dos mil quinientos casos. Los niños recuerdan dónde vivían, quiénes eran sus amigos y su familia, y los detalles de su muerte. Varios niños de Japón y Estados Unidos recordaron haber muerto en combate en la segunda Guerra Mundial. En un caso, un niño pequeño se entusiasmó al ver en un noticiero aviones de guerra sobre el Pacífico, y cuando uno cayó el niño apuntó a la televisión y dijo: "Ése era yo". La familia buscó sobrevivientes de esa batalla en particular, y éstos describieron en detalle al piloto que el niño pensaba que era. Todos los detalles que el niño había dicho eran ciertos, e incluso algunos nombres.

Al provenir de la India, yo estaba muy al tanto de esos incidentes, que allá son ampliamente conocidos y creídos. Los niños son puestos a prueba y los llevan al pueblo donde recuerdan haber vivido, y muy a menudo se verifican sus recuerdos de las calles, las casas y la gente. Stevenson se dedicó a estas historias anecdóticas, y en la actualidad el equipo de investigación que continúa su trabajo ha acumulado cientos de ejemplos verificados alrededor del mundo. Los ejemplos más sorprendentes quizá son aquellos en los que un niño nace con marcas de nacimiento en el sitio donde estuvieron las heridas de muerte de la encarnación anterior; por ejemplo, una bala que entró por el pecho.

Un estudio independiente que analizó la información recopilada por el programa de Stevenson llegó a la conclusión de que "con respecto a la reencarnación él recopiló con meticulosidad y de manera impasible una serie detallada de casos [...] en los cuales las pruebas son difíciles de explicar de cualquier otra manera". Un tema fascinante se ha mantenido bajo escrutinio científico para que cualquiera lo examine. Lo mismo es verdad para todo fenómeno que los escépticos como Dawkins ridiculizan en vez de investigar. Como mínimo, las experiencias que no comprendes merecen ser investigadas científicamente, sobre todo si eres científico. Dawkins considera que dicha investigación por definición es falsa, así que lo único que tiene que hacer es citar un estudio que diga lo contrario para evitar revisar innumerables investigaciones objetivas.

Dawkins dedica unas cuantas páginas a los científicos que creen en Dios. Menosprecia a Copérnico, Kepler, Galileo y Newton de inmediato porque su prestigio aporta poco peso a un "argumento de por sí malo". Pero Darwin, quien es el dios familiar de Dawkins, debió de darle qué pensar. Cuando era joven Darwin era un religioso convencional. En su autobiografía escribe: "Cuando estaba a bordo del *Beagle* yo era bastante ortodoxo, y recuerdo haberme reído efusivamente frente a varios de los oficiales (ellos sí eran ortodoxos) por citar la Biblia como autoridad irrefutable en cierto sentido de moralidad". Su duda se elevaba sobre la cuestión convencional con la que muchos otros victorianos se debatían: ¿cómo puede un Dios permitir la existencia de muchos dioses, como Shiva y Visnú? ¿Acaso Dios tiene mensajes separados para hindúes y cristianos? Darwin encontró muchas razones para dudar que los Evangelios fueran verdaderos en un sentido literal, y después de mucho considerarlo dijo: "De forma gradual dejé de creer en el cristianismo como revelación divina".

Pero el hecho de que Darwin haya abandonado la religión bíblica no es la base de la teoría de la evolución, lo cual es incómodo si te sustentas en la evolución como sostén de tu posición atea. Darwin no consideró el tema de un Dios personal sino hasta más tarde en su vida, y en ese punto usó la selección natural para refutar los argumentos a favor de un creador benigno y amoroso. Es impresionante lo reservado que es cuando escribe sobre su propia incredulidad. Se compara a sí mismo con alguien ciego al color rojo en un mundo donde todos pueden ver el rojo. Así, él piensa que "el argumento más común para sostener la existencia de un Dios inteligente proviene de la profunda convicción interior y de sentimientos que son experimentados por casi todas las personas". De joven él tenía los mismos sentimientos: en una entrada de su diario acerca de su viaje en el *Beagle*, recuerda estar tan impresionado por la selva brasileña que estaba convencido de que sólo la existencia de Dios podía ser la causa. Pero más tarde en su vida le pareció que esos sentimientos no eran fiables: "No puedo ver que esas convicciones interiores y sentimientos tengan algún peso como prueba de lo que existe en realidad".

Sin duda, estaba sentando las bases para que el científico moderno sólo confíe en la evidencia objetiva. Pero Darwin estaba lejos de ser un enemigo de Dios. Después de discutir la posibilidad de la inmortalidad y otros atributos de Dios, dice: "No puedo pretender arrojar la más mínima luz sobre semejantes problemas ininteligibles. El misterio del principio de todas las cosas es irresoluble para nosotros; y por lo menos yo debo estar conforme con permanecer siendo agnóstico". La manera en que Dawkins se escabulle para evadir este hecho inconveniente es diciendo que en el siglo XIX la presión para creer era tan grande que los no creyentes eran reacios a decir lo que en realidad pensaban, y cita a Bertrand Russell, famoso filósofo ateo, para mostrar que dichos apremios seguían inhibiendo a los científicos bien entrado el siglo XX: "Ocultan el hecho en público porque temen perder sus ingresos".

Contra esta conjetura, que parece muy débil incluso para Dawkins, él no considera que un científico pueda creer en Dios porque, como dice el genetista Francis Collins, la ciencia es buena para hablar sobre el mundo natural pero no acerca del sobrenatural. Según Collins, como cristiano creyente, "para mí, ambos mundos son muy reales y muy importantes. Son investigados de formas diferentes. Coexisten. Se iluminan el uno al otro".

¿Acaso importa si los grandes científicos creen en Dios? Ni Copérnico ni Newton ni los demás realizaron experimentos sobre la existencia de una deidad. Tampoco se basaron en la experiencia personal directa (aunque sus biografías revelan algunas experiencias semejantes, como las que ha tenido todo tipo de gente). Entrevistar a los grandes científicos sobre sus opiniones acerca del arte no importaría; los dos campos están completamente separados.

Dado que *El origen de las especies* hizo tanto para aplastar la creencia en la Biblia y el cristianismo en general, ¿por qué Darwin evitó el ateísmo? Un joven admirador le escribió una carta preguntándole sobre sus creencias religiosas, y recibió una respuesta cautelosa. Eran pensamientos nobles pero sin llegar a ninguna conclusión. Darwin escribió:

> Es imposible responder a tu pregunta de manera breve; y no estoy seguro de poder hacerlo incluso si escribo largamente. Pero he de decir que la imposibilidad de concebir que este grandioso y maravilloso universo, con nuestros seres conscientes, haya surgido por azar, me parece el argumento principal de la existencia de Dios; sin embargo, nunca he sido capaz de decidir si éste es un argumento definitivo.

Esto nos lleva de vuelta al azar y la probabilidad. En la era de la fe, la gente contemplaba los complejos patrones de la naturaleza y de inmediato veía la mano de un creador. El ascenso de la ciencia debilitó esas percepciones intuitivas. Para cada aspecto de la naturaleza se exigía la recopilación de algún tipo de datos. Las matemáticas triunfaron como la "religión natural", como fue llamada. Entonces veamos a qué postura favorecen las probabilidades. ¿Es más probable que exista Dios o que no exista?

¿Dios es el máximo 747?

Existe una respuesta famosa a esa pregunta. En 1982, el astrofísico británico Sir Fred Hoyle dio una conferencia en la radio en la que mencionaba de pasada que "un colega mío calculó que una célula de levadura y un avión 747 tienen el mismo número de partes, el mismo nivel de complejidad. La explicación científica actual de cómo se reúnen todas las partes de una célula de levadura es la aleatoriedad. Hoyle intentó calcular la baja probabilidad de que una célula viva se hubiera ensamblado por azar. Las posibilidades era muy bajas. Pero lo que ha sobrevivido es una analogía notable, sin importar si sus cálculos estaban bien (el modelo del avión cambió a lo largo del camino): "La probabilidad de que de esta forma de vida hayan surgido formas de vida superiores [por medio del azar] es la misma probabilidad de que en un patio lleno de chatarra un tornado ensamble un Boeing 747 con los materiales que están ahí".

La analogía fue brillante porque podía ser comprendida con facilidad por cualquiera. Un Boeing 747 tiene alrededor de seis millones de partes, y se requiere de inteligencia, diseño y planeación para lograr que todas encajen juntas. Hoyle no era un creacionista y no creía en Dios. Su objetivo era mostrar que las estructuras altamente complejas no pueden ser explicadas por el azar.

Es fácil amplificar la analogía del Boeing 747 y el patio de chatarra para volverla aún más fuerte; mil veces más fuerte, de hecho: existen seis mil millones de letras genéticas encordadas a lo largo del ADN humano. Su acomodo es preciso y delicado. Si el acomodo de apenas unos cuantos genes es imperfecto, el resultado pueden ser disfunciones graves, como defectos de nacimiento y trastornos genéticos. Esto implica la presencia de un Diseño Inteligente, aunque las palabras *inteligente* y *diseño* se hayan convertido en expresiones en boga del creacionismo. El creacionismo disfrutó de una ráfaga de publicidad cuando los cristianos fundamentalistas disfrazaron de ciencia sin sustento la historia bíblica de la creación. El daño a largo plazo fue que se tergiversó el concepto de inteligencia en la naturaleza.

Dawkins saca provecho al atacar capítulo tras capítulo a los religiosos fundamentalistas. Por la forma en que lo presenta, si tú sugieres que la naturaleza parece diseñada, entonces estás en el mismo barco agujerado que alguien quien cree que el libro del Génesis es una verdad literal. Dawkins participa en debates con teólogos y sale sin un rasguño ya que bombardea a los oponentes, los aturde intelectualmente y los fuerza a refugiarse en los típicos argumentos de que Dios tiene un lugar especial en la naturaleza fuera del alcance de la ciencia. En efecto, dice Dawkins, ponen a Dios en una zona segura y lo eximen del razonamiento científico. Si no estuviera refugiado en una zona segura, Dios no sobreviviría al escrutinio que aplicamos a las amibas, los electrones y los huesos de dinosaurios.

Sin embargo, la analogía del Boeing 747 y el patio de chatarra es demasiado convincente como para ignorarla, y *El espejismo de Dios* debe enfrentarla de forma directa. Como escribe Dawkins, "el argumento de la improbabilidad es el mayor". Él toma un folleto religioso publicado por la Watchtower Bible and Tract Society (el brazo editorial de los Testigos de Jehová) que defiende el creacionismo. El texto cita ejemplos de formas de vida complejas que indican la mano de un Dios creador. Uno es *Euplectella*, una esponja de mar profundo conocida popularmente como canasta de flores de Venus. (En Asia es un regalo tradicional como símbolo de amor romántico, porque dentro de cada esponja viven un camarón macho y uno hembra, protegidos en su nido. Cuando se aparean, sus retoños nadan en el océano para encontrar su propio nido en otra *Euplectella*.) El esqueleto de la esponja está formado por millones de fibras de vidrio entrelazadas tan intricadamente que su diseño ha interesado a los fabricantes de fibra óptica; la esponja convierte el ácido silícico, que se encuentra en el agua de mar, en sílice, la base química del vidrio. El folleto de Watchtower declara que la ciencia no puede explicar cómo surgió su complejidad: "Pero una cosa sí sabemos: no es posible que el azar la haya diseñado".

Dawkins intenta sorprender al lector al estar de acuerdo con eso. Dice que es cierto que la aleatoriedad es una mala explicación para el esqueleto de vidrio de la canasta de flores de Venus. Nadie creería que semejante exquisitez haya surgido por azar. Dawkins intenta sorprendernos con su aparente cambio repentino, ya que siempre insiste tanto en el azar y la probabilidad. Pero después dice que el problema es que Fred Hoyle, aunque era tan brillante, malentendió por completo la evolución. El secreto de la selección natural, la fuente de su genialidad como teoría, es que no necesita de la probabilidad aleatoria. Las cosas vivas compiten de manera egoísta. Actúan con deliberación. Las plantas quieren agua y luz. Los animales quieren comida y aparearse. En cuanto una liana evoluciona y es capaz de treparse hasta lo más alto de un árbol en la selva, entonces obtiene la luz que ansía. Un chita que evoluciona con articulaciones de los hombros más flexibles para dar pasos más largos y más rápidos, va a vencer a otros grandes felinos a la hora de atrapar gacelas. Paso a paso, cada ser vivo se gana su derecho a sobrevivir; los pasos para nada son azarosos.

Se pregunta entonces por qué nuestras mentes siguen entendiendo a Dios como el diseñador del mundo material: porque asumimos falsamente que algunas cosas son tan hermosas y tan complejas que no puede negarse que fueron diseñadas —piensa en la complicada hélice de la concha de compartimientos de un nautilo o en la misma hélice espiral del centro de una rosa, la doble hélice del ADN y el acomodo de las semillas en un girasol—. Nuestros ojos nos dicen que un diseñador debió de haber concebido esta belleza y complejidad.

Bueno, pues sí y no. Es natural vincular una máquina hecha por el hombre, como un reloj de bolsillo, a un creador, dice Dawkins. Los relojes no se ensamblan a sí mismos. Pero no es lo mismo con la naturaleza. Las galaxias, los planetas, el ADN y el cerebro humano sí se ensamblaron a sí mismos. ¿Cómo? Para que la vida apareciera en la Tierra, Darwin mostró el camino. Lo intrincado se construye por medio de una secuencia de pasos pequeños. Puedes estar maravillado frente a un mosaico romano, pero si te acercas verás que está hecho de pedacitos de piedra pintada. Un pedacito no es maravilloso. El darwinismo explica que los pequeños pasos de la evolución de ninguna manera son improbables; son los bloques de construcción de todo lo que es complejo en el mundo natural. La elección entre Dios y azar es falsa, escribe Dawkins. La verdadera elección es entre Dios y la selección natural.

Si quieres ver algo realmente improbable (al grado de carcajearte de su existencia), mira a Dios. Dawkins llama a Dios "la estratagema definitiva del Boeing 747". Un Dios que crearía toda forma de vida de un solo golpe, como declara el libro del Génesis, tendría que ser más complejo que lo que él mismo creó; más complejo que el ADN, los quarks, los miles de millones de galaxias y todo lo demás que surgió a lo largo de los más de trece mil setecientos millones de años que han transcurrido desde el Big Bang.

Es *extremadamente* improbable que semejante ser esté detrás de la cortina de la naturaleza. Puedes ver el registro de los fósiles y probar por ti mismo el proceso lento e inexorable de la evolución. Hoyle llegó a una conclusión falsa cuando decidió demostrar la aleatoriedad. La respuesta correcta es que un Dios diseñador desafía *cualquier* posibilidad. Dawkins cita a su colega ateo Daniel Dennett, de la Universidad de Tufts; como es filósofo se le ha dado el papel de gran pensador en estos asuntos. En 2005, en una entrevista con un periodista alemán, Dennett aborda "la idea de que es necesaria una cosa grande, sofisticada e inteligente para crear una cosa inferior". Si eres ingenuo, esta noción parece correcta en el plano intuitivo, dice Dennett. "Nunca verás a una lanza fabricar a un creador de lanzas. Nunca verás a una herradura crear a un herrero. Nunca verás a una cacerola crear a un alfarero."

Dennett llama a esto "la teoría de goteo de la creación". Dios es un herrero martillando herraduras en una escala cósmica. Dennett, a quien Dawkins presenta como un "filósofo con tablas científicas", le da crédito al argumento de la improbabilidad. Ambos están de acuerdo en que un herrero o un relojero cósmico son demasiado complejos como para ser posibles. La ciencia, cuando se le presenta una opción, prefiere la explicación más simple que funcione. El azar es demasiado rebuscado, así que no sirve. Un Dios infinitamente complejo no sirve. Lo que queda es la evolución. Caso cerrado.

Tal vez, o tal vez no

En la vida real, sólo un puñado muy pequeño de personas creen en Dios porque han atravesado la maleza de la teoría de la probabilidad. Volveré pronto a la vida real, mas por ahora sigamos con este difícil problema. ¿Crees en la analogía del Boeing 747? Yo sí. En su parte más cruda, *El espejismo de Dios* convierte a Dios en una caricatura simplista. Es absurdo preguntar si Jehová creó el ADN o no. Debemos rechazar el subterfugio de Dawkins, un Dios personal que diseñó el universo. Ésta es otra variante de ver a Dios como ser humano, sólo que mucho más inteligente. Muchas personas, como ya hemos hablado, sólo pueden concebir a Dios en imagen humana. Cuando alguien se aleja de la religión organizada, éste es el Dios al que rechazan.

Dawkins dedica casi cuatrocientas páginas a demoler a Dios sin considerar con seriedad que imaginar un padre en el cielo tal vez no es la única forma de pensar en lo divino. En cuanto respondes: "Ése no es el Dios que tenía en mente", la coartada de Dios Padre se vuelve irrelevante. La religión organizada ha sido arrinconada por negarse a encontrar una alternativa viable a Dios Padre, pero esas alternativas no existen. San Agustín ya había rechazado una lectura literal de la Biblia en el siglo V d.C. La creencia moderna ha ido mucho más allá de lo literal, pero ni siquiera le sirve a Dawkins para dar un vistazo.

Una posibilidad es que Dios se *convirtió* en la creación. (Einstein sugirió algo así en su famosa frase acerca de querer conocer la mente de Dios, aunque no dijo explícitamente que Dios estaba dentro de las leyes que gobiernan el tiempo y el espacio.) En otras palabras, Dios no es una persona, sino la totalidad de la naturaleza. Como fuente de la existencia, él es el punto de partida de tu ser y del mío. Dios no es nuestro padre; no es un relojero que ensambla partes en un reloj (una imagen concebida en el siglo XVIII para explicar cómo un solo creador inteligente reúne a todas las partes del cosmos); no tiene sentimientos ni deseos. Él mismo es el ser. Todas las cosas existen porque él existió primero. No hay necesidad de que semejante Dios sea complejo.

Es un ardid erigir a un Dios que debe ser más complicado que todo el universo. Los teólogos medievales argumentaban que Dios debía ser más complejo que su creación. Dawkins y Dennett deberían estar discutiendo en los pasillos de la Universidad de París alrededor de 1300. En el siglo XVIII, la analogía del relojero se volvió popular porque un movimiento llamado deísmo, al cual pertenecía Thomas Jefferson, buscaba reconciliar la fe con la razón. Los deístas aceptaban que Dios no está presente en el mundo, y la razón les decía que los milagros no pueden existir porque desafían las leyes de la naturaleza. ¿Qué clase de deidad puede ser adorada si no está presente y si no realiza milagros? Un Dios racional, que construyó el universo, lo puso en movimiento y luego desapareció. Para los deístas, Dios es como un relojero que construyó su máquina, le dio vida y la dejó funcionar por sí misma.

El giro de Dawkins es exigir que el Dios relojero sea más complejo que el universo. Esta exigencia no debería ser aceptada, y por una buena razón. Cuando levantas la mano para encender una lámpara, tu intención es simple. El hecho de que tu cerebro contenga cien mil millones de neuronas y tal vez un trillón de conexiones sinápticas es irrelevante. Nadie necesita examinar todas esas neuronas y conexiones para calcular la probabilidad de que derivarán en que muevas tu mano. Tu intención la mueve; la complejidad del cerebro sirve para que se realice un acto simple. La complejidad no es obstáculo para crear los pensamientos, las palabras y las acciones que conforman la condición humana. El cerebro es demasiado complejo para que cualquiera lo comprenda, y aun así lo usamos todos los días.

De hecho, Dios podría ser la cosa más simple de todas. Él es una unidad. La diversidad se despliega de esa unidad, y la diversidad (el universo en expansión, los miles de millones de galaxias, el ADN humano) es de una complejidad impresionante. Pero su fuente no tiene que ser diversa. Picasso fue la fuente de miles de obras artísticas, pero no tuvo que imaginarlas todas en su mente al mismo tiempo. Como la selección natural, Dios puede producir el mundo natural paso a paso, a menos que insistas, como Dawkins, en que la aceptación literal del Génesis es la única historia religiosa sobre la creación en la cual cree la gente. La alternativa que planteo, que Dios se convirtió en la creación, también tiene una larga tradición.

La siguiente aseveración de Dawkins es esencial: los diseños complejos no necesitan un diseñador. ¿Eso *descarta* a un diseñador que está envuelto en la tela de la creación? No. En unas famosas líneas, *El espejismo de Dios* explica por qué la selección natural es la única teoría competente sobre cómo evolucionó la vida: "Una vez que el ingrediente vital (una especie de molécula genética) está presente, la verdadera selección natural darwiniana puede ocurrir, y la vida compleja surge como ulterior consecuencia".

La mayoría de los científicos no detectan el truco que se esconde aquí. La analogía del Boeing 747 y el patio de chatarra no se refuta por lo que sucedió *después* de que la vida apareció. ¿Y cómo es que se formó el ADN en primer lugar? El ADN es un compuesto químico, pero para explicar su estructura se debe acudir a la física. Y en lo que concierne a la física, la secuencia de sucesos que tuvieron lugar desde el Big Bang hasta el ADN es una simple cadena. Las mismas leyes de la naturaleza deben funcionar: no puede haber ninguna ruptura en la cadena, de lo contrario el ADN no hubiera surgido.

Tan sólo se hubiera necesitado un par de puntadas sueltas, hace miles de millones de años, para que todo el proyecto se colapsara; por ejemplo, si el agua no surgiera al combinarse oxígeno e hidrógeno. El cosmos temprano estaba lleno de partículas libres de oxígeno e hidrógeno, al igual que ahora. El ADN no puede existir sin agua, y el agua debió de ser abundante durante cientos de millones de años. Dado que 99.9999 por ciento del oxígeno y del hidrógeno del universo no se convirtió en agua (puedes añadir tantos decimales como quieras), el hecho de que el agua apareciera en la Tierra no es cuestión de pequeños pasos probables. Muy al contrario: los argumentos de la singularidad de la vida en la Tierra aún revisten un enorme valor, y no tienen que estar basados en un Dios bíblico.

Dawkins se da cuenta de eso muy bien. Cuando afirma que la biología ha resuelto el problema del surgimiento de la vida al plantear los pasos pequeños y probables, evita por completo la pregunta de cómo apareció el ADN, que no es exactamente un pequeño paso. Lo admite, diciendo que los físicos no han encontrado una explicación para la complejidad cósmica. Pero promete que algún día lo harán. Por desgracia para él, hasta que ese día llegue su explicación biológica no tiene sustento. Sería como explicar cómo Miguel Ángel ejecutó la Capilla Sixtina dando una pincelada a la vez, sin decir de dónde viene la pintura. Sin pintura, no hay imagen en el mural. Sin ADN, no hay evolución. El hecho de que Dawkins confíe en Darwin es confuso ya que ni él ni ningún otro científico pueden explicar el surgimiento del

ADN. (Algo es seguro: el ADN no compitió para la supervivencia del más fuerte.)

También, en apariencia Dawkins comete un error básico en la teoría darwiniana con respecto a los genes. Está tan impaciente por convencernos de que la selección natural no es aleatoria (quienquiera que sepa "lo básico" al respecto sabe eso) que deja fuera una piedra angular de la teoría genética estándar: los genes mutan de forma *aleatoria*. Si tomas moscas de la fruta y sigues la mutación de sus genes, la información resultante concuerda perfectamente con una distribución aleatoria. Si las moscas de la fruta tuvieran mutaciones sesgadas (más machos que hembras, ojos que crezcan cada vez más con el tiempo, que les salgan ocho patas de generación en generación) entonces habría algún tipo de propósito y dirección. El propósito y la dirección son un anatema en la teoría de Darwin. Sólo las mutaciones aleatorias concuerdan con la teoría.

Para un estadístico, el patrón aleatorio de cambios genéticos es prácticamente perfecto. En el ADN humano, una porción de la herencia genética de cada quien, conocida como ADN mitocondrial, no se altera de generación en generación; se transmite por la madre sin mezclarse con los genes del padre. Esta característica única del ADN mitocondrial ha conducido a que se le dé un uso inteligente. Los genetistas pueden calcular los itinerarios de las mutaciones causadas por factores externos, como los rayos X y los rayos cósmicos, y añadirlos a ocurrencias aleatorias dentro del ADN mitocondrial. El resultado es un reloj biológico, la forma más precisa de determinar qué tan rápido el *Homo sapiens*, cientos de miles de años atrás, se propagó a lo largo de la Tierra desde nuestra fuente genética original en África. En la actualidad esta fuente se llama "la Eva mitocondrial".

La mutación aleatoria de genes es la primera clave de la evolución, como está aceptado de forma convencional. Una jirafa no puede competir por las hojas de la parte alta de un árbol hasta que una mutación genética le dé un cuello más largo. Los peces no pueden arrastrarse fuera del mar hasta que una mutación azarosa les dé un sistema de respiración que no necesite del agua. Es cierto que el azar lo es todo si eres un darwinista estricto, lo que hace más extraño que Dawkins, un fiero defensor del darwinismo estricto, lo rechace en esta parte.

Sé que alguien como yo, que no soy biólogo, se arriesga al ridículo al hablar de aspectos técnicos, pero el acertijo de la existencia de Dios es demasiado importante como para dejarlo a tecnicismos. *Dios* es la palabra que usamos al afirmar que la existencia tiene propósito y significado, así que a menos que puedas refutar un universo aleatorio no tienes muchas oportunidades de defender a Dios. Un dios que debe obedecer el azar no es mejor que alguien sacando números de una maquina de bingo. Por fortuna, tenemos formas de escapar de la trampa de la aleatoriedad y permanecer leales a la ciencia, y las discutiré ampliamente más adelante.

Dawkins se jacta de que su prueba en contra de Dios es "irrefutable", pero de hecho es fácil de refutar. *El espejismo de Dios* ofendió a algunos científicos al igual que a los creacionistas. Reaccionando vivamente, señalaron que la ciencia depende de los datos duros, y Dawkins no ofrece ninguno. No ha realizado experimentos ni ha hecho cálculos que sustenten sus ideas ateas. Sin embargo, el reproche científico más severo es que *El espejismo de Dios* no presenta una hipótesis que *pueda* ser probada. Su autor está casado con conclusiones preestablecidas y no tiene tiempo para ningún argumento excepto para aquellos que lo conduzcan a donde quiere llegar.

Un distinguido biólogo, H. Allen Orr, cita la afirmación de Dawkins de que "debemos culpar a la religión misma, no al *extremismo religioso* —como si hubiera algún tipo de perversión terrible de la religión real y decente—". (Por supuesto, justo eso es el extremismo.) Orr comenta con sequedad: "Como quizás hayan notado, cuando Dawkins discute sobre religión es, en efecto, un instrumento sin filo, uno al que le cuesta trabajo distinguir a los unitaristas de aquellos que atacan las clínicas de aborto". Dawkins trata de eliminar aquello que conforma a un Dios bíblico, pero para asegurarse de que puede patearlo una vez que haya caído, usa la versión más simplista del Dios bíblico.

Más allá del ornitorrinco

Prometí volver a la vida real, y ha llegado el momento de hacerlo. En la vida real la existencia de Dios debería marcar una diferencia en cómo tus anhelos, sueños y deseos se vuelven realidad. Ninguna meta pequeña vale lo suficiente. Dios debería traer menos dolor y más placer. Debería glorificar la condición humana en vez de permitirnos sufrir y dudar. Dawkins se presenta como un enemigo declarado de todos los caminos religiosos hacia una vida mejor. Así que asumamos que en este momento has llegado a una bifurcación en el camino. Un lado es el camino hacia una vida mejor a través de la ciencia, y el otro es hacia una vida mejor a través de Dios.

Cada camino será largo, pero en ninguno puedes ver muy lejos. ¿Hacia dónde conducirán? Si te das la vuelta, verás un pasado contaminado con los desechos de errores horribles. La Inquisición española fue terrorífica e inhumana, pero mató sólo a una minúscula fracción del número de quienes murieron en Hiroshima y Nagasaki. Se puede jugar el juego de las culpas para siempre, y no beneficia a nadie. La realidad cotidiana consiste en escoger qué camino tomar cuando no puedes ver dónde terminan las opciones.

Para tomar tu decisión, ayuda mucho ver que los ateos militantes, como campeones de la ciencia, no son los grandes pensadores que dicen ser. Como Orr apunta: "Es claro un motivo de la falta de una argumentación cabal en *El espejismo de Dios*: Dawkins no parece ser muy bueno para argumentar". Dawkins no se da cuenta de que su movida de judo, que fue voltear la analogía del Boeing 747 en contra de sí mismo, lo terminó hiriendo. Estamos obligados a usar una mejor lógica. Es esencial encontrar las preguntas que plantear acerca de Dios. Las preguntas equivocadas conducen a conclusiones erróneas, y entre las que se formulan sobre Dios hay algunas muy comunes:

¿Dios está escuchando? Esta pregunta supone que Dios es una persona con oídos y un gran radio de atención. Si Dios es Dios, por definición escucha todo, siempre.

¿Por qué Dios responde algunas plegarias y otras no? Como todos saben, esta pregunta conduce a la duda y la culpa, ya que implica que Dios seguro sólo responde las oraciones de quienes merecen una respuesta. Los demás, que no obtienen lo que desean, son pecadores o defectuosos en algún otro sentido. Tal vez no rezan lo suficiente o no sustentan sus rezos con bastante fe. Pero si Dios es Dios, hace todo, siempre. No puede dejar algo de lado y seguir siendo Dios. Y eso incluye dejar de lado la oración de alguien.

¿Qué quiere Dios? Esta pregunta supone que Dios tiene necesidades no satisfechas, que está asediado por deseos al igual que nosotros. Pero si Dios es Dios, abarca todo lo que existe y lo que puede existir. No hay lugar para deseos. La verdadera pregunta que la mayoría de la gente se hace es: "¿Qué quiere Dios de mí?" Asumen que un ser humano limitado es capaz de darle a Dios algo que él no puede darse a sí mismo.

Podrían agregarse muchas preguntas similares (¿A Dios en verdad le importa? ¿Un Dios cristiano ama a los no cristianos? ¿A qué Dios debería rezarle?), pero comparten una característica: no son acerca de lo divino, son acerca de la naturaleza humana proyectada en lo divino. No es razonable preguntar si Dios escucha o le importa. No se vale preguntar por qué ignora algunas plegarias y responde otras. Cuando preguntas estas cosas, no te estás dirigiendo a Dios. Estás preguntando cómo actuaría un ser humano si se convirtiera en Dios. Si tuviera buen ánimo, escucharía cada plegaria. Si estuviera de malas, sólo respondería las que quisiera.

Hay otros tipos de preguntas acerca de Dios que tienen resultados fructíferos. Entre las preguntas correctas están las siguientes:

¿Dios existe?

¿Dios está presente?

¿Dios es la fuente de la mente?

¿El amor proviene de Dios?

¿Qué hace que esta clase de preguntas sean las correctas? Al igual que las preguntas equivocadas, todas tienen algo en común. Miran hacia lo trascendental. Exploran la posibilidad de una realidad superior.

Es totalmente legítimo tratar de descubrir por qué existimos y qué significan nuestras vidas. Responder a la pregunta "¿De dónde vengo?" nos conduce hacia la fuente del amor, la mente y todo lo demás. Los seres humanos no podemos prosperar en la duda. Aunque quizá perdamos fe en nosotros mismos, la vida nos importa. La llenamos con inteligencia, propósito, creatividad, amor y significado. ¿Qué es el significado? Cada persona puede crear su propia respuesta. De hecho, eso es lo único que hacemos. Pasamos nuestros días satisfaciendo deseos, sintiendo amor, fluyendo de ida y vuelta, tratando de comprendernos unos a otros y encontrando nuevos retos.

Dawkins no es un enemigo declarado del significado, pero cree erróneamente que sólo la ciencia lo puede dar. Ese punto de vista es llamado cientificismo, y sostiene que ninguna verdad es válida a menos que sea científica, que es lo mismo que decir que la ciencia puede explicarlo todo, y si no puede, no importa. Aquello que la ciencia no puede explicar no tiene el suficiente valor para ser considerado. En este momento es cuando plantear las preguntas correctas llega a su punto culminante y no hay vuelta atrás. Si exploras el universo en busca de datos y descartas todo lo demás, la mayoría de las cosas que hacen que la vida sea profunda y hermosa se va por la ventana. Dios no es una ficción sobrenatural extraña, como afirma Dawkins. Es la fuente de nuestro mundo interior, el mismo lugar donde nacen el arte, la música, la imaginación, las concepciones visionarias, el amor, el altruismo, la filosofía, la moral y el vínculo humano. Este mundo tiene sus propias verdades. Podemos alcanzarlas al experimentarlas. Sólo un extraterrestre trataría de probar la existencia del amor sopesando probabilidades. Sólo alguien que nunca ha visto un ornitorrinco se basaría en estadísticas para probar que no puede existir. Lo mismo sucede con el enfoque de Dawkins sobre Dios.

La psicología de la certidumbre

Los ateos militantes forman una barrera sólida. Hombro con hombro, resguardan el punto cero de la fe, en el cual Dios nunca ha existido de ninguna forma. No merece ser adorado, respetado ni amado. La psicología de la certidumbre (un estado que ve la duda como una forma de debilidad) está de su lado en una época en que la fe religiosa ha sido muy sacudida y la duda es la condición en la que se encuentran la mayoría de las personas. Por ello el fundamentalismo religioso es el espejo de Dawkins y compañía. Forma una pared sólida del otro lado de la fe.

La certidumbre es un sostén reconfortante. Sin embargo, casi nadie se cuelga de ella, aunque se sientan a la deriva. Educados para creer en Dios, tratan de evitar disputas religiosas. Pero quizá la certidumbre que Dawkins y compañía irradian tiene algún efecto en sus propias dudas sobre Dios. Ha obrado en ellos de manera constante y silenciosa, como termitas en el sótano. Sustentar su fe se vuelve cada día más difícil. He aquí el testimonio personal de Francis Spufford, maestro de escritura en Londres. (Ayuda saber que la asistencia regular a la iglesia en Inglaterra es muy baja, alrededor de diez por ciento.)

Mi hija acaba de cumplir seis años. En algún momento del próximo año descubrirá que sus padres son raros. Somos raros porque vamos a la iglesia. Esto significa que conforme crezca habrá voces diciéndole lo que eso significa, cada vez se volverán más fuertes y cuando sea adolescente esas voces estarán gritándole en la oreja. Significa que creemos en un montón de tonterías de la Edad de Bronce. Que tenemos fetichismo por el dolor y el sufrimiento. Que propugnamos una bondad sin carácter. Que somos demasiado estúpidos como para comprender la irracionalidad de nuestras creencias. [...] Que somos despiadadamente moralistas.

En sus escritos, Dawkins intenta que los lectores sientan que están en el lado equivocado de la historia. La fe ya te hace parecer raro; pronto serás un marginado social.

El ateísmo más allá
de los cocteles

En sus polémicas, Dawkins lanza un argumento débil tras otro, pero nunca suelta su presunción psicológica de fuerza. Él y su grupo son un clásico ejemplo de "Si estamos todos de acuerdo, entonces seguro estamos en lo correcto". Cuando se reúnen casi no hablan de ganar a masas de conversos, sino de lo superiores que son como pensadores. Es revelador ver un video de YouTube patrocinado por Dawkins titulado "Los Cuatro Jinetes". Presenta dos horas de una charla en contra de Dios, con Dawkins como moderador. (Christopher Hitchens había inventado un nombre de batalla para el grupo, Los Cuatro Jinetes del Apocalipsis, el cual se acortó en algún momento a lo largo del camino.)

En el video se discuten de nuevo argumentos conocidos de *El espejismo de Dios*, pero también da un sentimiento más profundo de la atmósfera creada por las figuras principales del ateísmo militante. Dos son británicos, Dawkins y Hitchens. Dos son norteamericanos, Daniel Dennett (el mayor del grupo, de barba blanca y lentes) y Sam Harris (quien figura como un converso de una búsqueda espiritual temprana que lo desilusionó.) Vestido con *jeans* y una camisa negra, Harris es esbelto y se ve joven, de unos cuarenta años. Hitchens —de unos cincuenta y cinco— es el modelo de un cosmopolita testarudo que ha ido más allá del cinismo airado. Dawkins podría ser elegido para una película sobre un catedrático inglés con ojos de búho enseñando el método socrático; su típica mirada es brillante e inquisitiva. Plantea las preguntas y está ansioso por escuchar las respuestas. Los Cuatro Jinetes se muestran bastante seguros de sí mismos, incluso arrogantes, al competir entre ellos con anécdotas de irracionalidad religiosa. El espectador no está preparado para la discusión perjudicial y confusa que está a punto de desarrollarse.

Unos cuantos detalles más. El escenario es una sala de estar o una biblioteca y está iluminado por la luz del sol. Hay una chimenea blanca al fondo. Las sillas están dispuestas alrededor de una mesa donde hay botellas de agua y cocteles. Hitchens añade un toque ominoso fumando un cigarro tras otro —el video fue publicado en 2007, tres años antes de que le diagnosticaran cáncer terminal de esófago—. Dawkins comienza mencionando que todos ellos han recibido acusaciones de ser estridentes, arrogantes, corrosivos y gritones. ¿Cómo se sienten al respecto?

Dennett dice que le divierte. "Me esforcé mucho en mi libro para dirigirme a personas religiosas sensatas, y probé el borrador con grupos de estudiantes que eran profundamente religiosos." Dennett dice que este borrador "provocó angustia real", así que hizo ajustes. Pero no sirvió de nada, porque "aún así fui criticado por grosero y agresivo". Esa realimentación negativa no lo llevó a preguntarse si estaba siendo criticado con buena causa. En cambio, las acusaciones lo hicieron sentirse exonerado. Dice: "Las religiones nos han forzado a que sea imposible discrepar francamente de ellas sin ser groseros". De inmediato Dawkins se muestra de acuerdo.

El tono de Dennett es apacible, pero dice lo mismo que los abusadores que culpan a sus víctimas. "Me provocaron" es la lógica de ambos. La gente religiosa "juega la carta de sentimientos lastimados cada vez que puede", continúa Dennett (ignorando que tal vez de hecho lastimó los sentimientos de alguien), ¿y entonces qué opción le queda? "¿Voy a ser grosero [...] o sólo me callo?" No es una elección entre uno y otro, pero el ateísmo militante necesita la apariencia de una oposición dura. De otra forma no puede justificar su absoluta certidumbre. No hay disposición para una discusión madura.

Sam Harris da su opinión. "Eso es transgredir un tabú. Creo que todos nosotros enfrentamos el hecho de que la religión es excluida de la crítica racional." Para hacer dicha afirmación debes estar fuera de la realidad. La Ilustración, que se extendió por Europa en el siglo XVIII y que influenció profundamente a los Padres Fundadores de Estados Unidos, tan sólo fue una crítica racional a la religión. Y la ciencia después de Darwin tan sólo fue una crítica racional del mismo tipo, ahora basada en pruebas tangibles: fósiles, genética y física cuántica. Lo que aparece en este vídeo es un rasgo de la psicología de la certidumbre: la retórica remplaza a la realidad.

De hecho, Harris está a favor de una posición más agresiva, ya que cree que "nuestros compañeros seculares y nuestros compañeros ateos" son culpables por ablandarse. No son lo suficientemente hirientes en sus ataques a la religión. "Abandonan a las personas a su propia superstición, incluso si es abyecta y les hace daño." No es que Harris esté en la mira. Ablandarse no es el problema. La gran mayoría de los seculares y los ateos no quieren que todo el mundo se trague sus creencias.

El que habla después es Hitchens, quien ha forjado su reputación, mucho más que los otros, en hablar en público. Su carrera como político problemático floreció ante las cámaras (sufrió un revés cuando se convirtió en franco defensor de la guerra en Irak). "Sin autocompasión", observa, "deberíamos decir que nosotros también podemos ser dañados e insultados".

Dawkins ofrece una idea de apoyo. Si ambos lados, creyentes y ateos, se sienten ofendidos, alguien debería calcular con exactitud el tamaño de la ofensa. Pregunta si es más insultante atacar la religión de alguien que su gusto artístico o su tendencia política. Los investigadores deberían "poner una prueba a la gente con afirmaciones sobre su equipo favorito de futbol o su pieza preferida de música y ver qué tan lejos puedes ir antes de que se ofendan". Dawkins se pregunta si, aparte de "qué fea es tu cara", hay algún otro tema tan sensible como el de la religión. Hitchens añade amablemente que decir que tu esposa o tu novia es muy fea podría ser un tema igual de delicado.

Nadie en esa mesa puede creer con seriedad que tales investigaciones inútiles algún día se lleven a cabo, pero Harris aprovecha que se abre el tema para hablar de la objetividad científica. "Los físicos no se ofenden si su visión de la física es rechazada o desafiada. Ésa no es la forma en que las mentes racionales operan cuando trata de captar lo que es verdadero en el mundo."

La primera parte de la declaración no tiene sentido. Los físicos se sienten derrotados o furiosos, y no sólo ofendidos, al ser criticados y refutados. El celo profesional y la intimidación personal han excluido ideas poco populares en la ciencia, tal como le sucedió a dos teorías de moda sobre el origen del cosmos que alguna vez fueron despreciadas y ahora están de moda —la teoría del multiverso y la teoría de cuerdas—. (Una vez le pregunté a un neurólogo destacado por qué no había ganado el premio Nobel de medicina, y me respondió que toma años hacer campaña entre tus compañeros científicos para convencerlos y lograr que piensen que tu trabajo merece el Nobel. Le gustaba demasiado la investigación como para hacer ese tipo de política. Dijo que le tomaría todo su tiempo.) En el mundo de la ciencia, al igual que en cualquier otra actividad humana, se dan la intriga, la deslealtad y el politiqueo.

Harris admite, para sorpresa del grupo, que no todas las experiencias verdaderas son racionales.

Creo que hay una gama de la experiencia que es rara y sólo se habla de ella en el discurso religioso con obvio recelo. […] Está claro que la gente tiene experiencias extraordinarias, ya sea con el LSD o porque estuvieron solos en una cueva o porque tienen [un sistema nervioso] que es particularmente susceptible y lo permite.

Es una seria equivocación afirmar que la religión es el único espacio donde se aceptan las experiencias extraordinarias. Parece que Harris nunca ha escuchado el término de *experiencia sublime*, que se originó en 1964 con el reconocido psicólogo Abraham Maslow para describir un estado extático inefable; ahora se ha vuelto una frase común. (Una búsqueda de la frase en Google arroja 358 000 resultados.) Maslow comenzó creyendo lo que la gente le decía. Reportaron un episodio en el que de pronto se sintieron eufóricos y con una sensación de armonía con el mundo a su alrededor, como si una realidad superior les hubiera sido revelada. Maslow no reaccionó diciéndoles de inmediato que su experiencia era inválida. Aceptó que algo de valor real había sucedido. Muy a menudo un gran sentido de claridad los iluminaba, el cual la gente decía que era místico, espiritual o religioso.

Un ateo militante, que odia dichos términos, quiere desacreditar toda la experiencia. Harris se disculpa frente a los otros tres por dar algo de crédito a las experiencias extraordinarias. Añade enseguida que el fenómeno está "plagado de superstición". De hecho, Maslow abrió una compuerta de investigación y comprensión sobre las experiencias sublimes. Fue pionero del nacimiento de la psicología positiva. Innumerables personas en la actualidad se dan cuenta de que el espectro de la realidad personal se extiende más allá de la vida cotidiana hacia un campo de nuevas posibilidades. Colin Wilson, quien ha escrito de forma extensa tanto de ciencia como de religión, afirma lo siguiente: "La experiencia sublime induce el reconocimiento de que tus propias fuerzas son mucho más grandes de lo que imaginas".

Harris se apresura a calificar su muestra de simpatía por las experiencias espirituales. En el siguiente turno, él critica a la gente religiosa por su "respuesta irritante, tribal y en esencia peligrosa cuando sus ideas son desafiadas". Cuando imprime en papel la misma queja, se vuelve más exagerado; la respuesta irritante de los creyentes es ahora criminal. "La verdad es que muchos de los que afirman ser transformados por el amor de Cristo son profunda y terriblemente intolerantes a la crítica", escribió Harris en el prefacio a su ataque en contra de la derecha religiosa, *Carta a una nación cristiana*. En otra crítica hacia esa derecha, Harris dice: "Éste es el mundo desafortunado e irracional que tú y tus compañeros cristianos están creando incansablemente".

Una verdadera mente racional debería ser capaz de ver los límites de la razón. La irracionalidad enriquece la vida en todos los niveles, desde un amor irracional a tus propios hijos para darles inspiración artística, sabiduría espiritual y las habilidades mentales de percepción e intuición. Ninguna persona consciente puede negarlo. En una entrevista reciente en *Charlie Rose*, al prodigio del piano Lang Lang, que obtuvo reconocimiento internacional al tocar en las ceremonias de las Olimpiadas de Beijing en 2008, le preguntaron hacia dónde quería dirigir su carrera. Él respondió que la carrera era importante, pero ahora que había cumplido treinta años estaba más preocupado por el hecho de que la educación musical esté desapareciendo en todo el mundo. Charlie Rose le preguntó por qué está ocurriendo. Lang Lang pensaba que era por un deseo de que la educación sea más práctica. Pero la música no es prescindible.

"¿Porque es buena para el alma?", preguntó Rose.

Lang Lang asintió. "Hace que nuestras mentes sean mucho más creativas y que nuestros corazones estén más en paz."

Romper el hechizo

A lo largo de su conversación, los jinetes se refieren docenas de veces a sus numerosos críticos, enemigos, atacantes y oponentes intelectuales. Dennett comenta que las reseñas más despiadadas sobre sus escritos vienen de personas que ni siquiera son religiosas. Cree saber por qué. Tienen "mucho, mucho miedo" de lastimar los sentimientos de sus amigos religiosos. Éste es un enfoque muy corto de vista. En su libro publicado en 2006, *Breaking the Spell* [*Romper el hechizo. La religión como un fenómeno natural*], Dennett presenta su defensa más vigorosa de la incredulidad. Una reseña prominente del libro, escrita por el célebre físico Freeman Dyson, resaltó una cualidad del enfoque de Dennett: "Hay dos tipos de ateos, los ateos ordinarios que no creen en Dios y los ateos apasionados que consideran que Dios es su enemigo personal". Dennett está dispuesto a destruir al enemigo, pero su táctica no es una guerra sin cuartel; es casi lo opuesto a eso.

"Dennett pretende romper el hechizo al hacer que la religión parezca tonta", escribe Dyson. Dedica largas partes del libro a atacar a las mega-Iglesias norteamericanas y a la gente, la mayoría menos educada y de clase más baja, que es embaucada por los predicadores evangélicos. Dennett se burló de una mega-Iglesia que se negó a usar la palabra *santuario* por ser demasiado religiosa, pero puso más atención a qué tan grande era el estacionamiento.

Como argumento central, *Breaking the Spell* se sustenta en teorías de la evolución tanto como Dawkins, y hace los mismos paralelismos torpes. Por ejemplo, enmarca la vieja pregunta "¿Por qué adoramos a Dios?" en términos de cría de perros. La gente tiene perros de raza debido a ciertas características, y una de ellas es la lealtad. Hace mucho se necesitaba un perro que diera la vida para proteger a su dueño de ser lastimado, y los perros de la actualidad han heredado esa característica. Volviendo a los creyentes, Dennett pregunta: "¿De forma inconsciente moldeamos esta devoción a un amo en nuestra propia devoción hacia Dios?"

Y para no ceder por completo, Dennett responde: "Tal vez". Pero el planteamiento de objetividad es débil. Realizar una comparación entre perros serviles y adoradores serviles es lo suficientemente denigrante. (En otra parte Dennett hace una analogía entre "una lombriz parásito que invade el cerebro de una hormiga, y una idea invadiendo el cerebro humano".) A la mitad del libro de Dennett, que aborda prolijamente la evolución de la religión, otra vez usa el reino animal —primitivo, impulsivo, regido por genes y un comportamiento determinado— como el modelo correcto para examinar el motivo por el cual la gente comenzó a creer en Dios.

Dennett afirma que en cierto punto en nuestra evolución, los humanos no creían simplemente en explicaciones sobrenaturales de sucesos naturales. Al haber creado la ficción de Dios en su imaginación ignorante, los fieles entraron en una nueva etapa evolutiva: comenzaron a reforzar su religión. Una "poderosa fuerza social" surgió y le dijo a la gente: "Más te vale creerlo". Entonces la intimidación se sumó a la ignorancia. Dennett llama a la nueva mentalidad "fe en la fe", la cual él afirma que todavía tiene fuerza. Dice que una gran cantidad de gente religiosa no cree en las enseñanzas de su Iglesia, pero quiere proteger el orden social del cual la religión es parte, del mismo modo en que uno quiere proteger la democracia con todas sus imperfecciones. En vez de creer en Dios, lo cual es difícil, sólo necesitas *querer* creer; quizás incluso sea suficiente *fingir* que crees.

La noción de "la fe en la fe" de ninguna manera es hueca. Como lo muestra la psicología social, en los grupos es universal la presión para adaptarse. Puede ser observada en el comportamiento del adolescente. (¿Quién no recuerda el dolor que causa no ser parte del grupo más genial de la preparatoria?) La adaptación se vuelve viciosa en la mafia y en movimientos sórdidos como el nazismo. Pero Dennett no logra ver que la presión de grupo no siempre es perniciosa. También motiva a los soldados a luchar juntos por una buena causa, como liberar a los esclavos. Quienes trabajan en oficinas sienten una presión tácita de donar a la caridad en su lugar de trabajo. En vez de aceptar la presión social como cosa común, Dennett la apretuja dentro de su esquema evolutivo. Como "la fe en la fe" es fácil, más fácil que creer en Dios Todopoderoso, puede ser transmitida de inmediato. La próxima generación la heredará, y ni siquiera tendrá conciencia de ello. Por eso la religión aumenta su terca habilidad para sobrevivir. Dennett espera que en el futuro los investigadores estudien "la fe en la fe". Sin embargo, el objetivo no es obtener conocimiento científico. Una vez que te muestren que has sido adoctrinado para tener fe en la fe, serás capaz de rechazarla: otro paso para romper el hechizo.

La postura de Dennett es: "Sólo planteo estas preguntas en nombre de la ciencia. No afirmo que tengo las respuestas". En realidad, su prejuicio en contra de la religión no podría ser más obvio. Dyson señala que muchos de sus propios amigos científicos tienen prejuicios similares. Un colega suyo, un famoso científico por el cual Dyson siente un profundo respeto, le dijo que "la religión es una enfermedad de la infancia de la cual nos hemos recuperado". Por otra parte, un matemático húngaro que era un ateo apasionado siempre se refería a Dios como FS, las siglas de Fascista Supremo.

"Él llamaba a su Dios FS", escribe Dyson, "porque imaginaba que Dios era un dictador fascista como Mussolini, poderoso y brutal pero bastante tonto". El matemático fue forzado a superar en ingenio a los dictadores de Italia, Alemania e Hungría al huir de país en país. Superó a FS en sagacidad intelectual. Hacer matemáticas elevadas lo volvía más listo que Dios. Dennett y los otros jinetes ejercitan sus mentes astutas pero debilitan sus esfuerzos con animosidad personal e intolerancia. (En el vídeo Dennett afirma de forma rotunda: "No hay nada de misterio en la ciencia".)

Dyson observa un punto clave acerca del desequilibrio del enfoque de Dennett sobre la religión: "No hay nada malo en semejantes prejuicios, dado que son admitidos abiertamente". Comienzas a comprender cuando te das cuenta de que la manera en que te sientes puede distorsionar la manera en que piensas. Deja a Dios de lado por un momento. Todos hemos hecho enemigos en el camino a lo largo de nuestra vida, gente que no puede ver lo bueno de nosotros y se enfoca sólo en lo malo. Tu enemigo puede imaginar que lo has dañado o que has hecho algo imperdonable; quizá tengas ideas religiosas o políticas que él aborrece. El odio reduce todo a una fijación. Quizás acudiste a Harvard Divinity School, dedicaste tu vida al servicio y donas la mitad de tus ingresos a la caridad. *¿A quién le importa? ¡Tú abollaste mi coche!* Con una visión estrecha, un enemigo ve sólo una mínima parte de lo que eres.

Pero aquí está en juego una estrategia general. Los Cuatro Jinetes enmascaran su intolerancia al tenderle una trampa a una masa de creyentes engañados, en contra de sí mismos, que supuestamente son iluminados. En un punto, Dennett declara que los creyentes deberían considerar los errores que están cometiendo "al igual que nosotros hacemos con nuestras vidas". (Estirándose para tomar una bebida, con cigarro en mano, Hitchens no se sonroja.) Abandonamos con rapidez la objetividad cuando es momento de hacer sentir mal a la gente sobre su moralidad. Permíteme ilustrarlo. En *Breaking the Spell*, Dennett condena a los musulmanes moderados por no manifestarse en contra de sus correligionarios extremistas. Ciertamente esto es un problema serio. Cita, apobándola, una provocación del físico y escritor Stephen Weinberg: "La gente buena hará cosas buenas y la gente mala hará cosas malas. Pero para que la gente buena haga cosas malas, para eso se necesita la religión".

Bueno, podría haber dicho *ciencia* en vez de eso. ¿Cuántos científicos comunes y corrientes, que aman la paz, se declaran en contra del vasto arsenal nuclear de Estados Unidos (o del que está en Rusia, si es que trabajan ahí), o en contra de las toxinas mortíferas desechadas en el aire y en la tierra, los miles de millones gastados en investigación para armas químicas y biológicas, y la tecnología de la muerte mecanizada que impulsa a los ejércitos modernos? La moralidad va para ambas partes. Dyson, al ver la religión desde dentro —como experiencia personal—, concluye que ha hecho mucho más bien que mal. Pero lo califica con una opinión madura: "No veo forma de hacer un balance para sopesar el bien que ha hecho la religión en contra del mal y decidir cuál es mayor por medio de un proceso imparcial". El ateísmo militante se colapsaría si aceptara hacer esta estimación de forma equitativa.

Dennett considera a la religión como un fenómeno natural, una forma de comportamiento biológico que no difiere del de los neandertales al pelear por una pareja sexual o de la lealtad de los perros hacia sus amos. Debe ser examinado de forma objetiva para ver cómo funciona —tanto como un doctor estudiaría cómo funciona la depresión o el avance de la tuberculosis en los pulmones—. Una vez que diagnostiquemos qué es lo que mueve a la gente religiosa, podremos decidir qué hacer con su comportamiento y su forma peculiar de aferrarse a Dios.

Sin duda Dennett tiene sus propios motivos para jugar en los dos bandos, al tratar a la religión con curiosidad objetiva mientras que personalmente denigra todo lo que ella significa. Es como un biólogo en investigación de campo que escarba en los nidos de termitas para recopilar información, y al mismo tiempo siente repulsión hacia los insectos. Pero la estrategia también está divorciada de la naturaleza humana. (Un reseñista comentó: "Al leer esto, me sentí como miembro de una especie extraterrestre".) No existe un acertijo científico el cual poner bajo un microscopio. La espiritualidad ha surgido en todas las culturas de todos los tiempos por una razón muy humana que todos comprendemos: las experiencias de Dios, el alma, la paz interior, la sanación y el amor trascendental son indestructibles. Dyson cita un dicho de su madre, que era cristiana escéptica: "Puedes aventar la religión por la puerta, pero siempre volverá a entrar por la ventana".

Dyson ilustra la verdad del dicho de su madre con una anécdota conmovedora de la Rusia posterior a la caída del comunismo. En una visita a Moscú, Dyson y su esposa viajaron al norte para admirar las riquezas artísticas del venerable monasterio Sergiev Posad, que tradicionalmente ha sido el centro de la fe ortodoxa rusa. Bajo el régimen soviético, la religión fue prohibida durante setenta años.

Para sorpresa de Dyson, "la joven guía que nos enseñó el lugar casi no dijo nada de los edificios antiguos y las obras de arte que se suponía que admiraríamos. En cambio, habló durante una hora sobre su propia fe y las influencias místicas que ella sentía que emanaban de los antiguos santos que reposaban en las tumbas de la iglesia". A Dyson lo conmovió lo que veía: "Después de tres generaciones de gobiernos ateos y supresión oficial de la religión, aquí estaba floreciendo de nuevo desde sus raíces".

Quizás un inconformista pondría de cabeza el argumento evolutivo: la religión es el ejemplo supremo de supervivencia del más fuerte, y Dios es tan irrefrenable como la vida misma.

La realidad está "aquí dentro"

Mi instinto siempre me lleva a regresar a la vida cotidiana. Si no bajas de las nubes a tierra firme, terminas por ver a Dios con una lente de aumento. Cuando se trata de Dios, ninguno de nosotros está afuera viendo hacia dentro. O bien participamos de la espiritualidad o no lo hacemos. Tomamos la decisión "aquí dentro" porque ahí es donde encontraremos lo divino, si acaso.

Los ateos militantes afirman que el mundo interior es un ámbito de engaño, fantasía, superstición y todo lo demás. Quizá lo sea. Pero todo sobre la realidad también reside en el mundo interior. Una vez debatí con un ateo que descartaba los fenómenos sobrenaturales diciendo que son tonterías.

"¿Cómo puedes atacar lo sobrenatural —pregunté— cuando ni siquiera puedes explicar lo natural? La ciencia del cerebro no tiene la más mínima explicación de cómo es que me estás viendo ahora mismo, o por qué una rosa tiene olor dulce o qué provoca que el cielo se ilumine al atardecer."

Estaba diciendo la verdad literal. La neurología sigue las huellas de la experiencia cuando escanea la tormenta de actividad del cerebro. Pero un escaneo TAC o una imagen de resonancia magnética no muestran el brillo de la puesta del sol, el aroma de una rosa o el murmullo de alguien que amas. Las visiones y los sonidos del mundo son creados en la mente. Éste es un tema profundo, aunque la verdad básica es simple y llana. Sin la mente, el mundo familiar desaparece. Como dijo el eminente neurólogo británico Sir John Eccles: "Quiero que te des cuenta de que no existe color en el mundo natural, ni sonido ni nada de ese tipo; no hay texturas, ni patrones, ni belleza, ni aroma".

Las reacciones químicas no pueden reportar lo que hace la mente. La glucosa es un azúcar simple que puede ser elaborada con facilidad en un laboratorio. También es el alimento primario del cerebro. ¿Cómo se comporta una simple molécula de azúcar en un tubo de ensayo? No se comporta de ninguna manera; sólo permanece ahí. Pero una vez que cruza la barrera de la sangre, la glucosa en tu cerebro piensa, siente, recuerda, desea, teme y sueña; al menos esto es lo que los jinetes materialistas afirman. Pero las neurociencias nunca han identificado el paso que vuelve consciente al azúcar, y nunca lo harán. No es posible mirar de cerca una neurona por medio de un microscopio de electrones y exclamar: "¡Acabo de ver una molécula de glucosa volverse roja!", porque no lo hace. Ninguno de los compuestos químicos que hay en tu cerebro tiene pensamientos, siente emociones o ve colores. Pero tú sí. ¿Cómo convierte tu mente unos fotones en la imagen de un atardecer? ¿Cómo convierte moléculas de aire vibrante en música? Nadie lo sabe. Cuando Dennett declara que nada sobre la ciencia es un misterio, expresa una profunda ignorancia.

No tienes derecho de desestimar a un santo que ha tenido una visión de Dios cuando no puedes explicar cómo es que vemos objetos ordinarios, como un tostador o un tenis de basquetbol. No puedes desacreditar el misterio de la espiritualidad cuando todo a tu alrededor es un misterio. Los Cuatro Jinetes son iguales al resto de nosotros: realizan el milagro de convertir datos duros puros en un mundo lleno de luz, sonidos, colores, texturas, sabores y aromas. La única diferencia es que como ellos están tan ciegos a la manera en que sucede el milagro, niegan que éste exista.

Los Cuatro Jinetes cuentan con que su público ya tiene dudas persistentes sobre Dios. La duda es un estado incómodo. Al actuar como investigadores confiables, nada menos que científicos, los Jinetes exponen los contenidos absurdos del mundo interior: deidades, demonios, espíritus santos, vírgenes que dan a luz. Lo sobrenatural estallará como una burbuja y se llevará a Dios también. No es difícil ver a través de esta postura arrogante.

Pero la psicología es sutil. En nuestras propias vidas necesitamos ser más conscientes para resistir a quien nos manipule por medio de la psicología de la certidumbre. Todo el video de "Los Cuatro Jinetes" trata de manipular a los desprevenidos. En el aspecto positivo, nos ofrece preguntas que deberíamos plantearnos cuando nos vemos en el espejo:

¿Estoy absorto en mi propio ego?
¿Automáticamente creo todo lo que digo?

¿Mis emociones están influyendo en mi juicio?

¿Admito que haya otros puntos de vista?

Pero Dawkins y compañía son pésimos para tener conciencia sobre sí mismos. Sus creencias son tan sofocantes como las de cualquier religión. No han encontrado la forma correcta de empezar una investigación siquiera. Son como marcianos que quieren aprender las reglas del futbol y entonces ponen un estetoscopio afuera de un estadio.

Por último, un chiste sobre el ateísmo:

—¡Toc, toc!

—¿Quién es?

—Dios.

—¿Quién?

—Dios.

—¿Quién?

—Dios.

—Debe de ser el viento.

La amenaza fantasma

Los debates los gana quien controla los debates. Los ateos militantes están especializados en eso. Se le echan encima a Dios como obcecados guerreros. Donde sea que encuentren hipocresía en creyentes que parecen piadosos, se regocijan como si fueran agentes del FBI que descubrieran a un congresista corrupto en una emboscada. Arman un alboroto y se quejan de la derecha religiosa y superan las fechorías de los fanáticos extremistas. ¿Pero qué tanta amenaza no es sólo un fantasma? La historia de la religión siempre ha sido acerca de la terrible brecha que existe entre los ideales del espíritu humano y las imperfecciones de la naturaleza humana. Podría decirse que ambos han preservado un equilibrio precario a lo largo de los siglos. En cada era se han visto tanto logros inspiradores como crueldad despiadada.

El ateísmo militante pinta sólo una parte del cuadro. ¿Es creíble concebir la religión como algo tan malo que no puede ser redimido? Sentados cómodamente frente a sus computadoras para descargar imágenes de evangelistas televisivos, Dawkins y compañía se hacen pasar como punta de lanza de un cambio cultural que todos deberíamos seguir: el final de la fe. Ése es el título del primer libro de Sam Harris, que ganó amplios elogios y un premio literario prominente. Ahí donde Dawkins se presenta como un erudito, atacando a la fe desde su torre de marfil, Harris es de una hostilidad implacable hacia la religión, y ve en todas partes sus efectos funestos: "Hay días en que casi todos los encabezados de los diarios matutinos atestiguan el costo social de la fe religiosa, y las noticias nocturnas parecen la transmisión milagrosa del siglo XIV". Nadie tiene permitido ser bueno en una atmósfera de maldad: "¿Es posible creer lo que debes creer para ser un buen musulmán […] y no ser una amenaza desmedida para las sociedades civiles de otros? Creo que la respuesta a esta pregunta es que no". Los santos marchan con las legiones del diablo: "Haríamos bien en reflexionar sobre el remedio de Gandhi para el Holocausto: él creía que los judíos deberían cometer suicidio en masa".

Por una buena causa —llevar al mundo hacia una existencia mejor y más justa— Harris quiere que el fin justifique los medios. Su creencia primaria es un silogismo simplista:

A) Si el mundo sufre de extremistas irracionales
   y
B) Si algunos de estos extremistas son religiosos,
   entonces
C) Dios es malvado y todas las religiones deben ser abolidas.

Harris no ve la falacia en esta pieza de lógica retorcida. Pero lo más crítico es que equipara a la "sociedad civil" con "una sociedad que condena a Dios".

El fin de la fe fue tan polémico que incitó una cantidad enorme de respuestas airadas de creyentes; como era de esperarse, muchos eran fundamentalistas. Las cartas más duras mostraban "una intolerancia asesina a la crítica", y dieron pie a que Harris escribiera un libro más corto e incluso más ofensivo, *Carta a una nación cristiana*. A lo largo de ambos libros, toca un tema subyacente como si fuera un tambor: la amenaza de la religión es penetrante, infecta todos los niveles de la sociedad norteamericana.

Veamos con imparcialidad el tema central de Harris. ¿La religión dogmática amenaza con derramarse e infectar todos los niveles de la vida estadunidense? Cita algunos peligros inimaginables, como los extremistas yihadistas en el islam. Aborrece la rigidez de las creencias de los cristianos fundamentalistas que son nocivas para la mayoría de la gente, incluyendo a muchos cristianos moderados. Pero al promover la hostilidad y el miedo de esta forma, Harris expone una seria falta de sentido moral.

Aceptemos la afirmación de Freeman Dyson de que no hay forma objetiva de medir lo bueno y lo malo que la religión ha hecho. La ciencia puede cuantificar el aire que respiramos, medir qué tanto es oxígeno que da vida y qué tanto es contaminación tóxica. Dios es dador de vida para algunas personas y siempre lo ha sido; Dios es tóxico para algunas personas y siempre lo ha sido (aunque antes eran muchas menos). Las dos posiciones son subjetivas, y al final reflejan nuestra propia naturaleza dividida. Dios malo y Dios bueno son creaciones humanas.

Si descendemos de la postura implacable del ateísmo militante, lo que queda es apelar a la conciencia. Los Cuatro Jinetes quieren que la sociedad lleve a cabo el último intento de eliminar a Dios por el bien común. El bien común es un asunto de conciencia personal. La religión está implicada en cosas terribles. El argumento ateo de ninguna manera es hueco. No puedo estar en desacuerdo con Harris cuando escribe: "Para quien sea que tenga ojos para ver, no puede haber duda de que la fe religiosa continúa siendo una fuente perpetua de conflictos humanos". Me siento conmovido, al igual que me siento conmovido por las exigencias de desarme total de misiles nucleares y las protestas masivas en contra de la catastrófica invasión de Irak. El movimiento de derechos civiles que culminó en la década de los sesenta sucedió cuando la gente moderada despertó gracias a la frase: "El mal florece cuando los hombres buenos no hacen nada". ¿El ateísmo militante está justificado en las mismas bases? Harris cita una encuesta que revela cuáles son sus probabilidades de ganar. Más de cincuenta por ciento de los norteamericanos tienen una opinión "negativa" o "altamente negativa" de las personas que no creen en Dios. Incluso así, vale la pena luchar por algunas causas aunque no triunfen.

Pero cuando se trata de Dios, la condena generalizada es lo mismo que una condena ciega. Los ideólogos siempre piensan que son ellos los que ven; el resto de nosotros estamos ciegos. Las frases publicitarias de *Cartas a una nación cristiana* elogian a Harris por ser "valiente", "perspicaz" y "arrojado", cuando, de hecho, atacar el fundamentalismo del Bible Belt[1] y la *yihad* islámica no tiene nada de valiente en medio del ambiente actual de miedo. Si Harris hubiera visto en realidad dentro de la mente de un yihadista, *eso sí* hubiera sido valiente. La naturaleza humana merece tanta simpatía como censura, porque todos somos humanos.

---

1 Región del centro y el medio oeste de Estados Unidos donde hay gran influencia de los fundamentalistas protestantes. (N. del E.)

Política de Dios

La salida para la sinrazón estriba en ver que todos nosotros estamos en una situación enredada. Comencemos con el nivel más conflictivo en el que la religión choca con la razón: la política. *Carta a una nación cristiana* fue publicado en 2006, el mismo año en que apareció *El espejismo de Dios*. El poder político de la derecha cristiana estaba en pleno apogeo. El Bible Belt conformaba un gran bloque de voto reaccionario. Una de las acusaciones más vehementes de Harris era que la religión había infectado las políticas gubernamentales de arriba abajo. Un presidente recién llegado dio todo su apoyo público a iniciativas radicales, como enseñar el creacionismo en las escuelas. Aún más importante, sobre bases puramente religiosas, la administración de Bush bloqueó el financiamiento federal para la investigación de células madre y canalizó la ayuda monetaria extranjera hacia iniciativas basadas en la fe (como proyectos en África que presionaban a los receptores del dinero para convertirse al cristianismo y la asistencia del sida condicionada a una prevención sólo por medio de la abstinencia).

Lanzar la voz de alarma parecía apropiado, y les dio a los ateos un punto de apoyo. La derecha religiosa no sólo era una amenaza para la sociedad secular, sino que la ciencia estaba siendo debilitada. En particular, ése era un momento oportuno para atacar al creacionismo. Como prueba de que "la sinrazón ahora está ascendiendo", dijo Harris, "sólo veintiocho por ciento de los norteamericanos creen en la evolución [mientras] setenta y ocho por ciento creen en los ángeles". La idea de eliminar la religión era muy mal vista, pero atacar aisladamente al creacionismo les dio a los Cuatro Jinetes la plataforma para atraer a la opinión popular de su lado.

Bajo circunstancias normales, montar un ataque frontal al creacionismo sería como dirigir artillería pesada a la Sociedad de la Tierra Plana. El creacionismo no era exactamente una bomba de tiempo presta a destruir nuestro futuro. Para Harris era más como un regalo firmado, sellado y entregado por los fundamentalistas. La era de Bush fue testigo de que la derecha religiosa promovió la idea del Diseño Inteligente, una verdadera pseudociencia que trata de justificar la historia bíblica de la creación encontrando puntos débiles en la teoría de la evolución. Podría decirse que hay puntos débiles, y por eso la teoría evolutiva sigue evolucionando. (Éste es un asunto fascinante al que llegaremos más tarde.) Pero las imperfecciones de una teoría legítima no pueden justificar una teoría absurda.

El creacionismo fue preocupante para una amplia gama de personas que creían en la realidad basada en los hechos. La realidad basada en los hechos se había infiltrado en algunos consejos de escuelas locales e incluso en consejos estatales de educación. Entre 2003 y 2009, durante la predominancia de la derecha religiosa, Texas, que se jacta de habitar una realidad aparte, atrajo la atención de los escépticos porque consideró revisar los libros de texto aprobados por el estado. La punta de lanza fue un dentista, Don McLeroy, cuya historia se antoja particularmente texana. Aunque obtuvo un título en ingeniería eléctrica, McLeroy cree en el "creacionismo de la Tierra joven". Siendo republicano, McLeroy venció con facilidad a un demócrata para ser elegido en el consejo estatal de educación y fungió como su presidente un periodo hasta principios de 2009. Texas tiene 4.7 millones de niños en edad escolar y forma parte de una minoría de estados donde los libros de texto son escogidos por la autoridad estatal y no por cada escuela. Por ello el consejo de educación ejerce una influencia enorme, comenzando por lo económico. Cualquier distrito escolar que rechace los libros de texto recomendados debe pagar el costo total de los libros de texto que prefiera.

McLeroy, la voz más sonante entre un puñado de consejeros cristianos fundamentalistas, presionó a los editores de libros de texto para incluir secciones que señalaran las debilidades de la teoría de la evolución. Esto provocó cierto nerviosismo fuera del estado: los editores nacionales podían ser influidos por las preferencias de uno de sus clientes más grandes, y temían alterar libros que otros estados también compraban.

Al ejercer presión para poner los libros de texto de biología en contra de la evolución, y revisar los libros de texto de salud a favor de la contracepción por abstinencia solamente, McLeroy se convirtió en un símbolo de actitudes sociales que se sentían ajenas a la educación superior pero que eran de una cálida familiaridad para millones de norteamericanos. Como informó el *New York Times* en 2008: "El doctor McLeroy cree que la apariencia de la Tierra es un suceso geológico reciente, de miles de años de antigüedad, y no de cuatro mil quinientos millones de años. 'Creo en muchas cosas increíbles', dijo. 'Lo más increíble que creo es la historia de la Navidad. Ese pequeño bebé que nació en un pesebre fue el Dios que creó el universo' ".

Al leer este tipo de cosas —junto con la declaración de McLeroy de que juzgaba los libros de texto de historia de Estados Unidos, primero por cómo trataban el cristianismo y segundo por cómo trataban a Ronald Reagan—, naturalmente muchas personas retrocedieron. Por un solo voto, el senado estatal destituyó a McLeroy como presidente del consejo de educación.

Los conflictos entre la razón y la religión dogmática que el ateísmo militante reclama rara vez resultan bien para este último. Cuando el tema llegó a los tribunales, en un caso decisivo en Pensilvania donde el consejo de una escuela local quería introducir libros de texto con sesgo religioso, el juez federal que falló en contra no tuvo problema en darse cuenta de que el Diseño Inteligente "no puede separarse de sus antecedentes creacionistas, y por lo tanto religiosos". No han tenido éxito las demandas legales que durante décadas han tratado de restablecer los rezos en las escuelas o anular las leyes del aborto. Esto mina la advertencia de Harris de que el aumento de la sinrazón ha alcanzado un nivel crítico.

Como contraargumento para su voz de alarma, el pasado debería darnos esperanza, porque lo que Dawkins y compañía proclaman —la fuerza de la evolución— tiene un equivalente social: la razón está evolucionando de la sinrazón. El simple hecho de acumular ejemplos de la estupidez y la maldad humanas, que es justo la táctica polémica de Harris, no crea nunca una historia precisa. (La cultura china es más que las hordas mongolas y sus atrocidades.) La esperanza no brota de maquillar los errores del pasado. Surge de encontrar un camino hacia delante.

Para seguir con la controversia creacionista, el intento de imponer la creencia bíblica en escuelas públicas recuerda el infame Juicio de Scopes de 1925. Es como si el reloj no hubiera avanzado. Décadas antes, el estado de Tennessee había aprobado una ley que prohibía la enseñanza de la evolución en las escuelas públicas. Se presentó una demanda en contra de John Scopes, un maestro de preparatoria del pequeño pueblo de Dayton, Tennessee, por violar esa ley. Para entonces, el estatuto no había sido regulado. De hecho, el juicio se originó casi como una estratagema publicitaria. Un ciudadano prominente del pueblo, el administrador de una compañía local de carbón y hierro, se había reunido con el superintendente de la escuela del condado en una farmacia y lo convenció de que sería bueno para Dayton atraer la atención hacia el pueblo al forzar deliberadamente la intervención del estado. Si podían encontrar un maestro que enseñara la evolución, lograrían echar todo a andar.

La sugerencia probó ser sorprendentemente exitosa. El caso atrajo la atención nacional cuando se convirtió en un debate entre dos figuras enormes: William Jennings Bryan y Clarence Darrow. El viejo Bryan se había postulado para la presidencia, y atraía a un electorado rural y muy religioso. Darrow era el abogado más famoso del país por estar a favor de causas progresistas.

La sociedad estadunidense estaba en un momento crítico: 1920 fue el primer año en que más de la mitad de la población vivía en ciudades en vez de localidades rurales. En el fundamento intelectual Scopes estaba totalmente justificado ya que, como lo sabían las autoridades estatales, el libro de texto requerido en las clases de ciencia de las preparatorias de Tennessee daba una descripción completa de la teoría de la evolución. El propósito del bando de Scopes fue lograr revocar una ley reaccionaria vergonzosa. (La ley, conocida como Butler Act, permaneció vigente otros cuarenta años. Fue revocada en 1967, un año antes de que la Suprema Corte descartara todo ese tipo de leyes por ser inconstitucionales.)

El juicio fue un espectáculo público pero también una batalla por una forma de vida. En el corto plazo, la victoria fue para la tradición, la fe, la lectura literal de la Biblia y el antiintelectualismo. Scopes perdió. Esto no significó que la evolución perdiera, como se creyó popularmente. El juez guio al jurado al declarar que el testimonio de ambos lados, ciencia y religión, era irrelevante. Al jurado le pidieron decidir sobre el caso y dictaminar si Scopes había enseñado sobre la evolución. Dado que había admitido libremente que sí lo había hecho, al jurado le tomó nueve minutos deliberar y su veredicto fue de culpabilidad. Scopes fue multado con cien dólares y Tennessee fue el hazmerreír por defender a Adán y Eva por encima de Darwin.

En el largo plazo la evolución ha ganado, ¿o no ha sido así? Los estadunidenses contemporáneos son mucho más educados que la población de 1925, pero la Biblia se sostiene firmemente. Según una encuesta de Gallup de 2012, "cuarenta y seis por ciento de los habitantes de aquel país creen en la visión creacionista de que Dios creó a los humanos en su forma actual […] en los últimos diez mil años". Este lamentable descubrimiento no es una casualidad estadística; los números se han mantenido estables desde que comenzó a plantearse la pregunta. Para consternación de la comunidad científica, la historia de la creación enseñada en el catecismo puede pegarse para toda la vida.

En lo político, está por completo justificado votar en contra de un miembro del consejo escolar que quiere que la Biblia influya en el currículo. Defender la separación constitucional entre la Iglesia y el Estado debería ser visto como un deber cívico. (Leyes como la del Juicio de Scopes fueron declaradas inconstitucionales con ese fundamento.) La derecha religiosa usa la táctica de debilitar de forma gradual esta separación. Después de la elección de 2000, con un gobierno solidario alentándolos, los creacionistas se sintieron increíblemente audaces. Los ateos militantes de pronto se encontraron a sí mismos en el lado correcto de una controversia rabiosa en vez de estar excluidos.

El presidente Bush armó una gran controversia en el verano de 2005 cuando un grupo de reporteros de diarios de Texas se presentó en la Casa Blanca. Siendo gobernador de Texas, Bush había estado del lado de la derecha cristiana y de su campaña para influir en el plan de estudios de ciencias de preparatoria. "Sentí que ambos aspectos debían ser enseñadas propiamente", les dijo a los reporteros. Uno de ellos le preguntó si aún pensaba lo mismo, y Bush contestó que sí, "para que la gente entienda de qué se trata el debate".

Ésta parecía ser una posición de tolerancia, pero en realidad la postura de "enseñar ambos aspectos" fue una estrategia directa del creacionismo. El Diseño Inteligente de ninguna manera es equivalente a la teoría darwiniana. El presidente Bush pensó que había planeado con cuidado sus comentarios. Cuando lo presionaron para que dijera si creía que el Diseño Inteligente era una alternativa a la evolución, él se retractó y mantuvo una postura imparcial. "Pienso que parte de la educación es exponer a la gente las diferentes escuelas de pensamiento", dijo y añadió: "Me están preguntando si la gente debe o no ser expuesta a diferentes ideas, y la respuesta es sí".

Los políticos están acostumbrados a consentir a los grupos religiosos, y el ambiente actual los obliga a hacerlo. Como Harris nota con indignación en *El fin de la fe*, "setenta por ciento [de los estadunidenses] piensan que es importante que los candidatos presidenciales sean 'muy religiosos'". (Éste es un aspecto de la política norteamericana que a los europeos les parece incomprensible y ajena a la sociedad civil.) La derecha religiosa no inventó la devoción en el gobierno, pero naturalmente tiene un interés particular. Moviliza los votos con base en qué candidato le gusta más a Dios. Para lo seculares es inaceptable el planteamiento de que Dios toma partido al escoger quién se convertirá en asistente del gobernador de Kansas o quién ocupará la Oficina Oval.

Harris no cita mucho el creacionismo en sus libros, pero encaja a la perfección su argumento de que "lo peor en nosotros (el engaño total)" tiene protección sagrada. Sin embargo, en la oración que sigue declara que "lo mejor de nosotros (la razón y la honestidad intelectual)" ha sido obligado a "permanecer escondido por miedo a ofender", aunque las innumerables cartas que condenaban airadamente su libro no le provocaron ningún miedo. ¿Por qué habrían de hacerlo? Ninguna Inquisición le cayó encima para interrogarlo. El pasado nos enseña a vernos a nosotros mismos en perspectiva. El Juicio de Scopes, que se parece mucho a la campaña creacionista de la era de Bush, en los 75 años transcurridos desde entonces no condujo al lento deterioro de la educación con el gobierno a cargo de fanáticos religiosos ni a ninguna otra catástrofe atribuible al fundamentalismo cristiano.

En cambio, la sociedad progresó mucho desde la era del modelo T de la Ford, las escuelas segregadas y la Gran Depresión que estaba a la vuelta de la esquina. Ninguna persona razonable puede afirmar que la religión detonó una catástrofe. No estoy defendiendo una actitud liberal hacia la infección de la religión cuando los fanáticos tratan de insertar sus creencias donde no encajan. El diagnóstico apropiado señala una fiebre de bajo grado, pero no una epidemia alarmante.

Realidad enredada

Como indicador del peligro, Harris no ha tenido éxito. En 2004, cuando apareció *El fin de la fe*, anticipó desastres terroristas del tipo del 11 de septiembre en Estados Unidos. Si hubiera ataques futuros éstos consumarían su modelo de la religión como una amenaza creciente para la sociedad. Pero el terror no proliferó en este país, y viendo hacia atrás las voces que infundieron miedo no fueron nada útiles para lidiar con las amenazas que sí aparecieron. Como los extremistas islámicos salieron en fuga y la Primavera Árabe introdujo un movimiento contrario que trabajaba para la reforma interna, y no para la *yihad* internacional, Al-Qaeda demostró que no era una representación monolítica del mundo árabe. Y lo más importante: el extremismo no es el rostro del islam, como Harris quiere hacer ver.

La Primavera Árabe, aunque turbulenta y problemática en el recuento de los daños, ofreció esperanza en lugares donde la opresión ha sido la norma durante generaciones. En todas partes del mundo árabe los jóvenes quieren unirse al mundo moderno. Se ha convertido en una carrera entre el iPad y los *mullah*, ya que las fuerzas seculares por primera vez prevén un futuro que no está asfixiado por la tradición religiosa. (Es revelador que durante la catastrófica guerra de Irak el número de celulares en ese país aumentara 244 veces. Antes del conflicto, el número de celulares estaba estimado en 80 000, y para 2009 la cifra era de 19.5 millones.)

Las advertencias de Harris sobre la amenaza religiosa en Estados Unidos eran poco fiables. En este país, la derecha religiosa ha estado disminuyendo en números e influencia. Entre los jóvenes, la declinación de la fe puede ser por inercia o por alejarse de la generación de sus padres. Una encuesta de 2006 publicada en el *New York Times* preocupó mucho a los evangélicos, porque mostró que sólo cuatro por ciento de los adolescentes norteamericanos se considerarán a sí mismos "cristianos creyentes de la Biblia" cuando sean adultos. Los jóvenes también se han desencantado por las posturas de la derecha religiosa ante el aborto y el matrimonio homosexual.

Las políticas religiosas de la era de Bush fueron revertidas cuando la presidencia cambió de manos en 2008. Harris continúa apostado en su torre de vigilancia, pero podría relajar un poco la alerta. En 2012, una encuesta del Pew Research Center encontró una caída aguda de la fe religiosa entre los estadunidenses jóvenes, los llamados *millennials* —en tan sólo cinco años el número de personas de menos de 30 que dijeron que nunca habían dudado de la existencia de Dios cayó quince por ciento—. Entre los fundamentalistas existe un desánimo generalizado porque sus hijos están menos inclinados a ser cristianos creyentes en la Biblia. Muchas mega-Iglesias han abandonado su mensaje del fuego del infierno y la condenación para estimular el pensamiento positivo.

Todo esto demuestra una verdad ante la cual Harris es ciego: una sociedad puede evolucionar aunque el trasfondo de la ignorancia permanezca. Lo mismo es verdad para los individuos. Los jóvenes cristianos creyentes de la Biblia han comenzado a ver más allá de los rígidos valores de su educación fundamentalista, y le dan más importancia al trabajo caritativo, por ejemplo, que a una causa perdida, como llevar el creacionismo a las escuelas.

La alternativa a la intolerancia al estilo de Harris no es una especie de "vive y deja vivir" despreocupado. Algo debe hacerse para rectificar los peores males que han sido cometidos en nombre de la religión. El primer paso es ir más allá del pensamiento de nosotros-contra-ellos. Harris usa este tipo de pensamiento repetidas veces; el centro de su argumento es que la razón está en guerra con la sinrazón. Ésta no es la primera vez que enemigos explícitos son aliados implícitos. Es decir, los ateos necesitan a los fanáticos aunque los odien. Y con respecto a la oposición entre ciencia y fe, también es inválida. Un vistazo dentro del cerebro humano muestra que éste es exactamente lo opuesto a un campo de batalla entre las fuerzas de la luz y las de la oscuridad. De hecho, la habilidad más grande del cerebro, entretejer cada aspecto de la existencia humana, es el secreto para nuestra evolución como especie.

Nuestro cerebro evolucionó, durante un periodo de varios millones de años, desde sus orígenes entre los primeros homínidos de África. El cerebro reptiliano, localizado en la parte trasera de la cabeza y que se extiende hacia la columna vertebral, permanece dentro de nosotros. Simboliza la sinrazón total en su más grande irracionalidad. Los reptiles comen, pelean y se aparean. Sus ojos son negros, sin un solo indicio de conexión con otros animales de su tipo. Cuando reaccionas a una provocación con miedo y enojo irracionales, o cuando vences a un rival para ganar al amor de tu vida, en el fondo un impulso primitivo te ha incitado. Sin embargo, el cerebro humano no es un instrumento dominado por impulsos atávicos. El secreto de nuestra evolución es que ella conserva cada avance en la historia de la humanidad, incluidos los más primitivos. En vez de rechazar la sinrazón, la hemos incorporado.

El primer salto evolutivo que hicimos los humanos puede ser observado en el sistema límbico, el cual está situado más arriba y más adelante del cerebro reptiliano. Esta región, también conocida como cerebro emocional, superó los impulsos primitivos. Las emociones nos llevan de un lado para otro, pero también abrieron un enorme espacio para sentimientos elevados, como el amor. El mundo se expandió cuando lo miramos a través de los ojos del amor. Surgieron la vinculación afectiva y la empatía. La ternura calmó la agresividad. Para un reptil, "te quiero" expresa lujuria pura; para alguien enamorado, "te quiero" significa que deseo tu belleza, tu gracia y todas las cosas de ti que son adorables. No se abandonó el impulso sexual: se convirtió en un aspecto de la complejidad emocional. Pero hay nudos en el tejido: el amor crea vulnerabilidad, por ejemplo, lo que da lugar a un conflicto perturbador.

Cualquiera que haya estado enamorado sabe lo doloroso que es. El éxtasis tiene un precio en el amor romántico. Dos lagartos con cresta machos sobre una roca en el desierto libran una lucha implacable. Pero la guerra que se libra en el amor es interna y sutil. Esto representa un salto evolutivo porque una vez que nuestras emociones nos llevan a nuestro interior, se vuelve posible forjar un "yo". "Yo" estoy a cargo de mis emociones y de hacia dónde me llevan. La decisión personal es el resultado positivo del conflicto emocional.

El desarrollo evolutivo más reciente fue el cerebro racional, representado por el córtex, que procesa funciones superiores, como razonar. La palabra latina *cortex* significa "corteza" e indica que es la capa exterior del cerebro, y se parece a una cáscara muy arrugada o corteza que cubre el resto del cerebro. Una vez más, el córtex no derrotó o extinguió las etapas más tempranas del cerebro. No nos convertimos en unas "computadoras hechas de carne", para usar una descripción tomada de la inteligencia artificial. Ni somos criaturas racionales evolucionando para ser todavía más racionales, lo que es el futuro ideal imaginado por el ateísmo militante. En cambio, continuamos construyendo sobre todos los aspectos de las posibilidades humanas.

Para Harris es un problema, al igual que lo fue para Dawkins, que su teoría de que la religión es un impulso primitivo no tenga sustento científico. El cerebro procesa la religión en varios niveles: los impulsos del cerebro inferior (como el impulso agresivo para vencer a aquellos que creen en un Dios rival) se mezclan con emociones más sutiles (como el amor de Dios y la vinculación afectiva con un padre en el cielo) y son moderados por el razonamiento superior (como cuando los creyentes cuestionan racionalmente la fe en la que fueron educados). El tejido es complejo y habitualmente confuso cuando las neurociencias tratan de desenredarlo. Quienquiera que sea en verdad religioso ha integrado su fe en el proyecto mayor que es forjar un "yo". Simplemente es mala ciencia equiparar la creencia religiosa con los impulsos primitivos. Estudios sobre monjes budistas que han dedicado décadas a meditar sobre la compasión muestran actividad cerebral aguda, pero la actividad se localiza en los lóbulos prefrontales del córtex, no en el cerebro inferior. La espiritualidad está muy evolucionada, como es evidente para cualquiera que la mire con un poco de simpatía.

La verdad interior es confiable

Harris ha sido evasivo sobre sus propias experiencias espirituales anteriores. Cuando era joven pasó algún tiempo en la India, y es versado en los gurús y las enseñanzas budistas. Esto le ha dejado impresiones indelebles, aunque repudia a los gurús y mantiene en privado sus inclinaciones budistas. Aun así, hace poco Harris le dijo a un entrevistador de la revista *The Atlantic* que ha practicado la meditación durante tres décadas. También, ciertos tipos de meditación, como la práctica budista de *metta*, o "bondad amorosa", lo inundan de tanta inspiración que su efecto se parece mucho al del éxtasis, la droga de discotecas (una declaración conmovedora de un belicoso combatiente verbal). El capítulo final de *El fin de la fe*, dedicado a "Experimentos de la conciencia", pretende tratar al sujeto de forma puramente científica. Harris desconfía tanto de la experiencia interior que quiere validarla por medio de estudios controlados, lo que lo lleva a idear fantasías de ciencia ficción en que las máquinas toman el control de santos y *bodhisattvas*: "Quizá vivamos lo suficiente para ver la perfección tecnológica de todas las ramas de misticismo de la meditación". En palabras simples lo que dice es: "El misticismo es una iniciativa racional".

He aquí una fisura, por lo menos, en el caparazón militante. Lo que sea que suceda alrededor de Dios, reconoce Harris, está sucediendo en la mente. Sin embargo, abarca dos posibilidades que vienen de mundos opuestos. Su lado budista comprende que el yo individual tiende a desaparecer cuanto más profundo entras en tu conciencia. En el budismo, el "yo" que parece definir a una persona no existe. Es una creación mental que enmascara aquello que sí es real: un nivel de conciencia que está abierto, ilimitado y libre de sufrimiento. Una vez que queda expuesto el espejismo del yo, sólo queda la conciencia misma en un estado llamado "vacío". Haciéndose eco del budismo, Harris tiene un motivo espiritual para negar —o no necesitar— un Dios personal. Ese Dios sólo existe para soportar el espejismo de un yo personal.

El otro lado de Harris, el ultrarracionalista, sospecha de todo como la conciencia pura de Buda. Cree que la vida es sólo lo que pasa *ahora*, mientras los sucesos tienen lugar. No puede haber tal cosa como una mente trascendente o eterna. En cuanto a las grandes figuras espirituales que han experimentado lo tracendente, se mofa Harris, "¿por qué deberíamos confiar en ellas?" (Él es sordo a la respuesta obvia: deberíamos confiar en ellas porque han tenido la experiencia.) Nos asegura que quiere ser justo. Hay informes personales en los que se debe confiar. Cuando alguien dice "estoy triste", su testimonio sobre lo que sucede es "el patrón oro". Lo mismo sucede con una variedad de cosas en las cuales deberíamos estar dispuestos a confiar: "el informe personal es nuestra única guía" a la existencia de "depresión, enojo, alegría, alucinaciones auditivas y visuales, sueños e incluso dolor". ¿Entonces por qué Harris descarta los informes personales de cada santo, sabio y visionario de la historia?

Desde su punto de vista, la diferencia radica en que, mientras la realidad puede ser medida por medio de encefalogramas, las cosas que *parecen* ser reales son las experiencias personales. Son reales sólo para la persona que las tiene. Así que aunque la actividad de ondas delta en el córtex de un monje budista en realidad aumenta cuando medita sobre la compasión, nosotros sólo tenemos la palabra del monje que nos dice que estaba experimentando compasión. ¿Esto tiene sentido realmente? Mientras que por un lado acepta la meditación, por el otro Harris la rechaza cuando dice: "¿Por qué debemos confiar en los que meditan cuando nos dicen lo que es la meditación?"

Usando su propia prueba, la distinción entre lo "real" y lo que "a mí me parece real" fracasa por completo. El informe personal es cómo la realidad funciona todo el tiempo. Su fiabilidad no está limitada a la depresión, la alegría, el dolor y varios estados de alucinación. Después de una cirugía a corazón abierto, por ejemplo, un considerable número de pacientes tiene alucinaciones visuales y pensamientos fantasiosos. Quizá vean pequeños hombrecitos verdes subiendo por sus piernas (como le sucedió a un juez del tribunal superior de California, y me lo platicó su cirujano). Pero cuando una persona en la vida cotidiana dice "veo pasto verde" o "el cielo es azul", ese informe personal sigue siendo patrón de oro. No hay pequeños hombrecitos verdes en el córtex visual, pero tampoco hay pasto verde. El cerebro no tiene colores, y la única razón por la que alguien ve el verde es que él dice que lo ve. La misma norma que nos dice que confiemos en la afirmación "el cielo es azul" no puede ser desechada cuando la cambiamos por "siento la presencia de Dios". Sólo el prejuicio puro asigna una norma diferente a la experiencia espiritual.

Los encefalogramas tomados durante experiencias espirituales indican el aumento del flujo de sangre a cierta área o áreas del cerebro, nada más. Basarse en los encefalogramas para medir la realidad tiene una gran limitación: si alguien dice que ve pequeños hombrecitos verdes, el encefalograma no puede probar lo contrario. Lo único que puede decir es que el córtex visual presenta actividad. Según esa norma, los ciegos pueden ver porque el ojo de la mente también estimula el córtex visual. Las personas ciegas no viven en oscuridad total. De hecho, algunas destacan por sus visualizaciones internas. Un hombre australiano, cegado por ácido en un accidente industrial, diseñó unas complejas cajas de herramientas, y él podía ver con el ojo de su mente su intrincado funcionamiento. Un encefalograma no puede determinar si alguien está escribiendo un gran poema o pura basura. No puede medir las "innumerables" experiencias (palabra que usa Harris) que no puedan ser reducidas a datos. Al final, la experiencia de Dios y la experiencia del color verde están en igualdad de condiciones.

Por lo tanto, el desprestigio de la subjetividad que intentan llevar a cabo Dawkins y compañía no es confiable. Han descartado un área entera de la mente en la que confiamos cada día. El mundo de "aquí dentro" crea cada experiencia del mundo de "allá afuera". Es nuestra verdadera casa como criaturas pensantes. Pero el escepticismo ha servido a su propósito en el camino espiritual. Hemos encontrado una mejor forma de pensar sobre los temas importantes, no sólo Dios, sino la ciencia y la razón, así como la apariencia frente a la realidad. Nuestra búsqueda de Dios es mucho más fuerte por confrontar los ataques del ateísmo militante.

La próxima etapa es una exploración de la fe, que puede ser definida como la confianza en el ámbito interno. Dicha confianza comienza con cosas más simples y cotidianas que Dios. Pero si miras lo suficientemente profundo, la fe en Dios es tan confiable como aquella de cuando te vas a dormir en la noche y tienes fe en que despertarás a la mañana siguiente.

EL CAMINO HACIA DIOS

Etapa II: Fe

Más allá del punto cero

"Me he convertido en la Muerte, el destructor de mundos." Incluso muchas personas que nunca han leído el Bhagavad Gita reconocen esta frase y se estremecen. Fue dicha por J. Robert Oppenheimer, director del Proyecto Manhattan, cuando la primera bomba atómica explotó en el desierto de Nuevo México. Bien pudo haber dicho: "Soy un Hombre, el destructor de Dios". La fecha, 16 de julio de 1945, marca el punto cero de la fe. Un Dios amoroso y protector perdió toda credibilidad antes de la furia desencadenada de la destrucción atómica. Muy pocos, excepto los creyentes más fervientes, pensaron que Dios haría, o podía hacer, cualquier cosa para detener nuestra caída hacia la autoaniquilación.

Para ir más allá del punto cero, el nadir de la fe, se requiere de concentración y esfuerzo. La fe debe ser reconstruida desde lo más elemental. La inercia simplemente dejaría que se esfume, y entonces sería olvidada una de las fuerzas más poderosas de la existencia humana. Lo que hace que la fuerza de la fe sea tan extraordinaria es que va en contra de todo lo que pensamos que sabemos sobre la evolución basada en la supervivencia. La supervivencia es la necesidad principal de todo ser viviente. Pero los seres humanos respondemos a múltiples necesidades que están mezcladas en una masa confusa y oscura.

En unos casos, nos esforzamos por tener alimento, refugio y una familia. En otros, esas cosas están resueltas y no pensamos mucho en ellas. Lo que es tan extraordinario de la fe es que a veces vivimos para cosas invisibles y tan intangibles que no pueden ser puestas en palabras. (¿Puedes analizar la diferencia entre "él muestra mucho corazón" y "él muestra mucha alma?") Sin embargo, los asuntos de la fe a veces exceden cualquier otro aspecto de nuestra vida, incluso el instinto de supervivencia.

En el mismo año que la bomba atómica cambió el mundo, los Aliados liberaron los campos de concentración que habían puesto en marcha la Solución Final. Se revelaron escenas de un sufrimiento atroz, pero también hubo historias de prisioneros que se ofrecieron como voluntarios para morir en lugar de otros.

Uno de los ejemplos más inspiradores fue un fraile francisca-no polaco, el padre Maximilian Kolbe, que murió en Auschwitz en 1941. La Gestapo lo arrestó por dar asilo a judíos en el monasterio que fundó en Niepokalanów; era un centro que publicaba material religioso católico en Polonia. Hay fotos de él que lo muestran co-mo un hombre decidido con lentes de monturas negras y cabello muy corto. Fue un ferviente partidario de la fe y misionero en Japón. Cuando estuvo ahí, construyó una misión en una montaña cerca de Nagasaki; cuando la bomba atómica destruyó la ciudad, la misión no sufrió ningún daño. Los seguidores de Kolbe más tarde pensaron que había tenido inspiración divina ya que escogió situarla en el lado de la montaña que quedó protegido de la explosión.

Poco después de que fue trasladado a Auschwitz, en mayo de 1941, algunos prisioneros lograron escapar y las autoridades deci-dieron tomar represalias. Escogieron a diez presos para ser llevados a celdas subterráneas y matarlos de hambre. Cuando uno de los elegidos gritó de angustia, Kolbe se ofreció a tomar su lugar. Pasó las siguientes dos semanas rezando y dirigiendo a los demás condenados para cantar y orar, siempre enfrentando a sus torturadores con firmeza. Los otros nueve murieron, pero Kolbe sobrevivió. Fue ejecutado sumariamente con una inyección de ácido carbólico. Su cuerpo fue cremado en los hornos de Auschwitz, los cuales se convirtieron en sinónimo de los peores crímenes contra la humanidad.

La muerte del padre Kolbe siempre me ha conmovido, pero está enredada en el destino complejo de la fe moderna y en la enseñanza católica de los mártires que dan la vida por Dios. Su camino hacia la santidad se desarrolló con rapidez. Para 1950 se le habían atribuido dos sanaciones milagrosas. Fue beatificado en 1971 y canonizado en 1982 por el papa Juan Pablo II, un compatriota polaco que sufrió a manos de los nazis. He leído informes devocionales de que San Maximiliano, como se llama ahora, emitía luz cuando rezaba, y que los judíos en Auschwitz metían pequeñas notas en los tablones del piso de sus barracas antes de ir hacia su propia muerte, en las cuales testificaban sobre la fe sobrenatural del santo.

Este esbozo de un creyente extraordinario reúne todas las paradojas de la fe. Alguien que mostró la fe más grande no fue protegido por Dios y se permitió que muriera. En lugar de su vida, su muerte fue lo que se convirtió en el agradecimiento más grande de Kolbe hacia Dios. ¿Deberíamos tener fe en ese tipo de deidad? A los niños se les enseña que es natural adorar a Dios, aunque en las historias de milagros la fe máxima parece sobrenatural. Aquí, la enorme división entre lo racional y lo mágico es infranqueable. Pero el aspecto milagroso de los santos —en lugar de su comportamiento piadoso— es lo que atrae más a los creyentes y lo que más desprecian los escépticos.

La historia de Kolbe demuestra que las semillas de la fe y la incredulidad existen en todos nosotros. He conocido a pocas personas cuya fe hizo de Dios una fortaleza poderosa, como la de Martín Lutero. Y he conocido a pocas personas quienes se dan cuenta de lo delicada que puede ser la fe, como cuando Tagore dice: "La fe es el ave que siente la luz y canta cuando el amanecer aún está oscuro". Si estas palabras conmueven tu corazón, has llegado a uno de los secretos espirituales más profundos: aquello que es lo más delicado también puede ser inmortal. Mientras el corazón sobreviva, también sobrevivirá la fe.

Perder la fe le sucede a una persona a la vez, y lo mismo sucede al ganar de nuevo la fe. Me estoy acercando a la fe en la etapa media de renovar a Dios. No es el final de esta etapa porque la fe es creencia, y la creencia se queda corta en conocimiento. Para algunas cosas no se necesita una etapa media. Cuando ordenas un *mousse* de chocolate en un restaurante no necesitas probar la fe que tienes en que te lo van a traer. Pero todos podemos sentir el terror de las víctimas de los campos de concentración esperando que Dios las rescatara. La fe se debilita cuando Dios no cumple nuestras expectativas; se debilita de manera fatal cuando Dios parece no estar prestando atención.

Por cualquier camino que sea, cuando llegas al punto cero, la decepción se vuelve una realidad.

El punto cero de la fe
¿Cómo te ha fallado Dios?

Ignoró tus plegarias.

Permitió que estuvieras en peligro y no te protegió.

No sientes el amor divino.

No te mostró misericordia.

Te enfermaste y no sanaste.

Viste que personas malas prosperaron mientras que la bondad no fue recompensada.

Hubo abuso y violencia en tu vida y nadie los detuvo.

Un niño inocente murió.

Te sucedieron accidentes y lesiones sin motivo alguno.

Sufriste dolor, ansiedad o depresión y Dios no te consoló.

En cada vida ha sucedido al menos una de estas situaciones y a veces más. La historia es un cementerio de plegarias sin respuesta de los millones de personas que han sufrido y muerto innecesariamente. La teología ha ofrecido varias excusas: el *Deus otiosus*, o "Dios ocioso", cuyo papel termina después de la creación; y el *Deus absconditus*, o "Dios escondido", que está y no está al mismo tiempo. Pero la teología es un consuelo frío cuando Dios no nos responde en circunstancias desesperadas. La mayoría de la gente cree —y es comprensible— que Dios debería mostrar su amor, misericordia y protección cuando las cosas se ponen difíciles. Casi todas las crisis menores las podemos manejar nosotros.

La alternativa escéptica

Una vez que te has establecido en el punto cero, ¿por qué abandonarlo? Si Dios no existe, éste es el lugar más realista donde puedes estar. No quiero volver a ahondar en el campo del ateísmo, pero parece racional tomar el mundo tal y como se presenta. Ésta es la posición que asumen los escépticos religiosos. Dios se convierte en otro fenómeno, como las auroras boreales o la fusión en frío: *Muéstrame y creeré*. El escepticismo exige una prueba visible; por lo tanto es lo opuesto a la fe. Un creyente no necesita que Dios toque a su puerta con una identificación oficial.

En nuestra época, el escepticismo más inflexible se ha vinculado a la ciencia: antes de que crean nada, los escépticos más radicales quieren datos medibles, experimentos con resultados que puedan ser reproducidos y una comprobación imparcial de sus colegas: el proceso completo del método científico. Si se carece de esto, la creencia de cualquiera puede ser desacreditada, si no es que difamada. El escepticismo se ve a sí mismo como realista, una refutación obstinada de toda la superstición, la credulidad y la fantasía que mantienen al mundo en la esclavitud.

Michael Shermer, director de la revisa *Skeptic*, cita con aprobación a un compañero escéptico que considera que "la pregunta sobre Dios —ya seas ateo, agnóstico, teísta o lo que sea—" es la pregunta incorrecta. ¿Por qué incorrecta? "Los Dioses que sólo viven en las cabezas de la gente son mucho más poderosos que aquellos que viven en alguna parte 'allá afuera', por la simple razón de que: 1) no hay ninguno de la segunda variedad, y 2) los que viven en nuestra cabeza realmente afectan nuestras vidas."

En la lista de decepciones que provocan que la gente se aleje de Dios, cada punto es algo positivo para un escéptico, una llamada de atención para enfrentar la vida como es, y no como queremos que sea.

Respuestas escépticas para los que dudan

¿Dios ignoró tu plegaria?

Respuesta: Las plegarias nunca son respondidas. Lo que piensas dentro de tu cabeza no afecta a los sucesos externos.

¿Dios permitió que estuvieras en peligro? ¿No te protegió?

Respuesta: Los riesgos que corres son tu propia responsabilidad. Culpar a un poder superior es signo de falta de confianza en ti mismo, si no es que de debilidad infantil. Nadie que sea maduro necesita un padre sobrenatural en el cielo.

¿No sientes el amor divino?

Respuesta: El amor es producto de reacciones químicas que ocurren en el cerebro. No existe fuera de su manifestación física. La verdad científica es que el amor romántico es tan sólo una fantasía, al igual que el amor divino.

¿No tuviste la misericordia de Dios?

Respuesta: La misericordia es la satisfacción de un anhelo que nace del deseo inútil de escapar de las leyes de la naturaleza. Toda causa tiene un efecto. La organización de todo es mecánica. Nadie puede librarse del determinismo.

¿Te enfermaste y no sanaste?

Respuesta: La enfermedad es un proceso complejo que la ciencia médica comprende cada vez mejor. Un día, conforme avance la investigación, sabremos con precisión por qué ciertas enfermedades les suceden a algunas personas. En ese momento habrá nuevos medicamentos que resolverán todo el problema de la sanación.

¿Has visto a gente mala prosperar mientras que la bondad no fue recompensada?

Respuesta: Lo que llamamos bueno y malo son rasgos evolutivos que desarrollamos para la supervivencia. Una vez que comprendamos la selección natural a cabalidad, sabremos cuál es el comportamiento óptimo que mantiene unidas a las sociedades.

Estas respuestas muestran los puntos clave de cómo el escepticismo considera el punto cero. Cada queja en contra de Dios tiene una respuesta científica. Si la ciencia actual se queda corta, habrá una mejor respuesta en el futuro. A lo largo de los años he descubierto que las suposiciones de los escépticos son mucho más penetrantes que los argumentos de los ateos. Los escépticos sienten que ocupan un nivel superior porque son necesarios para el progreso de la ciencia. Sin un escéptico a la mano, todavía creeríamos que Zeus es quien nos arroja los rayos.

Creo que el punto de vista escéptico tiene una amplia aceptación popular cuando ataca blancos fáciles. La revista *Skeptic* dedica muchas páginas a exponer a charlatanes, fraudes médicos y pseudociencia. Casi no le da espacio a consideraciones serias de pensamiento especulativo sobre Dios, el alma, la conciencia y la naturaleza de la realidad. Pone una cerca alrededor de las explicaciones convencionales y materialistas (que son consideradas buenas y verdaderas); afuera de la cerca yace la oscuridad de la mente crédula. Hacer trizas a un charlatán médico tiene un buen propósito, sin duda. Exponer a hombres que estafan no es tan importante, aunque generalmente las víctimas son quienes suenan la alarma, no los científicos escépticos. Pero cuando la lucha escéptica alcanza a pensadores genuinamente sinceros y con visión de futuro, se vuelve nociva. Cualquiera que defienda la medicina de cuerpo-mente, por ejemplo, está sujeto al mismo ridículo que los charlatanes. En la década de los ochenta, miembros del profesorado de escuelas médicas de Boston se enfurecían cada vez que yo —o cualquier otro doctor en medicina interesado en los tratamientos alternativos— proponía que la conexión cuerpo-mente era real. Se ignoró casi por completo la remisión espontánea del cáncer. (Un prominente oncólogo me dijo que el cáncer era una cuestión estadística; no tenía ningún interés en el caso raro de un tumor que se desvaneció sin tratamiento médico.) El escepticismo hace mal al suprimir la curiosidad y esconder su intolerancia bajo el pretexto de que sólo las pautas científicas oficiales son válidas a la hora de explorar lo desconocido. Uno podría decir que esto es curiosidad institucionalizada.

Es mucho más difícil que Dios pase inadvertido a los escépticos. Para ellos, la fe destruye la credibilidad de una persona como pensador racional. Y una vez que usas la palabra fatal *sobrenatural*, el camino está abierto para que seas rechazado con desprecio. Francis Collins, como ya he mencionado, es un eminente genetista y director de los Institutos Nacionales de Salud de Estados Unidos; también es un cristiano practicante y creyente en la Biblia. Al tener una posición única, él servirá como una prueba suprema para la fe ya que está situada junto a la razón.

En el libro *El lenguaje de Dios*, Collins relata la experiencia espiritual que transformó su vida:

> Un día hermoso de otoño, mientras caminaba por Cascade Mountains, la majestuosidad y la belleza de la creación de Dios anuló mi resistencia. Cuando di vuelta a un recodo y observé una inesperada cascada congelada de decenas de metros de altura, supe que la búsqueda había terminado. A la mañana siguiente, cuando comenzó a amanecer, me arrodillé en el pasto cubierto de rocío y me entregué a Jesucristo.

No hay nada de lo que podamos ser escépticos en esta descripción de una experiencia sublime, cuando el mundo cotidiano de apariencias cambia súbitamente. Para Collins, el significado de esta experiencia sublime fue religioso, como lo sería para casi cualquiera que estuviera en búsqueda. Pero otras mentes funcionan de maneras diferentes: al famoso fotógrafo de paisajes Ansel Adams le sucedió algo parecido cuando estaba escalando la Sierra Nevada, y su interpretación fue una epifanía artística. Los dos hombres experimentaron asombro y sobrecogimiento ante la grandiosidad de la naturaleza. Collins dedicó su vida interna a Cristo; Adams la dedicó a su fotografía. Hay algo común en las experiencias sublimes: en una repentina expansión de la conciencia, la máscara del mundo material se desvanece y revela un significado oculto.

Sam Harris compara a Collins (cuyas credenciales científicas exceden las de Harris por su magnitud) con un cirujano que "ha intentado operar usando sólo los dedos de sus pies. Su fracaso es predecible, espectacular y detestable". Dejemos de lado la hostilidad. Lo que Harris objeta, al igual que todos los escépticos que piensan como él, es la mentalidad que encuentra mensajes en la naturaleza, comunicaciones codificadas escritas en la belleza y el diseño de montañas, atardeceres, arcoíris, etc. Despreciando el hecho de que innumerables personas han visto la mano de Dios obrando, comenta con sarcasmo sobre la experiencia de Collins: "Si su informe de la investigación de campo parece algo débil, no se preocupen: un reciente perfil de Collins en la revista *Time* ofrece información suplementaria. Aquí aprendemos que la cascada estaba congelada en tres chorros, y eso le dio la idea de la Trinidad al buen doctor".

En este punto, Harris añade: "Cualquier lector que haya confiado en exceso en la integridad intelectual de sus prójimos humanos puede tener pensamientos suicidas". No lo creo. La mayoría de los lectores respetarían la experiencia como genuina. Quizá quisieran vivir una experiencia sublime también —nunca he escuchado que nadie haya reaccionado ni remotamente a una experiencia así con "pensamientos suicidas"— y el sentido común les diría que la conversión de Collins no tiene nada que probarle a la ciencia. Como dijo el notable matemático y físico Eugene Wigner: "¿En qué parte de la ecuación de Schrödinger se encuentra la alegría de estar vivo?" Si digo que estoy enamorado de la mujer más hermosa del mundo, ¿cómo puede probar algo un escéptico que dice que es improbable encontrar a la mujer más hermosa entre tres mil millones de mujeres?

La existencia humana sería terrible sin momentos de inspiración. A cambio de esos momentos en que el amor, la belleza y la posibilidad de alcanzar una realidad superior se vuelven realidad, soportamos el tedio, la rutina, el trabajo mundano y el sufrimiento. Pero el escepticismo denigra la iluminación interior o trata de explicarla como una especie de anomalía cerebral. Un artículo que apareció en 2007 en la revista *Skeptic* analizó un debate entre Dawkins y Collins que organizó la revista *Time*. La defensa de Dios realizada por Collins se basaba en una creencia que la ciencia no puede refutar: "Dios no puede estar contenido por completo dentro de la naturaleza". Como la ve un escéptico, esta postura equivale a un no comprometerse. Es esencial la pregunta de si Dios siquiera existe y hace a un lado la necesidad de dar pruebas.

Y aun así, la postura escéptica tiene sus propias conjeturas. Aquí se presenta cómo se ve un Dios eterno desde el punto de vista de un artículo de la revista *Skeptic*: "Si no existe el tiempo, no existe el cambio. Si no hay cambio, no hay acción. Si no hay acción, no hay creación. Si Dios no existe fuera del tiempo, ¡sería impotente para hacer cualquier cosa!"

Este argumento supone que lo eterno es un lugar al cual nos podemos referir como nos referimos a Pittsburgh o Nueva Delhi. Pensar acerca de cualquier cosa que esté fuera del tiempo es tan difícil, si no es que imposible, que frustra a los físicos más avanzados del mundo. El caso es que la lógica no puede ir más allá, al igual que el mundo lineal de causa y efecto. La fe de Collins en un Dios trascendental permea toda tradición espiritual por una buena razón: la fuente de la naturaleza no puede encontrarse al buscar alrededor de la naturaleza.

Sin embargo, los defectos del escepticismo no hacen que la fe sea perfecta. En su libro Collins asevera que "de todas las visiones posibles del mundo, el ateísmo es la menos racional". Esto tiene mucho peso viniendo de un reconocido científico, pero la exhortación de Collins a otros fundamentalistas cristianos suena a que está en contra de la racionalidad según la mayoría de la gente comprende el término: "Como creyentes, hacen bien en creer profundamente el concepto de Dios como su creador; hacen bien en creer con fervor las verdades de la Biblia; hacen bien en creer la conclusión de que la ciencia no tiene respuestas a las preguntas más apremiantes de la existencia humana". Sir Isaac Newton era cristiano y podría haber estado de acuerdo con cada palabra. Dos grandes científicos pueden ser locos religiosos, pero no importa: porque el escepticismo le ha enseñado a todo el mundo a ser suspicaz.

No es cuestión de distorsionar la ciencia para que esté de acuerdo con la Biblia. La armonía entre la ciencia y la fe que Collins busca es sumamente racional.

Dios, quien no está limitado al tiempo y al espacio, creó el universo y estableció leyes naturales que lo gobiernan. Al buscar poblar su universo (que de otra forma sería estéril) con criaturas vivientes, Dios eligió el elegante mecanismo de la evolución para crear microbios, plantas y animales de todo tipo.

Lo único que nos pide es mantener la mente abierta. La fe, según ha evolucionado en la era de la ciencia, se centra en posibilidades, no en un dogma. Si tienes una mente abierta, no objetarás a la posibilidad de que algo que está más allá de tiempo y el espacio haya sido la fuente del universo. El asunto central —y aquí es donde comienza la controversia— es si la creación salió "de la nada", esto es, de una fuente no física. ¿Hay lugar en esa nada para una organización superior, el tipo de mente que perfectamente podría reunir las leyes de la naturaleza a un grado de sintonía tan fina que el más mínimo cambio hubiera condenado al fracaso al universo temprano? Después de todo, con una alteración de menos de un milmillonésimo en la ley de la gravedad, por ejemplo, el universo naciente se habría colapsado sobre sí mismo después del Big Bang; una alteración en la dirección opuesta habría ocasionado que estallara en vientos incontrolables de protogases y nunca se hubieran formado los átomos y las moléculas.

La fina sintonía del universo es incuestionable, y nosotros somos los beneficiarios directos. De alguna manera la creación surgió en una armonía tan perfecta que el ADN humano apareció en escena trece mil millones de años más tarde. Dado que Collins imprime un significado religioso al problema, los archiescépticos lo excluyen de su mente. Harris no le da crédito alguno por mantener una postura racional. Los escépticos nunca le dan el beneficio de la duda a nadie que piense diferente a ellos: sus mentes están cerradas. Pero no es un juego limpio. Cada nuevo descubrimiento requiere de fe, incluso los descubrimientos científicos. La lista de cosas en que aplicamos la fe en la vida es impresionante.

Se necesita fe...

Para creer un ti mismo.

Para creer en el progreso.

Para aceptar que la razón resuelve problemas.

Para confiar en tus emociones.

Para alcanzar momentos de agudeza.

Para ver más allá de las apariencias superficiales y confiar en lo
que ves.

Para permitir que tu cuerpo se cuide a sí mismo.

Para sentirte vinculado afectivamente a otra persona.

Todas estas cosas son tan básicas que las damos por sentadas, como
si tener fe en Dios fuera diferente y especial, o sobrenatural e irracional. Pero el primer experimento científico de la historia requirió
todos estos actos cotidianos de fe para tener éxito. Es particularmente
extraño que los escépticos se burlen de quien sea que explore los
fenómenos naturales, ya que un punto de la lista —ver más allá
de las apariencias superficiales y confiar en lo que ves— es lo que
distingue a la ciencia. Los cazafantasmas no hacen nada más ni nada
menos que los físicos cuando cazan quarks.

Creer que la persona que está junto a ti piensa de la misma forma
que tú es un gran salto de fe. El brillante psicólogo William James
habló de "la brecha entre una mente y otra", la cual no puede ser
salvada. Es casi imposible que dos hermanos criados en la misma
casa con los mismos padres piensen justo del mismo modo. Uno
puede amar la caza y la pesca mientras que el otro adora leer a Proust.
Gracias a la fe aceptamos que nuestras mentes están conectadas. Pero
supongamos que te pones detrás de alguien, aplaudes con fuerza y
no te responde. ¿La persona es sorda o simplemente te está ignorando? El silencio de inmediato indica qué tan alejadas están dos
mentes. Los hombres se quejan de que las mujeres quieren leer
su mente. (Él: "¿Por qué no me dijiste que no querías conocer a mi
ex novia?" Ella: "Debiste saberlo".) De hecho, pasamos toda nuestra
vida leyendo la mente de los demás lo mejor que podemos.

Ahora mira lo que sucede si pierdes la fe en tu cuerpo. En lo que más tenemos fe es en nuestro corazón, el cual en una vida típica latirá sin fallar unos cuarenta millones de veces al año, o dos mil ochocientos millones de veces en setenta años. El mecanismo que sustenta el latido del corazón es tan complejo que la medicina moderna apenas comienza a comprenderlo. (Para una persona común, estas mecánicas, al ser microscópicas, son tan invisibles y misteriosas como Dios.) Pero en cuanto el corazón comienza a dar señales de sufrimiento, como en el dolor conocido como angina de pecho, nuestra fe desaparece. El resultado para casi todos los pacientes con problemas de corazón es una fuerte angustia. De pronto nos damos cuenta de que un bulto del tamaño de un puño formado de tejido musculoso es lo que separa la vida de la muerte.

Reducir todo aspecto de la vida a hechos y datos duros es, francamente, ridículo. (Nos reiríamos de cualquiera que dijera: "No creo que ames a tus hijos. Muéstrame un encefalograma".) Las condiciones del escepticismo atraen sobre todo a los científicos profesionales, que están obligados a cumplir estrictas normas en sus investigaciones. Deben examinar nuevos resultados con escepticismo antes de que aparezcan pruebas viables. Einstein tuvo que esperar a que su teoría de la relatividad fuera probada por medio de la observación, lo que sucedió durante un eclipse solar en 1919; las mediciones del astrónomo Sir Arthur Eddington abrieron paso a la teoría de que la luz de estrellas distantes puede ser doblada en una curva por el campo gravitacional del Sol. Pero en ese experimento, al igual que en todos, lo importante es que la ciencia *no es como la vida real*. Sus restricciones son artificiales y especializadas.

El famoso filósofo británico Bertrand Russell era un ateo declarado; causó un gran revuelo con su ensayo publicado en 1927: "Por qué no soy cristiano". Cuando le preguntaron a Russell cómo defendería su falta de fe si muriera y nervioso en el cielo enfrentara a su creador, replicó: "No hay suficientes pruebas, Dios, no hay suficientes pruebas". A los escépticos les gusta citar esa anécdota, pero en ella el punto central se pierde por completo. Las reglas de la evidencia que se aplican a las cosas materiales o a los sucesos no se aplican a Dios. Él no puede reprobar un examen que no presentó. Permíteme explicarme.

Imagina que un auto se ha salido del camino y ello resulta en un accidente fatal en que el conductor muere. La patrulla de caminos aparece y encuentra a varios testigos. Les preguntan qué sucedió. El primero dice: "¿Ve esas marcas de llantas? Soy físico, y este accidente sucedió porque la velocidad del auto excedió la fuerza de fricción". Un segundo testigo sacude la cabeza. "Mire la posición de las llantas. El conductor giró de forma repentina, el auto se desvió del camino y cayó en esta zanja. Soy piloto de una aerolínea. Obviamente, el accidente fue causado por el volantazo." Un tercer testigo, que detectó olor a alcohol emanando del cadáver, se presentó como doctor y afirmó que el accidente fue causado porque el conductor estaba ebrio.

Cada testigo tenía una opinión diferente y ofreció pruebas para sustentarla. Pero no hay ninguna forma científica de resolver sus diferencias. La respuesta que obtengas dependerá de la pregunta que plantees. La percepción define la realidad. Ahora imagina que un auto se acerca con rapidez y una mujer desconsolada se baja y llora: "¡Fred! Dijiste que te suicidarías pero nunca pensé que lo harías". Su explicación es la correcta, porque ella comprende el significado del accidente: fue causado por el retorcido estado emocional del conductor. La lección es que las descripciones nunca llegan al significado real. Los escépticos, incluso aquellos tan brillantes como Russell, fijan falsas expectativas. No importa qué tipo de información externa tengas (marcas de llantas, llantas volteadas, alcohol en el torrente sanguíneo), no puedes saber el significado de las acciones de alguien o el motivo por el cual se suicidó.

Martin Luther King Jr. ofreció una serie de guías para superar el escepticismo. "La fe", dijo, "es dar el primer peldaño aunque no veas toda la escalera". Pensando acerca de la conversión de Collins, se me ocurrieron algunos principios prácticos que son perfectamente compatibles con la racionalidad y al mismo tiempo no están bajo la mano dura del escepticismo.

La fe es personal. No necesita ser justificada ante nadie.

La fe es algo en lo que debes participar, no lo puedes juzgar desde fuera.

La fe es una forma de explorar la realidad, pero no tiene que ser probada científicamente.

La fe ve más allá de las apariencias físicas.

La fe es acerca del significado.

Sólo una vez un escéptico se rio a carcajadas de mí. Estaba hablando de temas espirituales frente a un público en Inglaterra. Un alborotador me interrumpía sin cesar y al final se puso de pie. "Nadie debería escuchar esta basura", gritó. "Todo esto son tonterías."

Como me tomó por sorpresa pregunté: "¿Y quién es usted, señor?"

Se enderezó. "El líder de la Sociedad Británica de Escépticos."

"No le creo", dije. La gente se soltó a carcajadas, y él salió furioso del auditorio.

Una mejor definición

Cuando Dios te falla personalmente, deja una herida. Un *bestseller* de los años ochenta sintetiza la pérdida de la fe en su brillante título: *Cuando las cosas malas le pasan a la gente buena.* Ya sea que las cosas malas sucedan en casa, en Bosnia o en Ruanda, la confianza más básica que nos vincula a Dios —la promesa de que el bien triunfará sobre el mal— se deshace y se quiebra.

Yo diría que el fracaso de Dios no es suficiente para mostrar que él no existe. Dios no puede tener éxito si es sólo un disfraz de nosotros mismos: ya hemos conocido a esta deidad como Dios 1.0. Imagina que has rezado para que alguien cercano se recupere de cáncer de pulmón, pero de todas maneras muere. Dios, como un superdoctor cuya medicina no funcionó, te ha fallado. No te dio lo que querías. No tienes manera de saber por qué. Digamos que la persona enferma fue fumadora empedernida toda su vida. Entonces tal vez Dios sólo estaba siendo congruente. Permite que las leyes de la naturaleza, tal como operan en el cuerpo humano, sigan su curso normal.

O tal vez Dios escogió la justicia sobre la misericordia. Parece justo que alguien que ignora toda advertencia sobre los cigarros y el cáncer de pulmón no sea salvado de forma milagrosa. Un milagro sería un acto de misericordia, pero ¿qué hay de todos los demás que sí hicieron caso de las advertencias y luego les dio cáncer? ¿Debería un buen pastor salvar sólo a la oveja negra? Podemos estar seguros de que un Dios caprichoso moldeado según la naturaleza humana no puede ser real; todo el tiempo lo juzgamos y lo culpamos, cuando en realidad sólo nos estamos relacionando con una extensión de nosotros mismos.

La realidad de Dios está escondida detrás de una ficción de Dios. A Buda le pidieron que les asegurara a sus seguidores que Dios existe: ¿quién sabría mejor la respuesta que el Iluminado? Pero él tuvo cuidado de no complacerlos, ya que la única respuesta posible requiere de un viaje interior. Es fascinante *googlear* la pregunta "¿Dónde se localiza el cielo?" Una respuesta, tomada del Génesis, es que el cielo es la cubierta atmosférica que rodea la Tierra: "Dijo Dios: "Bullan las aguas de animales vivientes, y aves revoloteen sobre la tierra contra el firmamento celeste" (Génesis 1:20). Pero también hay una autoridad bíblica para el paraíso celestial, donde están las estrellas, y un cielo más allá de eso, el paraíso que es "la morada de Dios". Con seguridad estamos en el reino donde Dios es una persona que necesita una casa en alguna parte.

La *Enciclopedia católica* plantea el asunto de una forma mucho más complicada. Primero, está el cielo omnipresente, el cual "está en todas partes, al igual que Dios está en todas partes. De acuerdo con este punto de vista, los bendecidos pueden moverse libremente en todas las partes del universo y aun así permanecer con Dios y verlo todo". Esta respuesta supera la imagen de un Dios humanizado que vive en un lugar. ¿Pero un "lugar" es necesario? La *Enciclopedia* reconoce un estado más abstracto, "el feliz estado del justo en la próxima vida". Después de maniobras teológicas, llegamos a la noción de que el cielo es una condición del alma, mientras que algunos teólogos todavía se aferran a la imagen del catecismo: afirman que Dios "debería tener un hogar especial y glorioso, en el que los bendecidos tengan su casa particular y ahí vivan regularmente, aunque sean libres de vagar por este mundo".

Estas respuestas dependen de una suposición deprimente: que la gente ordinaria no tendrá una experiencia directa de Dios. Le preguntaron a un psicólogo por qué las personas ordinarias, que no son adictas al juego, siguen yendo a los casinos aunque saben que no tienen muchas posibilidades de ganar. "Porque cada vez que alguien gana en la máquina tragamonedas sienten que Dios los ama." La teología formula sus respuestas tortuosas basada en la palabra de grandes maestros espirituales. Al resto de nosotros nos dejan fuera. Yo diría que todo la estructura está mal. En cada vida Dios tiene la oportunidad de triunfar cuando te conectas con una realidad más elevada, el ser superior o conciencia superior (escoge cualquier término que quieras). Dios se vuelve más seguro mientras más fuerte sea tu conexión.

Entonces, y sólo entonces, el cielo se volverá real también. Pero no tiene que ser el único cielo. Cuando la gente reporta que tuvo una experiencia cercana a la muerte, algunos dicen que han visto el cielo. La descripción más común es infantil: el cielo es una pradera forrada de pasto verde con flores y cachorros juguetones bajo un cielo azul despejado. Para un escéptico, esta descripción es demasiado parecida a las imágenes de los libros infantiles como para ser real. Sin duda. Pero si ubicamos el cielo en la conciencia, como un "estado del alma", no hay necesidad de una imagen fija o una que sea sólo para adultos. Deja de lado las imágenes, y tienes la página en blanco en la que cualquier descripción del cielo es posible; la hoja en blanco es la conciencia misma.

Establecer las condiciones

Tu fe no será restaurada con éxito hasta que Dios vuelva a actuar. Su desempeño debe ser consistente y confiable. No puede ser un juego de azar, la satisfacción de tus deseos o un acto imaginario como prueba de que te ama. La fe tiene que llevarte más allá de las expectativas no cumplidas y reabrir la posibilidad de que confíes en Dios. Esto pone una exigencia en Dios, y naturalmente muchas personas no quieren hacer eso. Si *exigencia* es una palabra demasiado fuerte, entonces vamos a reformularla. Cuando le pides a Dios que actúe, le estás diciendo: "Yo creo que puedes hacerlo". En ese sentido, la fe se vuelve funcional, una conexión que funciona.

Durante siglos, cualquiera que culpara a Dios por un suceso negativo, aunque fuera ligeramente, era etiquetado como hereje. Incontables inocentes sufrieron tortura y la muerte cuando su único crimen fue plantear preguntas. El remanente de esa horrible época es el pensamiento culposo: "¿En qué estoy fallando?", que viene a la mente cuando te cuestionas la religión de tus padres. Cuando Daniel Dennett dice que las personas más religiosas son conformistas, la idea no es incorrecta. La gente exhibe más "fe en la fe" —mostrando lealtad a su religión para poder encajar— que fe verdadera.

Para que sea válida, la fe debe estar basada en la realidad. La única base que tiene sentido para mí es la fe en un Dios que cumple lo que promete. Revisa los elementos de la lista del punto cero de la fe (página 145) y voltéalos. La fe se justifica cuando:

Tus plegarias son respondidas.

La bondad triunfa sobre la maldad.

La inocencia no es destruida.

Sientes el amor de Dios.

Dios te protege.

La providencia te da lo que necesitas.

Mi postura es que todos estos elementos son aspectos reales de Dios; por lo tanto, como creyentes tenemos derecho a experimentarlos. No somos niños berrinchudos pataleando hasta obtener lo que queremos; le estamos pidiendo a Dios que actúe de acuerdo con sus capacidades naturales. La conexión entre Dios y la humanidad está viva. Si eso es verdad, la realidad superior no está lejos. No hay un número de kilómetros específico que debas recorrer ni un tiempo determinado para llegar ahí. La realidad superior está aquí y ahora una vez que te conectes a ella. Da forma a la realidad cotidiana que experimentamos con todas sus exigencias y retos constantes. La fe por sí misma no será suficiente para traerla a tu vida, pero sin la fe no puedes visualizar lo que es la realidad superior. No puedes probarla ni descubrir cómo toca tu existencia.

Estoy maravillado por los poetas que transforman su mundo interno en un encuentro con lo divino. Hafiz (1325-1389), poeta persa medieval de la tradición sufí, enseñaba el Corán y tenía un puesto en la corte. Su tema de discusión era a menudo de este mundo y reflejaba la vida de la caza, la bebida y otros placeres. Él y otros poetas persas crearon hermosos epigramas como éste:

> *Tu alma hace mucho se ahogó en medio de un vasto océano*
> *mientras que tú finges estar sediento.*

O este otro acerca del propósito de la vida:

> *El tiempo es una fábrica en la que todos son esclavos,*
> *ganando el amor suficiente para romper sus propias cadenas.*

De forma todavía más impactante, Hafiz transforma la vida cotidiana y transmite la esencia radiante que hay detrás de ella. Esto da lugar a una serie de imágenes muy sorprendentes.

> *Perderte a ti mismo realmente es como ponerte una pistola en la*
> *cabeza y jalar el gatillo —se necesitan agallas para hacerlo.*
> *Enfrentar la verdad es como amarrarte una bolsa de plástico en la*
> *cabeza hasta que te sofoques —se necesita fe para hacerlo.*
> *Debes ser valiente para seguir las pistas de Dios hacia lo*
> *desconocido, donde tantas cosas pueden abrumarte y aterrorizarte.*

Éste es el viaje de la fe convertido en psicología burda. Hafiz pone en palabras la pasión y la inseguridad que colman la existencia humana, y le prestamos atención porque él las siente de inmediato. Describe un estado donde el corazón y la mente unen fuerzas para descubrir la verdad de la vida en sus orígenes. No existe una proyección fácil de un padre amoroso.

> *Confía en mí y hunde la daga enjoyada en tu corazón.*
> *Esto es lo que se necesita para perderte a ti mismo.*
> *No hay otro camino de regreso a Dios.*

Siento una verdad instintiva en este poema, pero ¿cómo convertimos la inspiración en algo práctico? La daga de Hafiz hundida en el corazón evoca la excitación de la valentía. Pero el meollo del asunto es convertir tu mundo interior en un lugar donde puedas encontrar a Dios. Los poetas sienten la libertad de hacerlo. Nosotros también podemos, una vez que el punto cero se suelta.

Vuelve a la lista del punto cero de la fe (página 145). Para cada punto de la lista hay varias posibilidades que pueden relajar una noción arraigada. Toma el primer punto: *Dios ignoró mis plegarias*. La postura escéptica es que las plegarias nunca son respondidas. La fe no tiene que prometer que tu próxima plegaria será respondida. En cambio, te ofrece algunas nuevas posibilidades que abren una ventana hacia Dios. He aquí algunas:

Al menos una de mis plegarias fue respondida. Veré si eso sucedió en realidad.

Tal vez la respuesta a mi plegaria no es lo mejor para mí ahora, y necesito poner atención a otras bendiciones en mi vida.

Al no tener una respuesta me di cuenta de que mi plegaria era demasiado egoísta y que lo que en realidad deseaba era algo mucho más grande.

Tal vez Dios no responde mis plegarias, pero ha respondido las de alguien más. Voy a investigarlo.

Las plegarias no respondidas pueden ser algo bueno. Tal vez Dios me tiene preparado algo mucho mejor que aquello que le pedí.

La fe apunta hacia nuevas posibilidades. Una vez que te das cuenta de esto, te liberas de los extremos de la fe absoluta y el escepticismo absoluto. El tema de la fe ha provocado siglos de discusión. Los ateos afirman que esos siglos fueron desperdiciados en una ficción;

los agnósticos se encogen de hombros y dicen que la respuesta no es concluyente. Pero nada puede ser verdad hasta ser probado. Las posibilidades que abre la fe son liberadoras simplemente porque son posibles. En todo caso, se forja un vínculo entre el mundo interno y el externo. Dios puede estar en todos lados, como dice la teología, pero debe llegar hasta ahí dando un paso a la vez.

Cómo tener fe
Escapar del punto cero

Plegaria: Ábrete a la posibilidad de que tus pensamientos tengan un efecto en el mundo de "allá afuera". Una plegaria no es solamente un tipo especial de pensamiento. Si se conecta con el mundo exterior puede convertirse en realidad.

Accidentes: Ábrete a la posibilidad de que todos los sucesos tengan un significado. Los accidentes son sucesos a los que no les encontramos una razón de ser. Si expandimos nuestra visión y la razón es revelada, entonces no hay accidentes.

Mala suerte: Ábrete a la posibilidad de que el bien y el mal sean dos mitades de un solo proceso que se despliega. Si puedes descubrir el propósito elevado de tu vida, las dos mitades tendrán sentido. Entonces la suerte, buena o mala, será irrelevante.

Sufrimiento: Ábrete a la posibilidad de que los sucesos sean moldeados para darte el menor sufrimiento. Si la misericordia divina existe, tal vez permite que suframos sólo para que podamos crecer y evolucionar. No tenemos que luchar con aquello que causó nuestro sufrimiento. Sólo tenemos que aceptar que existe una salida.

Soledad: Ábrete a la posibilidad de que nunca hayas estado solo. Si hay una presencia consoladora que existe en todas partes, quizá vive dentro de ti y no está afuera. La soledad es el resultado natural de sentirte vacío adentro; la cura es la plenitud interior.

No tenemos que detenernos aquí; he ofrecido solamente un puñado de nuevas posibilidades. Para algunas personas no serán satisfactorias. Decir que el sufrimiento es un medio para crecer y evolucionar, por ejemplo, no tendrá sentido para alguien que no cree que haya vida después de la muerte. Muchos horrores son inexplicables si es que sólo tenemos una vida. Pero no te estoy imponiendo que existe un más allá. Cuando pienses sobre el sufrimiento —que para millones de personas es *el* motivo de ruptura con Dios— encuentra tu propia nueva posibilidad. Incluso podría ser escéptica: "Sufrir no tiene sentido, pero hay una forma de vivir sin ser destruido por el sufrimiento". O bien: "Temo el sufrimiento, pero hay una posibilidad de que pueda superar mi miedo".

Sólo ten en mente que tu objetivo es liberarte de la incredulidad preestablecida. No se te pide que cambies de credo. Pero puedes simplemente esperar a que Dios aparezca. Es posible que estés atorado, y para liberarte se requiere el flujo de la conciencia. Toma cada punto de la lista del punto cero de la fe que sea aplicable a ti y escribe las nuevas posibilidades que se ramifican de él. Sé tan minucioso como puedas. Por ejemplo, hay un punto que dice *No siento el amor divino*.

En el Occidente cristiano, todo niño pequeño sabe la canción de "Jesús me ama, eso lo sé", y no sentir el amor de Dios es una seria razón para abandonarlo. Pero piensa en las demás posibilidades:

Podrías estar más abierto a ser amado por otras personas, quienes podrían abrirte al amor divino.

Podrías encontrar a alguien que haya sentido el amor de Dios, ya sea en un libro o en la vida real. Tal vez puedas aprender algo de su experiencia.

Podrías comenzar con la belleza de la naturaleza como conexión con un Dios amoroso.

Podrías expandir tu definición de amor. Quizá no es un sentimiento de afecto cálido, sino buena salud, bienestar y libertad de querer y cautivar lo que muestra el amor divino.

Éstas no son pruebas de amor divino y no deben confundirse con ellas. Es mucho mejor abrir tu mente más y más mientras el camino se despliega, porque entonces tendrás una oportunidad real de transformarte. Hafiz plantea esa posibilidad en otro poema visionario:

> *Cuando la mente se vuelve como una hermosa mujer*
> *concede todo lo que deseas de un amante.*
> *¿Puedes llegar tan profundo?*
> *En vez de hacer el amor del cuerpo*
> *con otros hijos de Dios,*
> *¿por qué no buscar al verdadero Amante*
> *que siempre está frente a ti*
> *con los brazos abiertos?*
> *Entonces al fin serás libre de este mundo*
> *al igual que yo.*

Si te conmueven estas palabras, has encontrado el punto de partida de la fe. La fe ha sido descrita como una vela en la ventana, la luz que espera ser vista por Dios. Quizás una mejor imagen sea aquella de la tradición espiritual hindú: la fe es como una lámpara en una puerta abierta. Brilla hacia el mundo y hacia el interior de la casa al mismo tiempo. Cuando el mundo de "allá afuera" está tan colmado de Dios como el mundo de "aquí dentro", la fe ha cumplido su misión.

La mala fe

La mala fe nos aleja de Dios. Muchos caminos nos conducen a esto, y no todos se llaman a sí mismos religión. La ciencia puede ser usada como una mala fe para debilitar la fe mientras que no ofrece una nueva alternativa. Esto no es lo mismo que etiquetar a la ciencia como enemiga de la fe, porque si tu objetivo es ganar un verdadero conocimiento de Dios la ciencia puede ser de gran ayuda. Puedes identificar la mala fe, con cualquier nombre, por medio de sus resultados. El Dios que presenta no mejora la vida.

La fe, al igual que Dios, debería ser comprobable. Un evangelista famoso escribe: "La fe activa a Dios". ¿Eso es verdad? Puedo imaginar a los dos equipos de un juego de futbol hincados para rezar por la victoria (esta escena a menudo aparece en televisión), y evidentemente uno de ellos no activará a Dios, ya que perderá. En situaciones horribles donde se pierden vidas, no podemos decir que quienes sobrevivieron activaron a Dios por medio de su fe. Tal vez debería ser lo opuesto: tal vez Dios necesita activar la fe. Si no lo hace, la fe no tiene mucho que mostrar por sí misma.

Como la fe es privada, es delicado y a veces injusto decir que alguien es responsable de tener mala fe. Lo que nos interesa es el camino hacia el conocimiento verdadero de Dios. La fe debería ayudar a abrir el camino. Si en cambio lo bloquea, podemos llamarla mala fe *para nuestros propósitos*. Me parece que este criterio es limitado y justo. Sería injusto inmiscuirnos donde no nos compete sólo para señalar las extrañas creencias de alguien más. Todas las religiones comienzan con un pequeño número de fieles fervientes; por lo tanto, todas pueden haber sido catalogadas como simples adoraciones hasta que crecieron tanto que se inmunizaron a sí mismas. Con nuestra definición limitada, la mala fe se opone al crecimiento espiritual. Los principales sospechosos son tres:

La fe ciega.
El prejuicio discriminatorio.
La pseudociencia.

Cada uno de éstos nos da una dimensión para distinguir entre la fe como guía para el crecimiento espiritual, y la fe como un obstáculo para dicho crecimiento. Una vez tuve un paciente distinguido llamado Eknath Easwaran, quien me dijo más cosas sabias sobre la fe que cualquiera a quien haya leído o conocido. Easwaran (éste era su primer nombre) era una persona de mente refinada y apacible. Venía de Kerala en el sur de la India y emigró a California, donde fundó un centro de meditación. (Su entrada en Wikipedia presenta una foto suya donde aparece dando una conferencia en un auditorio lleno de estudiantes de Berkeley en el funesto año de 1968. El artículo dice que estaba dando el primer curso acreditado de meditación que se impartía en una gran universidad.) Murió en 1999 a la edad de ochenta y ocho, habiendo dedicado su vida a estudiar la literatura espiritual clásica de la India.

Yo fui criado por una madre religiosa y un padre que depositaba su fe por completo en la ciencia. A lo largo del tiempo, aunque mi corazón se inclinaba por mi madre y su manera de ver el mundo, escogí seguir el camino de mi padre. Esto impuso una división dentro de mí, y durante mis años formativos simplemente viví con un ser dividido (como casi toda la gente) poniendo toda mi atención en asuntos prácticos. Convertirse en médico implica un entrenamiento científico, y mostré aptitud para ello. Me convertí en un ejemplo vivo de algo que Eknath Easwaran ponía en términos muy simples, tan simples que la mayoría de nosotros pasamos por alto: "Tú eres lo que sea tu fe".

No estaba hablando en términos religiosos. Se refería a la fe como el centro de ideas y creencias bajo los cuales vives. Si crees que las personas son buenas y que la vida es justa, esas ideas no se quedan inmóviles y pasivas dentro de ti como centavos en un gran banco. Son dinámicas; colman lo que eres. No necesitas consultarlas de la forma en que buscas ideas en un libro: en un sentido muy real, tú *eres* la suma de tus concepciones internas.

La implicación de esto, la cual hubiera deseado ver años atrás, es que todos tienen fe. La fe vive a través de ellos. Los seres humanos caminamos, hablamos, comemos y respiramos nuestra fe personal. Puede ser una fe negativa e incluso destructiva, como la de alguien que vive para vengarse. Defender la religión propia matando infieles es una fe destructiva disfrazada de fe positiva. Easwaran estaba simplificando un verso del Bhagavad Gita donde el Señor Krishna le enseña al guerrero Arjuna la esencia de la fe:

La fe de todos proviene de las percepciones de la mente.
Oh, Arjuna, la personalidad-ego es la encarnación viva de la fe.
Tu fe es tu identidad.

De pronto la fe abarca mucho más que simplemente preguntarte a ti mismo: "¿Creo en Dios?" Si *eres* tu fe, casi nada de lo que te suceda puede ser excluido. Entonces se vuelve de vital importancia distinguir la buena fe de la mala fe. La mala fe encarna una serie de creencias centrales que son contrarrestadas por la buena fe. Si te miras a ti mismo con honestidad, verás una confusa mezcla de creencias que están enraizadas en la mala fe y otras enraizadas en la buena fe. Desenredarlas es un aspecto importante para que la fe funcione para ti como debe ser.

Fe ciega

Toda religión tiene dogmas que se convierten en asuntos de fe que la vinculan a una comunidad. Un musulmán cree que el profeta Mahoma recitó el Corán bajo las órdenes del arcángel Gabriel, quien se le apareció una noche cuando estaba meditando en una cueva cerca de la Meca. Los cristianos creen en la Resurrección y los mormones creen en el Libro de Mormón. Los fieles no pueden cuestionar estas creencias propias: se les exige que tengan fe ciega en ellas.

Los enemigos de la religión tienden a identificar la fe ciega con la fe misma, de forma muy arbitraria. Ejemplos inocuos de fe se vuelven errores crasos justificados por la fe ciega. Christopher Hitchens escribe sobre un incidente de su niñez que lo dejó marcado. En la escuela una maestra, viuda piadosa, estaba a cargo de los estudios de la naturaleza y de la Biblia. Hitchens recuerda que ella mezcló ambos cuando un día dijo: "Pueden ver, niños, qué poderoso y generoso es Dios. Ha creado todos los árboles y el pasto de color verde, que es exactamente el color más reconfortante para sus ojos. Imaginen si en cambio toda la vegetación fuera morada, o anaranjada, qué horrible sería eso".

Casi todos recordamos haber escuchado tonterías similares cuando éramos niños. Los adultos son culpables de hablar con condescendencia, y no es difícil imaginar que esta mujer, descrita como inofensiva y cariñosa, tuviera algunas ideas religiosas fantasiosas (no más fantasiosas que la noción del cielo como un lugar en que los buenos cristianos un día se sentarán en las nubes a tocar arpas). Pero Hitchens dice que le impresionó tanto lo que ella dijo, que tuvo una epifanía atea.

> Mis pequeñas sandalias se hicieron ovillo de vergüenza hacia ella. A la edad de nueve ni siquiera tenía una concepción del argumento del Diseño, o de la evolución darwiniana como su rival. [...] Tan sólo sabía, casi como si tuviera acceso privilegiado a una autoridad superior, que mi maestra se las había arreglado para tergiversarlo todo en sólo dos frases. Los ojos estaban adaptados a la naturaleza, y no al revés.

La última frase es discutible, pero lo que me impresiona sobre la epifanía de ese niño pequeño es que algo parecido nos sucede en todos en la infancia. El momento llega cuando te das cuenta de que los adultos cometen errores. Ese momento es decepcionante porque la vida es más simple cuando padres y maestros son perfectos, pero también abre el camino a que desarrolles tu propio ser. Con rapidez, Hitchens comenzó a cuestionarse otras "rarezas", como él las llama.

Si Dios creó todas las cosas, por ejemplo, ¿por qué debería ser alabado por hacer algo que sucedió naturalmente? "Esto me pareció abyecto, más que cualquier otra cosa." Si Jesús podía curar a los ciegos cuando quisiera, ¿por qué no curó la ceguera misma? Y acerca de que Jesús arrojaba demonios que habían poseído una piara de cerdos, "eso parece siniestro: más como magia negra". Estas preguntas son precoces, pero Hitchens también tenía otras dudas más ordinarias. "¿Después de tanto rezar, por qué no hay resultados? ¿Por qué tuve que repetir, en público, que yo era un pecador miserable? ¿Por qué el tema del sexo era considerado tan malsano?" Es verdad que estas preguntas inquietantes han llevado a que muchas personas pierdan la fe, aunque eso no significa que no puedan ser respondidas. Hitchens dio el salto a un total bloqueo de la religión gracias a otro incidente escolar: "El director, quien [...] era un poco sádico y homosexual de clóset [...] una tarde nos estaba dando una plática y decía una sarta de tonterías. 'Quizá no vean el sentido de la fe ahora', dijo. 'Pero un día lo verán, cuando comiencen a perder a las personas que aman.'"

Esto puede parecer otro ejemplo de devoción inofensiva y una comprensión correcta de la naturaleza humana. Pudo provenir de un maestro bondadoso que no era sádico ni homosexual de clóset (al parecer, esas etiquetas fueron puestas gratuitamente para poner en duda el carácter del orador). Millones de personas han buscado en su fe consuelo para el dolor. Pero Hitchens recuerda que él sintió una puñalada de indignación e incredulidad. El director básicamente estaba diciendo que "la religión quizá no sea verdad, pero no importa, porque puede ofrecer consuelo. Qué despreciable".

Es bueno volver y reexaminar las ideas que se nos ocurren cuando somos niños, en especial si nos las inspira, como en el caso de Hitchens, una autoridad superior. Pero los niños son impresionables y las experiencias formativas arraigan en ellos. En este caso, aunque Hitchens era un escritor profesional y pensador, nunca se sacudió su primer episodio de indignación. No consideró que la religión pude ser al mismo tiempo reconfortante y verdadera —ambas son mutuamente excluyentes desde su punto de vista—. La incredulidad ciega tiene eso en común con la fe ciega: ambas se convierten en fanatismo al pensar en blanco y negro. (Vale la pena notar que el desprecio y la indignación son el sello distintivo en la carrera como escritor de Hitchens.)

La fe ciega y la incredulidad ciega tienen otras cosas en común. Ambas se niegan a ser puestas a prueba. Las dos condenan a la otra parte. Dependen de fuertes apegos emocionales. La principal diferencia es que la incredulidad disfraza su ceguera detrás del velo de la razón. Por consiguiente, Hitchens dice que la oración "no da resultado". Esto niega a las innumerables personas que declaran que sus oraciones sí han sido respondidas. Una persona razonable lo tomaría en cuenta como prueba. Aunque es un hecho que la mayoría de los artículos sobre la mala fe no se someten a prueba sobre su verdad o falsedad. La Santísima Trinidad, la Inmaculada Concepción, el viaje de Mahoma a Jerusalén en un caballo volador y la subsecuente ascensión al cielo… El llamado de los ateos a rechazar cualquier religión con base en sus dogmas no demostrados olvida lo importante. El dogma es como un pase de entrada o la membresía de un club. La mayoría de la gente nace en una religión y así tiene un pase automático.

Sólo más tarde tienen oportunidad de examinar el lado dogmático de su fe. Entonces surgen tres preguntas prominentes:

¿Qué tengo que hacer? ¿Qué tan importante es? ¿Me afectará? Tomemos los dogmas cristianos más básicos: que Jesús murió y resucitó de la tumba. Ésta no es una creencia que pueda ser demostrada; la aceptas ciegamente si quieres ser un cristiano practicante en casi todas (pero no todas) las Iglesias. Para alguien ajeno, aceptar la Resurrección puede parecer irracional, pero si lo sometes a las tres preguntas enlistadas arriba, este artículo de fe ciega existe por más motivos que su credibilidad para una persona racional.

¿Qué tengo que hacer? Para la vasta mayoría de los cristianos, la respuesta es "nada". La creencia en la Resurrección es pasiva excepto cuando vas a misa, y eso es voluntario.

¿Qué tan importante es? Ésta es una pregunta más ambigua ya que la Resurrección está vinculada al perdón de los pecados, un tema muy importante para los cristianos. También, como un asunto de conciencia, creer en la Resurrección es una prueba bastante fundamental —es difícil que te consideres cristiano si no crees con todo el corazón que Jesús se levantó de entre los muertos—. Incluso en este caso, no se aplica el pensamiento de "o una u otra" del ateísmo militante. La teología moderna hace espacio para la fe que vive al lado de la duda, y hace mucho varias Iglesias se olvidaron de los acontecimientos místicos, como la Resurrección, y se dedican a hacer buenas obras y a vivir una vida moral.

¿Me afectará? Precisamente porque es mística, la Resurrección afecta a los cristianos después de morir, principalmente, e ir al cielo. Sólo entonces descubrirán si Cristo los redimió de sus pecados. Incluso entonces, el dogma no es uniforme. Algunas Iglesias no enseñan

acerca del pecado y la redención, y ponen poco énfasis en el Día del Juicio Final. En pocas palabras, puedes ser cristiano practicante sin que te afecte la Resurrección.

Un dicho evangélico popular afirma que "Dios activa la fe". Si eso es lo que se necesita para que Dios esté presente, entonces lo que está en juego es mucho más que la mínima fe que muchos cristianos sienten. Sin fe, Dios permanecerá inerte: el Todopoderoso, que te ha pedido que tengas fe en cosas que en lo profundo de tu corazón no crees, te ignorará. Rechazo este arreglo de toma y daca. Un Dios que acepta a una persona y rechaza a otra no puede ser divino porque, como hemos visto, sólo estaría imitando la naturaleza humana. En este libro el criterio de la fe es diferente de la aceptación ciega. La fe es una etapa en el camino al conocimiento verdadero de Dios. De acuerdo con esto, la fe ciega es incuestionable pero no fatal; al contrario. Como acto místico, la fe ciega se puede abrir a aspectos sutiles de la mente. Puede conducir a una visión expandida de la realidad y permitir que una persona se vea a sí misma como multidimensional, existiendo en otros planos más allá del físico.

La fe ciega ha servido a muchos propósitos durante muchos siglos. Sin duda el ascenso de la ciencia ha debilitado el poder del dogma. En el panorama general, ha sido para bien. La fe comprobable será mucho más valiosa que la que no se puede comprobar. Es indiscutible el daño hecho por la superstición y la ignorancia en la historia de la religión. En el panorama general, la fe ciega merece ser considerada como mala fe. Pero equiparar la religión con la espiritualidad no es válido. Puedes cuestionar la fe ciega y rechazarla sin dañar tu viaje espiritual. De hecho, te harías mucho bien a ti mismo a lo largo del camino.

Prejuicio discriminatorio

Cuando la religión crea divisiones de intolerancia y odio, es obvio que es culpable de mala fe. Las Iglesias del sur de Estados Unidos —justificando la esclavitud piadosamente antes de la Guerra Civil, y luego haciéndose de la vista gorda frente a la injusticia racial un siglo después— usaron a Dios como una máscara para el prejuicio discriminatorio.

Algunas enseñanzas religiosas de hecho consideran necesario que la fe sea prejuiciosa. Hace varios años estaba conduciendo una investigación para un libro sobre Jesús y busqué los escritos de un papa reciente (cuyo nombre no necesita ser mencionado). Por casualidad revisé la referencia del índice bajo el nombre de Buda y leí la siguiente opinión: "Aunque algunas personas ven paralelismos entre las vidas de Buda y de Jesús, ésta es una creencia falsa. El budismo es una forma de paganismo en la cual creen quienes no han aceptado que Jesucristo es el salvador del mundo". Otro papa, cuando era cardenal, escribió una carta de condena de la meditación oriental que se convirtió en doctrina de la Iglesia, con la premisa de que la meditación alejaba a los católicos de la oración a la Virgen María como intercesora ante Dios. Esta postura reaccionaria me entristeció. Todo esto prevalece en las fes dogmáticas. Todo lo que la Biblia o el Corán condenen —ya sea a los infieles, los homosexuales, los alimentos prohibidos o tratar a las mujeres como iguales— no puede ser cuestionado. La ortodoxia, cuando se convierte en prejuicio discriminatorio, se enorgullece al ignorar el cambio de los tiempos. Sus actitudes nunca evolucionan más allá de la fecha de las escrituras antiguas.

La intolerancia religiosa debe ser manejada en toda sociedad y no permitirse que dañe a otras personas. La mayoría de los creyentes no sienten que se trate de un problema que los afecte. Los tribunales estarán ahí para ordenar las transfusiones sanguíneas para niños muy enfermos por encima de la objeción religiosa de sus padres o para defender los derechos de la mujer. La religión, en todas sus variedades, entrará en el mercado de las ideas como una voz entre muchas para los cambios de avanzada, como el matrimonio homosexual. A pesar de todo eso, dichos problemas están cerca de nosotros como pruebas de conciencia. Debo manifestar mi propio sentir al respecto. Cualquier forma de pensamiento de nosotros-contra-ellos me parece mala fe. Las religiones se encierran en ideas fijas en las que su Dios es el único Dios por motivos raciales, tribales, políticos y teológicos. Me parece que ninguna está justificada.

Todos conocemos a creyentes verdaderos que rechazan e incluso denigran a otras religiones. El islam radical ha hecho un gran daño a la tolerancia general de todas las religiones, tanto como el antisemitismo lo ha hecho por muchos siglos. Mi objetivo no es imponerle a nadie mi preferencia. La gente sigue siendo prejuiciosa por motivos irracionales; lo mejor que puede decirse es que la religión es sólo un ingrediente en la mezcla. Imagino que la educación familiar fomenta más intolerancia que el catecismo. El prejuicio discriminatorio pertenece mucho más a la base de la cultura religiosa que a sus enseñanzas oficiales. En este sentido, lo sabio es permitir que el prejuicio sea lo que siempre ha sido, una prueba para la conciencia. Cada persona debe decidir sus propios límites; cada uno debe tomar una postura de acuerdo con sus propias circunstancias. Como tema general, el prejuicio discriminatorio es mala fe en su forma más atroz. El hecho se conoce en todas partes, no necesita de mucha discusión.

Por otra parte, hay mucho que decir acerca de la pseudociencia, una forma de mala fe que invade a creyentes y no creyentes por igual. Dawkins y compañía etiquetan como charlatanería la indagación seria de cualquiera si su forma de pensar contradice su limitado estilo científico. A cambio, el ateísmo militante usa de forma incorrecta el método científico para sus propios fines. El término *pseudociencia* cambia dependiendo del ángulo desde el cual lo mires.

La ciencia también necesita de la fe

Puedes decir que la ciencia debería ser atea en el sentido más literal: debería dejar fuera a Dios por completo. Dios no puede ser metido a la fuerza en un modelo científico. No es posible someterlo a las pruebas experimentales, y por ello la afirmación de Dawkins de que Dios no cumple con los rigores de la ciencia es un callejón sin salida. De la misma forma, el universo puede ser medido y explorado sin traer a cuenta asuntos de la fe.

Pero claro que la largamente fraguada enemistad entre la ciencia y la fe es más profunda que el surgimiento de los ateos militantes o sus oponentes declarados, los creacionistas. Su pleito tiene poca resonancia en el laboratorio. Las listas de *bestsellers* no necesariamente reflejan la realidad. Bajo cualquier estándar realista, es pequeño el número de personas que lucharían por un bando o por el otro. A los científicos les angustia más que tantos norteamericanos —de acuerdo con una encuesta, más de la mitad— crean que la creación no podría haber sucedido sin algún tipo de participación de Dios. (Si es que en algo ayuda, imagino que esta creencia es pasiva, tanto como creer en los ovnis o en el yeti.)

El motivo más profundo por el cual la ciencia confronta a la religión en la actualidad es que la realidad se ha vuelto muy difícil de explicar incluso usando el modelo mecánico más complejo. La rígida línea que dividía la ciencia del misticismo se ha vuelto irremediablemente borrosa. ¿El universo podría estar tan vivo como nosotros? ¿Puede ser capaz de pensar? Un indicio proviene de una frase del físico británico David Bohm: "En cierto sentido el ser humano es un microcosmos del universo; por lo tanto, lo que es el ser humano es una pista del universo". Los humanos siempre hemos visto a la naturaleza como un espejo de nosotros mismos. Si en realidad somos un microcosmos, entonces el macrocosmos —el universo en toda su extensión— debe ser visto en función de lo que nos hace humanos.

De pronto uno ve una serie de libros escritos por físicos acreditados que están a favor de un universo consciente, un universo vivo e incluso un universo moldeado por la percepción humana. Esto plantea un desafío radical al materialismo científico. Pareciera que Einstein estaba de vena poética cuando declaró que deseaba conocer la mente de Dios. Sin embargo, hay una especulación seria cuando Freeman Dyson escribe: "La vida puede haber triunfado en contra de toda posibilidad al moldear un universo para sus propios fines". En otras palabras, ya que el único universo del cual podemos saber algo llega a nosotros a través de nuestras mentes, puede ser que nuestras mentes le den forma a la realidad. Un filtro rojo hace que todo se vea rojo, y si otro color existe no se puede conocer mientras estés viendo a través del filtro rojo.

Ver a través de la mente humana es más complejo que ver a través de una pieza de vidrio de color, pero se aplica la misma limitación. Nuestra mente ve que un jugador de beisbol da un *home run* y, al ser lineal, percibe que el bat debe golpear la pelota antes de que cruce la valla. La causa y el efecto lo dicen todo. Pero por la física cuántica sabemos que un nivel más profundo del tiempo va hacia atrás, y que la causa puede ser asignada después de que sucede el efecto. Así que es posible que la causa y el efecto no existan sin una mente orientada a ver las cosas de esa manera. Si estás casado con un tipo de materialismo obsoleto, semejante afirmación suena absurda. El hábito de ver en el espejo de la naturaleza deja de tener sentido cuando todo "allá afuera" está formado por pedazos de información, puras migajas en vez de hogaza.

Necesitamos ser claros acerca de un punto muy básico: el universo visible no es el mismo que existe en realidad. Cuando los objetos sólidos son reducidos a átomos y luego a partículas subatómicas, dejan de ser sólidos. Son nubes de potencialidad. Como la definen los físicos, la potencialidad no es materia ni energía, sino algo por completo intangible, sin importar lo sólida que sea una montaña o lo poderoso que sea un rayo. Las partículas en ese estado ya ni siquiera son partículas. No tienen una localización específica en el espacio; en cambio, cada partícula emerge de ondas cuánticas que se pueden extender infinitamente en todas direcciones. Incluso si Dawkins pudiera rescatar la noción de que lo que ves es el punto de referencia de lo que es real, las más recientes teorías del cosmos proponen que sólo cuatro por ciento del universo está hecho de materia y energía que puede ser medible; el restante 96 por ciento consiste en la llamada materia y energía oscuras, de las cuales entendemos muy poco. No pueden ser vistas, sólo inferidas.

El físico Joel Primack, quien se especializa en cómo está construido el universo, ofrece la imagen de un pastel helado, un "desierto cósmico" con una composición que asombraría a cualquiera. La mayor parte del pastel, 70 por ciento, es energía oscura, emparedada entre materia oscura (25 por ciento), al igual que el pastel de chocolate y el helado. Primack escoge el chocolate porque es oscuro, pero en realidad la materia y la energía oscura nunca han sido observadas. Esto deja sólo cinco por ciento del cosmos que puede verse. La mayor parte de eso (4.5 por ciento del total) está ocupado por átomos de hidrógeno y helio en circulación, junto con varios átomos mezclados en el espacio sideral: llamemos a esto el glaseado. Toda la demás materia visible, que incluye miles de millones de estrellas y galaxias, es como una espolvoreada de canela en la parte superior del pastel. En otras palabras, el universo en el cual basan la realidad los materialistas cuenta como 0.01 por ciento del desierto cósmico.

Todas las pruebas apuntan en una dirección: necesitamos un nuevo paradigma que explique el cosmos. Tenemos que aceptar, primero y sobre todo, que lo último en lo que debemos confiar es en los cinco sentidos. Más que eso, incluso las amadas teorías como la de la relatividad se han vuelto drásticamente inestables. La energía oscura está ensanchando el espacio entre galaxias a una velocidad más rápida que la de la luz. Así que *algo* situado más allá del tiempo y el espacio sirve como la fuerza máxima para la creación y la destrucción en el cosmos, y sea lo que sea, será tan invisible como la mente, Dios, el alma y la conciencia superior.

Durante décadas, el claridoso biólogo británico Rupert Sheldrake ha trabajado con una visión valiente para producir un nuevo paradigma, lo que lo ha convertido en un pararrayos para los materialistas que no pueden tolerar la noción de que lo invisible puede ser real. Sheldrake escribió un artículo revelador sobre por qué la mala ciencia es como la mala fe:

> La mala religión es arrogante, mojigata, dogmática e intolerante. Y también la mala ciencia. Pero a diferencia de los fundamentalistas religiosos, los fundamentalistas científicos no se dan cuenta de que sus opiniones están basadas en la fe. Piensan que saben la verdad. Creen que la ciencia ya ha resuelto las preguntas fundamentales. Aún se necesita resolver los detalles, pero en principio se saben las respuestas.

Ésta es exactamente la postura de Dawkins; él y su séquito persiguen una fe basada en el cientificismo, la creencia de que el método científico un día resolverá todos los problemas.

Como una marca de la fe, el cientificismo parece más atractivo que, digamos, el creacionismo, el cual niega la evolución del universo y de la vida en la Tierra. Pero como señala Sheldrake, el cientificismo tiene el nocivo efecto de suprimir el pensamiento y la investigación en cualquier dirección que no se ajuste a las normas convencionales. "La ciencia, a lo mucho, es un método de investigación de mente abierta, no un sistema de creencias. Pero la 'visión científica del mundo', basada en la filosofía materialista, es muy prestigiosa porque la ciencia ha tenido mucho éxito."

Si la ciencia es un sistema de creencias, como una religión basada en la fe, entonces traiciona sus propios principios. Se vuelve pseudociencia. Pero la persona común —lo mismo que el científico común— no tiene idea en realidad de cuánta fe requiere la ciencia.

Sheldrake escribe: "Estas creencias materialistas a menudo son dadas por hecho por los científicos, no porque hayan pensado críticamente sobre ellas, sino porque no lo han hecho. Desviarse de ellas es herejía, y la herejía daña las carreras profesionales". Sheldrake ha escrito de forma brillante sobre las creencias que todos nosotros solemos dar por sentadas debido al prestigio de la ciencia. Permíteme condensar estas creencias en unas cuantas frases.

La ciencia como sistema de creencias
Por qué debes abrazar la fe

La creencia de que el universo es una máquina cuyas partes funcionales pueden ser explicadas y diagramadas. Una vez logrado esto, obtenemos la Teoría del Todo.

El cuerpo humano también es una máquina, y un día la ciencia comprenderá cada aspecto del mismo, hasta llegar al plano molecular. Una vez que esto se logre, la enfermedad será erradicada. Además, todos los trastornos mentales serán curados con medicamentos.

La naturaleza es mecánica, el producto de actividad fortuita en el ámbito físico. Un día la ciencia nos convencerá de dejar de creer que la vida tiene un propósito innato además de la supervivencia.

La lucha evolutiva por el alimento y los derechos de apareamiento explican cómo surgió el comportamiento humano. El comportamiento moderno es un resultado directo de la evolución darwiniana. Nuestros genes determinan nuestro destino.

La mente puede ser reducida a procesos físicos del cerebro. Ya que estos procesos siguen las estrictas leyes de la química y la física, nuestras vidas son deterministas. El libre albedrío no tiene cabida, o tal vez muy poca.

En este sistema de creencias cualquier cosa que sea tangible tiene prioridad sobre lo intangible. Dawkins pertenece a la tendencia que rastrea el origen de todo aspecto de la psicología humana hasta la selección natural. Esto, también, es fe pura. No hay fósiles del comportamiento, lo cual es una fortuna para Dawkins porque ninguna de sus teorías puede ser probada. Si afirma que Dios surgió como un mecanismo de supervivencia, no hay nada que lo pruebe o refute. El camino está abierto para las suposiciones más rocambolescas. Teoricemos que las mujeres del Paleolítico comenzaron a usar collares porque de esa forma atraían a machos más poderosos, quienes más tarde les llevaron a esas mujeres un trozo extra de carne de mastodonte, a diferencia de las mujeres que sólo usaban aretes. La marca de Dawkins de psicología evolutiva rastrea el origen del comportamiento a nada más que historias inventadas como ésta.

A menos que tengas fe en que Darwin debe aplicarse a todo lo que pensamos y hacemos, es obvio que su teoría no es satisfactoria. La selección natural significa que un rasgo particular te hace mejor para conseguir comida o pelear por una pareja. ¿En qué sentido el acto de pintar en las cuevas alcanza cualquiera de esas dos metas, el amor de una madre hacia su bebé o el placer que obtenemos de la música? El público general no tiene idea de qué tan rígidamente está arraigada la creencia en la psicología evolutiva. Los devotos fanáticos son acusados, con justa razón, de ser retrógrados y pensar en Dios como algo dado por hecho que debe ser verdad. Ya que Dios debe existir, un fundamentalista cristiano puede ver la mano de Dios en accidentes de avión, huracanes o en el divorcio de una estrella de Hollywood. Cualquier cosa puede ser acomodada para encajar en su esquema de pecado y condenación.

Se supone que la ciencia es lo diametralmente opuesto a lo retrógrado, aunque para Dawkins los aspectos más improbables del comportamiento humano se vuelven mecanismos de defensa. Sonrío al leer la ocurrencia de Oscar Wilde: "Siempre perdona a tus enemigos. Nada los enoja tanto como eso". Nadie puede probar que el humor se desarrolló en nuestros ancestros por medio de una mutación genética al azar. ¿Y cómo fue que esa mutación los ayudó a sobrevivir? Quizá se volvieron mejores para ligarse a las chicas en los bares para solteros de la Edad de Piedra. Cuando se burla de la fe por no estar basada en los hechos, Dawkins podría dirigir la misma acusación a su propio campo de acción.

Sheldrake analiza amplia y minuciosamente las suposiciones no demostradas del materialismo en su libro *Science Set Free*, que va hasta el fondo y desmantela una visión del mundo que está muy deteriorada. Es realista acerca de los defectos de la naturaleza humana: "Tanto en la religión como en la ciencia, algunas personas son deshonestas, explotadoras, incompetentes y exhiben otras fallas humanas". Pero su conclusión es que la ciencia está siendo frenada por "suposiciones antiguas que se han endurecido y se han vuelto dogmas".

¿En realidad eso afecta lo que pensamos sobre Dios? Sí, muy directamente. Un universo que no tiene sentido no puede ser divino. La actividad fortuita debilita todo sentido de propósito. Una mente que surge de la actividad electroquímica no puede conocer la revelación o la epifanía. Hay que elegir una cosa u otra. Para mí, es evidente que la experiencia espiritual existe, que actuamos por voluntad propia y que nuestras vidas significan algo. Uno podría afirmar, con profunda convicción, que la "religión natural" surgió de la experiencia humana a lo largo de los siglos.

Lo anterior significa que la ciencia también tiene todo el derecho de ser un sistema de creencias. Lo único que uno puede pedir es que los científicos admitan sus artículos de fe. La ciencia no describe la realidad, porque ninguna escuela de pensamiento ha probado que el universo físico es real. (Incluso Stephen Hawking, que no cree en Dios, ha confirmado esto.) Suponemos que las cosas físicas son reales basados en la información que entra por los cinco sentidos. Pero eso es lo mismo que decir que aceptamos la realidad subjetivamente. Sin vista, oído, tacto, gusto y olfato no hay realidad para la experiencia.

El sorprendente resultado es que Dios está en el mismo terreno que las estrellas, las galaxias, las montañas, los árboles y el cielo. Ninguno de éstos puede ser validado objetivamente. "Esta roca se siente dura" no es más verdadero que "siento el amor de Dios". Pero no es menos verdadero tampoco, ya que sentir es un modo seguro de navegar por el mundo. Si es confiable sentir que el fuego es caliente y que no deberíamos tocarlo, entonces también se puede afirmar que sentir el amor de Dios es confiable. Lo que lo hace parecer poco fiable es sólo un cambio en la visión del mundo. Todos estamos imbuidos de la visión materialista del mundo; por lo tanto, la suposición de que las experiencias espirituales son irreales se ha vuelto un artículo de fe.

La gran pregunta "¿qué es la realidad?" aparecerá de manera prominente en las siguientes páginas, cuando lleguemos al tema del verdadero conocimiento de Dios. Todos nosotros, ya seamos científicos o creyentes, estamos guiados por la realidad. A donde sea que nos lleve debemos seguirla. El descubrimiento de los fósiles cambió la fe para siempre ya que llevó a la mente hacia un nuevo modelo de realidad. En este momento, lo mismo está sucediendo gracias a los descubrimientos en todo tipo de campos, incluyendo los de la biología, la física, las neurociencias y la genética. Se está formando un nuevo modelo de realidad, y a cambio él nos está formando a nosotros.

Pero el cambio no ha anulado una frase antigua de la Biblia: "Porque tal como es su pensamiento en su corazón, así es él" (Proverbios 23:7). En otras palabras, somos lo que nuestros pensamientos han hecho de nosotros. Mi amigo Eknath Easwaran se hacía eco de esta frase al hablar de la fe como el centro invisible que está dentro de cada uno de nosotros. Incluso más antiguo que la Biblia hebrea es el concepto de *shraddha*, que generalmente se traduce como "fe" pero que incluye todo aquello que apreciamos, por lo que luchamos e imaginamos. San Juan de la Cruz escribió: "En el ocaso de la vida, seremos juzgados en el amor". En su mundo de devoción católica, el universo fue creado como un regalo del amor de Dios, y nuestra respuesta a ese regalo indica nuestro mérito para recibirlo. Sin embargo, no hay necesidad de traducir esta verdad en términos religiosos. *Shraddha* nos dice que vivimos por lo que amamos. Amar a Dios no es diferente de amar la ciencia, si eso es lo que da forma a tu vida en su centro.

En la mala fe insistimos en que nuestras creencias deben definir la realidad para todos. En la buena fe, aprovechamos al máximo lo que amamos y deseamos lo mismo para todos. En el Bhagavad Gita, el Señor Krishna muestra una confianza sublime en el poder de la realidad para conducirnos hacia donde tenemos que ir: "Conforme la gente se acerca a mí, los conduzco hacia mi amor. Todos los caminos conducen hacia mí" (Gita 4:11). Llamo a esto el poder de la realidad y no el poder de Dios, ya que una deidad omnipresente debe estar dentro de cada grano de realidad, expresándose a sí misma lo suficiente a través de cada experiencia. ¿Misticismo puro? Sólo si decides no ponerlo a prueba. El uso más elevado del libre albedrío es ver si de hecho conduce a Dios. Krishna limita sus poderes al decir que si una persona no escoge un camino, no hay nada que Dios pueda hacer. Por fortuna, el secreto de la naturaleza humana es que todos nosotros seguimos el camino que más amamos.

Por ahora, la fe es una estación en el camino. Eknath Easwaran observó su propia vida con mucha profundidad y creyó en algo más: cuando una persona está dedicada con fe total, alcanza el objeto de devoción. No importa que haya encontrado esta idea en el Gita. Lo que importa es que su vida fue lo suficientemente larga —y lo suficientemente plena— para probar que es verdad.

El plan secreto de la sabiduría

La fe hace que la vida sea mejor. Ésta es la propuesta que se nos hace. A primera vista, la propuesta parece cuestionable. Muy a menudo la fe no otorga las recompensas que nos han prometido una y otra vez. La fe que deja las manos vacías puede llevar a la desilusión o a un corazón roto. Se me ocurre un ejemplo conmovedor. El mundo se quedó estupefacto cuando las cartas de la Madre Teresa, que habían sido retenidas por la Iglesia por mucho tiempo, salieron a la luz en 2007. La diminuta monja albanesa había muerto diez años antes. Su trabajo con los pobres de Calcuta la convirtió en un modelo de caridad cristiana mucho más allá de los límites del catolicismo. Algunos experimentos psicológicos realizados en Harvard utilizaron películas de la Madre Teresa cargando en brazos a bebés huérfanos enfermos y las mostraron a grupos de sujetos. El simple hecho de ver estas imágenes provocó cambios psicológicos benéficos en los espectadores, bajó su nivel de presión sanguínea y disminuyó el estrés.

De pronto sus cartas revelaron que esta santa estaba resquebrajada por las dudas, las cuales la habían atormentado al principio, a la mitad y al final de su carrera. La antes llamada Agnes Bojaxhiu recibió el Premio Nobel de la Paz en 1979, pero ese mismo año escribió una carta a un cura con un mensaje desolador: "Jesús tiene un amor muy especial por ti. En cuanto a mí, el silencio y el vacío son tan grandes que miro y no veo; oigo y no escucho".

Aquellos que hicieron campaña para lograr que la Madre Teresa fuera canonizada, aseguran que sus dudas hacen de ella un ejemplo mucho más heroico de la fe. (Su lucha espiritual era tan extenuante que usaba un cilicio o ropa interior áspera, cuya incomodidad recuerda a quien la viste el sufrimiento de Cristo.) Pero si tomas las cartas al pie de la letra, la Madre Teresa tenía un complicado dilema. Trataba de vivir de acuerdo con el ideal cristiano, pero se sentía desconcertada cuando Dios no la escuchaba ni le respondía. Dios nunca le mostró su presencia a la gran devota, y por eso ella tuvo que enfrentar una profunda decepción y (como señalan con alegría algunos ateos) un escepticismo no resuelto sobre la verdad de la religión.

Cuando la fe es grande, la duda nunca está lejos. Demasiadas cosas están en juego. Incluso, aunque ella era una gran personalidad y modelo de una inmensa compasión, la "santa de las alcantarillas" no era diferente de los creyentes ordinarios que sienten que Dios los ha abandonado. La historia de la Madre Teresa refuerza mi convicción central: la fe tiene que mejorar tu vida para ser válida. El legado de la religión puede ser visto desde lejos, en un horizonte de grandes épocas históricas, pero finalmente se reduce a cómo le ha ido a la gente de fe, una por una. Si vivir una vida santa al servicio de los demás te deja en un estado carente de Dios, tu bienestar no ha mejorado. Si aferrarte a la religión crea las bases de la intolerancia —y, más aún, de la tortura y la guerra— entonces un mal ha sido incubado en el mundo. La propuesta de que la fe conduce a una mejor vida fracasa.

Lo que salva a la fe de este análisis desalentador es una fuerza contraria: la sabiduría. La sabiduría respalda la fe porque ambas son cosas invisibles. Ambas deben ser probadas por una persona a la vez para saber si son válidas. Cuando decides vivir en la buena fe, ¿qué sucede después? La vida sucede entre el desayuno y la cena. Lo que piensas, dices y haces tiene que convertirse en algo valioso. La sabiduría se aplica justo en el tema del valor. Para cada bifurcación en el camino, por más pequeña que sea, se necesita una decisión. Las tradiciones de sabiduría del mundo proveen una guía, basada en miles de años de experiencia humana, sobre qué decisiones mejoran más la vida. Permíteme darte una idea de hacia donde apunta la sabiduría.

Decisiones sabias
Las decisiones que forman una vida consciente

Cuando estés temeroso y ansioso, no confíes en la voz del miedo.

Cuando estés en una situación caótica, encuentra la manera de traer el orden y la calma.

Cuando te enfrentes con un conflicto de enojo, no tomes ninguna decisión hasta que la ira se haya apagado. Cuando encuentres resistencia a tus ideas que tanto aprecias, considera el punto de vista de aquellos que se resisten a ti.

Cuando estés tentado a condenar a alguien, fíjate en si lo que odias en ellos está escondido dentro de ti.

Cuando tengas un problema, decide si deberías soportar la situación, tratar de arreglarla o alejarte de ella. Después de decidirlo, actúa en consecuencia.

Cuando sepas la verdad, defiéndela.

Éstos son sólo algunos ejemplos de la sabiduría en acción; se aplican a situaciones cotidianas en vez de a grandes temas espirituales. Hay una historia en la tradición védica sobre un joven que fue en busca del secreto de la abundancia. Viajó muchos meses por el campo hasta que un día, en lo profundo de un bosque, encontró a un maestro espiritual y le preguntó cómo convertir sus sueños en realidad.

"¿Qué es lo que quieres en realidad?", preguntó el maestro.

"Quiero tener una riqueza inconmensurable, pero no por motivos egoístas", replicó el joven con seriedad. "Quiero usarla para ayudar al mundo entero. Por favor, ¿puedes decirme el secreto para crear semejante abundancia?"

El maestro asintió:

En el corazón de cada ser humano existen dos diosas. Lakshmi, la diosa de la riqueza, es generosa y hermosa. Si la adoras te concederá tesoros y riquezas, pero es caprichosa y también puede retirarte sus favores sin avisar. La otra diosa es Saraswati, la diosa de la sabiduría. Si veneras a Saraswati y te dedicas a la sabiduría, Lakshmi se pondrá celosa y te prestará más atención. Cuanto más busques la sabiduría, Lakshmi te perseguirá con mayor celo y te colmará con riqueza y abundancia.

Este consejo va más allá de las máximas comunes de sabiduría que podríamos escuchar hoy en día, como "Haz lo que amas y el dinero llegará" o "Persigue tu felicidad". Las lecciones de sabiduría no siempre son maravillosas y lo que amas puede cambiar. En un nivel más profundo, dedicarte a Saraswati o a la sabiduría implica conectarte con quien realmente eres, y de esta forma descubrir y usar lo que es único de ti. Dentro de ti se encuentra el camino hacia la plenitud. Si en cambio tomas un camino externo, todas las recompensas de dinero, estatus y posesiones pueden terminar siendo inútiles porque no te has conectado con lo que te haría sentir verdaderamente pleno. Pero decirle a alguien que el dinero no compra la felicidad es en vano: lo que sí compra es suficiente. El problema real es la programación mental. Si no tienes otra impresión mental que el materialismo, el camino menos transitado ni siquiera existe para ti. Lo destruyeron para construir una autopista hacia el centro comercial.

Al igual que pasa con Dios, la sabiduría es válida sólo si se practica día con día. Pero la sabiduría tiene metas de largo alcance, y ésas también son resultado de las decisiones. Toda tradición espiritual valora la meta de la paz sobre el conflicto, el amor sobre el miedo, la comprensión sobre el juicio, el bien sobre el mal. El motivo por el que fracasamos en lograr estas metas de largo alcance no es una falta de visión. Las bibliotecas están repletas de volúmenes con enseñanzas de sabiduría. El fracaso se debe a las decisiones de corto plazo que hacemos cada día. Dan forma a nuestro comportamiento, actitudes, creencias e incluso a nuestros cerebros.

El cerebro está predispuesto, de una forma sorprendente, a tomar decisiones que favorecen la bondad, y desde una edad increíblemente temprana. Pruebas sólidas de esto han sido reunidas por el Infant

Cognition Center de la Universidad de Yale, donde les hacen pruebas a los bebés para ver si tienen un sentido moral innato. En un experimento se le muestra al bebé una escena representada por tres muñecos. Uno está tratando de abrir una caja, pero la tapa es demasiado pesada para que él la levante solo. El muñeco de la derecha lo ayuda y juntos abren la caja. El muñeco de la izquierda se niega a ayudar y da un golpe sobre la tapa.

Después de que el bebé ha visto este pequeño drama, le ofrecen una opción. ¿Quisiera jugar con el muñeco "bueno" o con el muñeco "malo"? Más de ochenta por ciento de las veces, los bebés escogen el muñeco bueno. Son bebés de hasta tres meses de edad. De forma parecida, un infante que apenas ha superado la etapa del gateo ve que su madre deja caer algo al piso, y él voluntariamente lo levanta y se lo da. Podemos especular de dónde proviene esta predisposición al buen comportamiento, pero constituye la semilla de la sabiduría. La situación no es tan simple como que los bebés son siempre buenos. El laboratorio de bebés de Yale también lleva a cabo un experimento en el que se castiga a un muñeco "malo", y los bebés muestran una tendencia a estar a favor del castigo en vez de perdonar al muñeco malo. Desde la infancia tenemos una predisposición a no perdonar. Esto puede ser la semilla del pensamiento nosotros-contra-ellos, el cual algunos investigadores piensan que también es innato.

La semilla de la bondad, si es que va a crecer, toma años de enseñanza y experiencia. Nutrir la bondad sucede de manera invisible, y debes tener fe para seguir adelante. Al ver desde fuera la época en que vivimos —como el proverbial aterrizaje de una nave marciana para examinar a la especie humana— observamos que las cosas altamente visibles, como la guerra, el crimen y la violencia, superan a la sabiduría. El nuevo gran salvador es la tecnología, y si 80 por ciento de los graduados universitarios en China son ingenieros, eso muestra que la sociedad china tiene una gran visión a futuro. Pregunta a quien sea cuál cree que es la solución al calentamiento global, la sobrepoblación o la pandemia de SIDA (escoge lo que te parezca más devastador), y lo más seguro es que dirán que sus esperanzas están puestas en un adelanto científico futuro. En verdad es minúsculo el número de personas que esperan que seamos salvados por la sabiduría.

Sin embargo, eso es de poca visión a futuro. A pesar de la perfidia de la historia, la sabiduría ha prosperado en la lucha en contra de la estupidez humana. La naturaleza de la sabiduría es que se reúne desde el interior, creando un cambio en la dirección de la conciencia superior. Somos criaturas visionarias. Nuestro instinto es movernos hacia la luz. ¿Qué quiere decir el poeta William Blake cuando dice: "Y por toda la eternidad yo te perdono, tú me perdonas"? La declaración es una tontería si te enfocas en la guerra y el conflicto que contaminan la historia con sangre. Pero si estás convencido de que la bondad prevalece, eso es sabiduría. Cuando la familia Frank se escondía de los nazis que ocuparon Ámsterdam y cazaron a la población judía, Anna Frank escribió en su diario: "A pesar de todo, creo que las personas en el fondo son buenas". ¿Resulta eso creíble cuando sabemos que la Gestapo más tarde encontró a la familia Frank y la envió a morir en Auschwitz, en el último tren que salió de Holanda? En los campos de concentración, los prisioneros morían de los horribles experimentos médicos llevados a cabo por sádicos como Josef Mengele, el "ángel de la muerte de Auschwitz", aunque con su último aliento algunos individuos bendijeron a sus verdugos.

Este comportamiento extraordinario prevalece sobre el dolor y el sufrimiento, incluso al enfrentarse la muerte segura.

La sabiduría, en vez de pensar en el bien contra el mal, considera un valor más profundo de la vida. Por ejemplo, estamos aplicando la sabiduría cuando educamos a los niños. Un bebé tiene un estatus absoluto: en una buena familia es objeto de amor incuestionable. Conforme crece el bebé, los padres le enseñan a distinguir el bien y el mal. Pero nunca le dicen al niño: "El hecho de que tú existas está mal" o "Has traído más mal que bien al mundo". No se trata de amor ciego; así es como debe ser el amor. La sabiduría nos lo dice.

La sabiduría es la capacidad de ver más allá de la superficie de las cosas. Ninguna habilidad es tan valiosa. En la superficie, un niño de dos años haciendo un berrinche es exasperante. La madre pone el grito en el cielo en el supermercado y se ve que está avergonzada. La gente se les queda viendo con el ceño fruncido. La madre ve en sus miradas que piensan que es mala mamá o que no puede controlar a su hijo. Éste es un momento de sabiduría, que dice que los niños pequeños deben ser tolerados, guiados y amados por quienes son, y no juzgados por cómo se comportan. Más allá de la apariencia de la situación, la madre comprende que los "terribles dos" son sólo una fase.

Algunas madres no pueden basar sus reacciones en la sabiduría. Se vuelven madres enojadas con el niño. Lo culpan por hacer una escena. Recurren al regaño o al castigo físico. Sus primeros pensamientos son acerca de su propia vergüenza y lo mal que se ven ante los ojos de los demás. En otras palabras, dichas madres están atrapadas en la apariencia superficial de la situación. No pueden ver más allá.

Consultamos a la sabiduría en todo tipo de situaciones en las que no es posible reunir pruebas. La sabiduría ve lo que no aparece a simple vista. Dios es un ejemplo elevado, pero hay muchas situaciones que sólo pueden ser resueltas con sabiduría. Para la mayoría de la gente, la primera persona del Antiguo Testamento que les viene a la cabeza como "sabia" es el rey Salomón. En la leyenda más famosa sobre él, dos prostitutas se le presentan con un pleito irreconciliable. Una de ellas cuenta que dio a luz a un hijo en la casa en la que ambas vivían. Tres días después la otra también dio a luz, pero en la noche aplastó al bebé mientras dormía y éste murió. Se levantó de la cama e intercambió a su bebé muerto por el vivo. No había nadie más en la casa excepto ellas dos. La segunda prostituta dice que todo es mentira. ¿Entonces quién es la verdadera madre del bebé vivo?

Era de esperarse, ya que el rey era como Dios, que Salomón adivinara quién estaba diciendo la verdad. Pero en cambio les puso una prueba:

Entonces el rey dijo: "Tráiganme una espada". Así que le trajeron una espada al rey. Entonces dio la orden: "Corten al bebé vivo en dos y entreguen la mitad a una mujer y la mitad a la otra".

La mujer cuyo bebé era el que estaba vivo se conmovió profundamente de amor por él y le dijo al rey: "¡Por favor, mi señor, déle a ella al bebé! ¡No lo mate!"

Pero la otra dijo: "Ninguna de las dos lo tendrá. Córtenlo en dos".

Entonces el rey dio su fallo: "Entreguen el bebé vivo a la primera mujer. No lo maten: ella es su madre" [1 Reyes 3:24-27].

La Biblia no explica qué hizo que este juicio de Salomón fuera tan sabio, sólo que fue acogido con asombro. "Cuando todo Israel supo del veredicto que dio el rey, le tuvieron gran admiración y respeto, porque vieron que tenía la sabiduría de Dios para administrar la justicia." Actualmente podríamos decir que Salomón entendía la naturaleza humana. Sabía que la madre verdadera preferiría renunciar a su bebé que verlo morir. Pero hay algo más. La sabiduría es una sorpresa, desafía la explicación, conduce a un lugar impredecible.

El camino de la sabiduría

Me atrevo a decir que creer en Dios es una marca de sabiduría. Lo que lo hace sabio es nuestra simple propuesta de que la fe mejora la vida. Todos quieren ser felices. En la tradición hindú puedes escoger dos caminos de felicidad. Uno es el camino del placer; el otro es el camino de la sabiduría. El camino del placer está basado en aprovechar al máximo todas las experiencias que nos hacen sentir bien y reducir aquellas que nos hacen sentir mal. Los niños siguen este camino por instinto, no por escogerlo sino por preferir el placer sobre el dolor. El mismo instinto persiste cuando crecemos. Nuestros cerebros están conectados para reaccionar a estímulos dolorosos, ya que los almacenan en la memoria como algo que debe evitarse en el futuro. En la región más primitiva del cerebro, el cerebro reptiliano, las sensaciones básicas de dolor y placer crean una fuerte respuesta física, que es el motivo por el cual nos atraen el sexo, la comida y las comodidades.

El camino de la sabiduría debe superar esta configuración básica. Y lo hacemos todo el tiempo. Un maratonista soporta el dolor con el fin de llegar al final de la carrera. Alguien que se alimenta con prudencia se niega a sí mismo postres ricos y llenos de calorías para mantenerse saludable. Los seres humanos no operamos bajo el principio del placer; somos demasiado complejos como para ser regidos por un simple mecanismo cerebral. Pero vivir de forma prudente no es lo mismo que vivir con sabiduría. Ni la sabiduría se encuentra en dichos como "Todo cae por su propio peso" o "El tiempo sana todas las heridas". Las visiones sabias están basadas en la experiencia colectiva, la cual puede ser de ayuda. Es casi del todo cierto que el tiempo sana todas las heridas y que las situaciones malas, si las dejas, tienden a caer por su propio peso. Pero Sócrates, el hombre más sabio de Atenas, se opuso a otra escuela filosófica, la de los sofistas, porque empacaban la sabiduría y la repartían a sus estudiantes en paquetes. Sócrates sostenía que la sabiduría no podía ser enseñada; de hecho, ésa es su característica predominante.

La sabiduría se descubre dentro de una situación; es escurridiza y cambiante. No puedes confinarla a reglas y proverbios. La mayoría de las veces la sabiduría nos sorprende porque es contraria a la razón y al sentido común. Una parábola budista lo muestra. En la antigua India, un discípulo escucha sobre un gran maestro que vive en una cueva en el Tíbet remoto. Vende sus bienes valiosos y realiza el arduo viaje a través de los Himalayas para encontrar la cueva. Después de varias dificultades, el discípulo llega a la cueva y se postra ante el maestro.

"Me han dicho que tú eres el más sabio de los hombres", dice el discípulo. "Compárteme tu sabiduría. Enséñame cómo ser un iluminado."

El maestro es un viejo gruñón al que le molesta haber sido interrumpido por este intruso. Meneando la cabeza de un lado a otro, responde: "¿Tú crees que la sabiduría se da gratis? Tráeme una bolsa de polvo de oro y, si traes suficiente, te convertiré en un iluminado".

Al escuchar esto el discípulo casi se descorazona, pero reunió valentía y regresó a la India, donde se esforzó para llenar una bolsa con polvo de oro. Pasó mucho tiempo. Luego el discípulo realizó de nuevo el arduo viaje a través de los Himalayas y se postró ante el maestro.

"He hecho lo que me pidió, maestro. He llenado una bolsa con polvo de oro para que me enseñe el camino hacia la iluminación."

El maestro estira la mano. "Muéstrame."

Temblando, el discípulo saca la bolsa de debajo de su capa, el pago por años de esclavitud. El maestro la coge y avienta el oro al aire. El viento se lo lleva en segundos.

"¿Qué? ¿Qué?", grita el discípulo consternado.

"No necesito el oro", dice el maestro. "Soy viejo y vivo en una cueva. ¿No sabes que el dinero no puede comprar la sabiduría?"

El discípulo deja caer la mandíbula; la cabeza le da vueltas. De pronto, el maestro se quita el zapato y golpea con él al discípulo fuerte en la oreja. En ese instante, el discípulo se llena de una claridad total. La verdad lo ilumina. Ha despertado.

Las historias sobre sabiduría a menudo son así: conducen a una conclusión sorprendente porque la mente, atorada en su forma convencional de pensar, debe ser impactada para ver la luz. La versión cristiana, que es mucho menos dramática, está condensada en una enseñanza de Jesús en el evangelio de Mateo (19:24): "Os lo repito: es más fácil que un camello entre por el ojo de una aguja, que el que un rico entre en el Reino de los Cielos". Ambas son acerca de una mente que va más allá de las preocupaciones mundanas. (He contado la historia budista como la escuché, aunque después descubrí que es una amalgama de historias acerca de dos tibetanos ilustres, Naropa y Milarepa.)

El camino de la sabiduría ha sido llamado "el camino sin camino" justo porque no tiene normas fijas. No hay mucho currículum, y lo más frustrante de todo es que no ayuda mucho tener un maestro. El maestro más que nada dice: "He estado donde tú estás ahora. Continúa". El resto es asumido por la fe. Francamente, si hubiera otro camino la mayoría de la gente lo tomaría. El camino del placer tenía que fracasar para que el camino de la sabiduría tuviera una oportunidad. En el budismo, el buscador no puede pasar a la primera etapa hasta que haya renunciado al placer. Este simple hecho fue encapsulado en una doctrina conocida como las Cuatro Nobles Verdades, que comienza con "La vida es sufrimiento". Si desarrollas esta cruel declaración, en esencia se trata de la poca fiabilidad del placer. No hay suficiente placer en el mundo como para prevenir el sufrimiento. Algunos tipos de dolor (como la muerte de un hijo o matar a alguien por accidente) no pueden ser sanadas con dosis extra de placer. La culpa y la vergüenza dejan marcas profundas y permanentes. El pasado deja cicatrices. Y por si fuera poco, el envejecimiento y la muerte son inevitables.

Pero algo más profundo tiene lugar. Lo mismo que arraiga la vida en el sufrimiento también es el camino para salir de él: la conciencia de uno mismo. Somos las únicas criaturas conscientes de que el dolor es inevitable. Podemos prever el dolor futuro, y eso es suficiente para dejar de saborear el placer del presente. Sin conciencia, no puedes sentirte culpable de las cosas malas que has hecho o de las heridas del pasado que te recuerdan tus fracasos. (Como señaló alguien con ingenio mordaz: "No quiero regresar después de haber muerto si eso implica volver a ir a la secundaria".)

La conciencia de uno mismo nos sumerge en el conocimiento de que nacimos para sufrir. Pero al mismo tiempo ofrece una solución: el camino de la sabiduría. ¿Por qué el discípulo se iluminó de pronto cuando el maestro lo golpeó en la cabeza con su zapato? El acto mismo no fue la causa. En cambio, tuvo un golpe de conciencia de sí mismo, en el que se dio cuenta de que estar en el mundo —trabajando, formando una familia, aprendiendo cómo hacer lo correcto— sucede en un nivel diferente a la verdad. Por supuesto que la parábola es simplista. En la vida real, toma años aprender a obedecer el mandato de Cristo de "estar en el mundo sin ser del mundo". La sabiduría es un proceso que crecimiento interno; no se da instantáneamente.

Una vez que aceptas que la vida es sufrimiento, siguen las otras tres Nobles Verdades:

El origen del sufrimiento es el apego.

El sufrimiento puede extinguirse.

El camino para extinguir el sufrimiento tiene ocho partes necesarias.

Las ocho partes necesarias (conocidas como el Noble Camino Óctuple) están unidas por la palabra *correcto*: visión correcta, intención correcta, discurso correcto, acción correcta, subsistencia correcta, esfuerzo correcto, toma de conciencia correcta, concentración correcta. Dejando de lado alguna terminología específicamente budista, como *toma de conciencia*, el asunto central se reduce a una pregunta: ¿qué significa *correcto*? Por desgracia, no hay una respuesta simple. Buda no nos dio un instructivo para el juego de la vida. Su versión de la sabiduría, como cualquier otra, no puede ser reducida a una fórmula con normas establecidas.

Me doy cuenta de que para muchos budistas, al igual que para muchos cristianos, la enseñanza de la sabiduría deriva en algunas contradicciones imposibles. (Puedes esforzarte tanto en ser bueno con los demás, que dejas de ser bueno contigo mismo.) Éste es un gran problema. Cuando miras de cerca la enseñanza de Jesús sobre poner la otra mejilla, con razón muy pocos cristianos la siguen.

> Pues yo os digo: no resistáis al mal; antes bien, al que te abofetee en la mejilla derecha ofrécele también la otra; al que quiera pleitear contigo para quitarte la túnica déjale también el manto; y al que te obligue a andar una milla vete con él dos [Mateo 5:39-41].

Este pasaje del Nuevo testamento cae bajo la categoría budista de hacer y pensar lo que es "correcto", pero seguimos ignorando "no te resistas al mal", justo como los budistas y los hinduistas a veces ignoran la doctrina de Ahimsa, que les dice que no deben lastimar a ninguna criatura viviente. El camino de la sabiduría a menudo desafía el sentido común, la naturaleza humana y el pragmatismo social. De forma rutinaria resistimos el mal, castigamos a quienes hacen el mal y nos negamos a andar una milla más. Es tan ilógico seguir la sabiduría que sólo hay dos opciones: o escuchas las palabras bonitas de los grandes maestros espirituales mientras vives tu propia vida, o reduces sus enseñanzas a simples reglas de moral y conducta.

Ninguna alternativa se acerca a la intención de Cristo o de Buda. No eran moralistas. Eran extremistas que mostraron el camino hacia la satisfacción interior. No estoy condenando a los cristianos practicantes como fracasados cuando se resisten al mal en vez de ofrecer la otra mejilla. No es un fracaso, tampoco, que los budistas reduzcan el Noble Camino Óctuple a una admirable serie de principios éticos definidos. Los seres humanos siempre podemos tener recordatorios para ser pacíficos, tratar a los demás con decencia y actuar a partir del amor, y no del enojo. En comparación, una enseñanza que podría transformar por completo el comportamiento cotidiano es más amenazadora que sanadora. Así que permíteme tomar un momento para defender el camino de la sabiduría en todo su radicalismo. Dado que el mensaje cristiano es tan bien conocido (y ha sido temporalmente desacreditado por los fundamentalistas de derecha), mejor usaré el ejemplo de Buda y su solución para el sufrimiento.

Doctor Buda

Al ver el estado del mundo, nos sentimos abrumados por su caos, el cual parece oscilar entre la locura y la catástrofe. Pero cuando la gente acudió a Buda hace más de dos mil años, llevaba las mismas quejas que nosotros. Se sentían impotentes frente a los desastres naturales, la guerra y la pobreza. No podían comprender un mundo al borde de la locura.

Cuando yo era joven, unas cuantas ideas trascendentales guiaban mi vida. Una de ellas (ahora muy conocida en Occidente) fue expresada por Mahatma Gandhi: "Sé el cambio que quieres ver en el mundo". Como el mundo es tan grande, me llegó la revelación —y también el misterio— de que transformándome a mí mismo podría transformar el mundo. La idea no es original de Gandhi. Desciende de una idea mucho más antigua, rastreable hasta la antigua India védica, que dice: "Tal como tú eres, es el mundo". Esto es lo mismo que decir que el mundo comienza en la conciencia. Buda era famosamente práctico. Le dijo a la gente que dejara de analizar el mundo y sus problemas, y de confiar en los rituales y los sacrificios religiosos.

Al negarse a aceptar una cultura religiosa que se había vuelto rígida y separada de las vidas individuales, Buda era el avatar de la situación en la que nos encontramos hoy en día, en que Dios parece estar desconectado de lo individual. Buda no justificó la red social protectora de la casta sacerdotal con su conexión automática al mundo invisible del espíritu. Por encima de todo, aceptó el hecho inevitable de que cada persona está sola en el mundo. Esta soledad es precisamente la enfermedad que Buda se dispuso a curar.

Su cura era un proceso de despertar, en el que el sufrimiento está enraizado en la falsa conciencia, concretamente en la conciencia atenuada que provoca que aceptemos la ilusión como realidad. Los pasos para despertar han sido llevados a la vida cotidiana por budistas practicantes:

- Medita en el centro de silencio que hay dentro de la mente.
- Observa con detenimiento el contenido cambiante de la mente, y separa cualquier cosa que sustente el sufrimiento y la ilusión.
- Descifra la versión de la realidad que tiene el ego y penetra la afirmación del ego de que sabe vivir correctamente.
- Enfrenta la verdad de que todo en la naturaleza es temporal.
- Desapégate del yo y date cuenta de que el yo individual es una ilusión.

- Toma conciencia de tu ser; supera la distracción de pensamientos y sensaciones.
- Rígete por un conjunto de reglas éticas elevadas cuya base sea la compasión por otras personas y la reverencia por la vida.

Algunas de estas cosas o todas son parte del camino de la sabiduría de Buda, por medio del cual puede curarse la enfermedad del sufrimiento. ¿Entonces cómo es el procedimiento de la cura? Digamos que alguien regresa después de haber estado lejos mucho tiempo; quiere liberarse del dolor y el sufrimiento, y desea sentir que la vida tiene sentido. Esta persona pensaría que la cura budista se ha convertido en algo difícil, complicado y confuso. Cada aspecto tiene sus desventajas:

- Sentarse y tratar de encontrar un centro de silencio va más allá del corto periodo de atención que alcanza una persona común y no encaja en el ritmo acelerado de la vida moderna.
- Observar y examinar el contenido cambiante de la mente toma mucho tiempo y es agotador.
- Confrontar al ego es casi imposible porque le brotan cientos de cabezas por cada una que cortas.
- Enfrentar la verdad de que todo es temporal asusta a las personas.
- Buscar el desapego hace que la gente piense que va a renunciar al éxito y el confort mundanos.
- Regirse por un conjunto de reglas éticas elevadas le provoca ansiedad a la gente, ya que siente que será presa de cualquiera que sea más fuerte, menos moral y capaz de usar la violencia sin culpa o remordimiento.

Incluso si crees que estas objeciones son injustas para el budismo, es difícil traer la sabiduría a un mundo que está construido sobre la ilusión y el sufrimiento. Resolver la violencia por medio del pacifismo no es viable. Desapegarse del materialismo es poco atractivo cuando en todas partes las personas son ávidas consumidoras de bienes materiales. Sin embargo, la genialidad de las enseñanzas de Buda radica en su universalidad, y lo que es universal es lo suficientemente simple para que todos lo comprendan.

En este momento la cura de Buda no es simple, porque tememos estar solos. Al pedirle a la gente que vaya a su interior, parece que el budismo le pide que esté más sola. También nos pide que nos quitemos todas las etiquetas. Las etiquetas funcionan en cosas que puedes ver frente a ti, cosas que ya conoces. Sirven para las gelatinas y los automóviles, pero no para lo invisible. Por lo tanto *alma* y *Dios* son etiquetas falsas. Puedo etiquetarme a mí mismo como indio, esposo y padre, proveedor de familia, ciudadano, y así sucesivamente. Todo esto son cosas que veo y que ya conozco.

¿Puedo etiquetar mi ser interior de la misma forma? No. Para Buda, Dios y el alma son signos de interrogación, porque el que busca a Dios ni siquiera sabe quién es "yo". Nada está más cerca de nosotros que el sentido del "yo", pero si permanece siendo un misterio, ¿qué bien nos hace perseguir grandes misterios? Alguien que busca consuelo de Dios y comunicación con el alma los ha convertido en objetos de seguridad espiritual. No hay comodidad en lo desconocido, y es pura satisfacción de un deseo pensar en Dios como algo que no sea lo desconocido, según decía Buda.

Él era un maestro para diagnosticar las aflicciones del espíritu; comprendía que cuando la gente les rezaba a los dioses hindúes les estaba rezando a creaciones de la mente, y que lo que la mente crea no tiene una verdad duradera. Quizás una persona sea lo suficientemente lista para disfrazar su ego al proyectarlo como una deidad todopoderosa, omnisciente y omnipresente. Pero cada vez que lo conocido se proyecta hacia lo desconocido, algo falso sucede y la verdad se aleja más. La sabiduría respeta lo desconocido. No se distrae por la necesidad incesante de la mente de crear ilusiones placenteras.

Buda era un cirujano radical y eliminaba todas las etiquetas que le daban un nombre a lo desconocido. Naturalmente, la gente que acudía a él para ser reconfortada y consolada se impactaba cuando él proponía una cirugía mayor. Se veían a sí mismos como humildes buscadores de la verdad, la cual escucharían de los labios de Buda. Él sabía que era mejor no satisfacerlos; en cambio, abatía sus expectativas sobre la forma en que funciona la verdad.

La verdad no se encuentra en las palabras, sino que se llega a ella por medio del entendimiento y el descubrimiento de uno mismo.

La verdad no se enseña ni se aprende. Está envuelta dentro de la conciencia misma.

Tu conciencia debe profundizar hasta que lo falso haya sido dejado atrás. Entonces la verdad existirá por sí misma, fuerte y autosuficiente.

Éstas son declaraciones universales aplicables a la vida de cualquiera, aunque las enseñanzas de Buda se convirtieron en presa fácil de la personalidad-ego. Digamos que estás siendo verdadero con tu ser superior —Dios o el alma— al practicar Ahimsa, la doctrina de la no violencia y la reverencia por la vida que se encuentra en todas las tradiciones orientales. Y no sólo ahí: el juramento hipocrático que toman los médicos, que comienza diciendo "Ante todo, no hagas daño", es una expresión de Ahimsa. Pero muy fácilmente Ahimsa puede convertirse en parte de la enfermedad humana en vez de la cura. Siguiendo el camino de la no violencia puedo transformarme en un pacifista odiado por mi país, ya que me niego a protegerlo de sus enemigos. Este odio puede llevarme a ser perseguido y entonces me convertiría en un mártir de la verdad. Me meten a la cárcel —o en el peor de los casos me convierto en un monje que se prende fuego en Vietnam para sacudir la conciencia del mundo— y al final sufro más que si no hubiera aprendido esta verdad llamada Ahimsa.

La red del ego es complicada y las posibilidades negativas que he mencionado han arruinado las buenas intenciones de Ahimsa cuando fue puesto en práctica. Podría escoger otro valor espiritual en su lugar, como el amor. La gente ha matado en nombre del amor y sufrido terriblemente de innumerables formas. Lo positivo siempre está entretejido con lo negativo. La verdad puede causar sufrimiento; puede intensificar las ilusiones del yo separado. ¿Lo bueno de la no violencia supera lo malo? Después de todo, la desobediencia pacífica liberó a la India con Gandhi y condujo a la reforma de derechos civiles en el sur racista estadunidense con Martin Luther King Jr., un seguidor declarado de los principios de Gandhi. Buda no medía la verdad de esa forma. Si fuera suficiente decirle a la gente que no haga daño, la enfermedad humana no necesitaría una cura drástica.

Revolución interior

Buda deseaba extirpar la semilla de la ilusión, no alimentar a la mente con nuevos ideales que sucumbirían a la corrupción. Buscaba nada menos que una revolución interior. Pienso que la revolución interior es la forma más pura y el propósito más alto de la sabiduría, como lo declaran las enseñanzas budistas originales, el Theravada, cuyo objetivo es convertir a la gente, no en budistas, sino en Budas.

La gente moderna anhela algún tipo de transformación interna porque dentro de ella hay un vacío en el que antes moraba Dios. La cura radical de Buda es necesaria cuando no hay nada más que hacer. Llenar el hueco con una nueva imagen de Dios solamente remplaza una ilusión con otra. Algunas personas no estarían de acuerdo. En Mahayana, "el camino más grande" del budismo, la iluminación personal es vista como algo egoísta. Para mí, tratar de convertirme en un iluminado en un mundo de sufrimiento no es correcto moralmente. Una meta diferente —la compasión por todos los seres vivos— surge como un ideal sustituto. El budismo Mahayana plantea sanar el sufrimiento que vemos a nuestro alrededor. Una vida tras otra, a cada Bodhisattva (persona despierta) se le ofrece la opción entre la iluminación personal (es decir, salvarse a sí mismo) y el servicio a la humanidad (posponer su salvación personal). Siempre escoge la segunda. Esto es un altruismo que nunca termina: siendo realistas, el mundo no puede ser salvado por un puñado de seres iluminados, incluso aunque puedan influirlo fuertemente.

Mi mente regresa a lo práctico. No puedo resolver disputas de siglos de antigüedad entre profundos pensadores religiosos. El valor de la transformación interna no depende del budismo y la doctrina correcta. La misma promesa fue hecha por los sabios vedas que vivieron mucho antes que Buda; por Sócrates, quien nació poco después de que Buda muriera, y por Jesús quinientos años más tarde. Cada uno abrió un camino desconocido usando diferentes palabras.

Cuando alcanzas la conciencia superior por cualquier medio, ya no separas lo que es bueno para ti de lo que es bueno para todos. La humanidad contiene la naturaleza de Buda (la fuente de la compasión); el mundo contiene la naturaleza de Buda; el cosmos no es otra cosa que naturaleza de Buda.

El motivo por el que la persona común no puede vivir las enseñanzas de Jesús o de Buda es que dichas enseñanzas dependen de una conciencia superior. De otra forma, al poner la otra mejilla acabarás golpeado mucho peor. Incendiarte a ti mismo para protestar por la guerra de Vietnam será un acto de dolor en vano. Incluso dedicarte a cuidar a bebés huérfanos y enfermos en Calcuta puede traerte una dolorosa desilusión. De hecho, la mayoría de las veces la enseñanza de la sabiduría no puede ser aplicada efectivamente a lo superficial de la vida. Una revolución interna debe ocurrir a lo largo del camino. Al encontrar un nuevo nivel de conciencia, uno resuelve los aspectos negativos de la cura radical de Buda: aislamiento, miedo al desapego, ansiedad por volverse débil y pasivo, la aprensión de que el nirvana será la soledad cósmica.

Para mí, el Noble Camino Óctuple representa una forma de descubrir quién eres realmente al invitar a tu conciencia a mostrar lo que *es* realmente. Muchos budistas practicantes luchan por alcanzar la acción correcta, el discurso correcto o el pensamiento correcto porque son virtudes dichas por una persona iluminada. Pienso que hay una mejor razón para eso. Estos valores son innatos. Son parte de la constitución de cada persona una vez que nos deshacemos de nuestros disfraces. Mencioné Ahimsa para mostrar que tiene trampas ocultas. Esas trampas existen si luchas por ser no violento, si suprimes tu enojo y tu resentimiento, si te disciplinas para soportar el enfrentamiento del mal con el bien. En el fondo sigues juzgándote a ti mismo por albergar la semilla de la violencia, y el juicio personal es la raíz de la culpa y la vergüenza. ¿Cómo es que recordarte a ti mismo ser bondadoso puede resultar en una bondad espontánea? El misterio de la cura de Buda es éste: ya eres aquello que buscas.

Si la gente puede ver que las dolencias humanas son temporales, una estación en el camino hacia la iluminación, creo que la sabiduría le hablaría a los problemas del mundo en formas muy reales. La sabiduría puede guiar tendencias que ya están caminando hacia delante. Ya nos estamos volviendo más pacíficos, por ejemplo. En los últimos cuarenta años, más de ochenta dictadores han sido derrocados. El número de muertes en los conflictos de gran escala, incluyendo las guerras civiles, ha disminuido drásticamente. Incluso fenómenos más generalizados se están moviendo en la dirección correcta. En Estados Unidos, en la década pasada disminuyeron la cantidad de abortos y de embarazos de adolescentes, el uso de drogas entre los jóvenes y los crímenes violentos en general. La sabiduría nos dice que nutramos y guiemos estas tendencias si podemos.

Si necesitas dónde poner tu fe, mira el plan secreto de la sabiduría, que está basado en la elevación de la conciencia. El esquema del futuro es invisible, pero algo importante está abriéndose paso a través de la mente global.

Si la sabiduría prevalece

Un futuro basado en la elevación de la conciencia

La meditación se volverá práctica general.

Las formas naturales de sanación, tanto físicas como psicológicas, serán comunes y corrientes.

La oración será vista como algo probado y eficaz.

Se hablará de la manifestación de los deseos como un fenómeno legítimo.

La gente recuperará la conexión con el espíritu. Los individuos encontrarán en su interior las respuestas a sus preguntas espirituales más profundas.

Surgirán comunidades de fe.

Decaerá la influencia de las autoridades espirituales.

Una tradición de sabiduría crecerá para acoger las grandes enseñanzas espirituales en el corazón de toda religión.

La fe ya no será vista como una desviación irracional de la razón y la ciencia.

Las guerras disminuirán y la paz se convertirá en una realidad social. La naturaleza recuperará su valor sagrado.

Todos los puntos mencionados pueden parecer pequeños pasos comparados con las profundas enseñanzas de Buda sobre la iluminación o con el amor universal de Jesús. Yo siento justo lo contrario. Cada paso hacia delante contiene un indicio de la naturaleza de Buda. Si te percatas de estos indicios y los valoras, se expandirán y en su momento llenarán el hueco del aislamiento y la amenaza de la carencia de significado de la vida. El camino hacia la sabiduría es natural y está abierto a todos. Einstein lo dijo al observar cómo Dios se vincula a la vida cotidiana: "Lo que haya de Dios en el universo funciona por sí mismo y se expresa a través de nosotros". En una frase, Einstein delineó el plan secreto de la sabiduría. La sabiduría es lo divino que funciona por sí mismo y se expresa a través de nosotros.

La sabiduría nos revela secretos antes de que tengamos el derecho de saberlos. Ésa es su belleza. No tienes que rezar para alcanzar la sabiduría o para merecerla. Al igual que el concepto de gracia en el Nuevo Testamento, que cae como lluvia sobre justos e impíos por igual, la verdad máxima simplemente *es*. Cuando podemos tener un atisbo de ello, nos volvemos más reales en nosotros mismos. Es innegable que la apariencia externa de la vida contiene sufrimiento y aflicción. La sabiduría revela que el sufrimiento va y viene mientras que una realidad más profunda nunca cambia. La realidad está basada en la verdad y el amor.

La fe mejora la vida porque en medio del dolor y el sufrimiento necesitamos confiar en que hay algo que es más poderoso. Tu yo presente, si se encuentra despierto, no es tu enemigo o un lisiado o un fracasado. Es Buda queriendo cobrar realidad. Es la semilla de la sabiduría que necesita ser nutrida.

¿Son posibles los milagros?

Los milagros son una liberación dichosa de todo lo que creemos que es posible. Pero tienden una trampa a ambos bandos del debate sobre Dios. Para los creyentes, si los milagros no son reales, entonces Dios quizá tampoco sea real. Para los no creyentes, la trampa es justo lo opuesto: si se puede probar tan sólo una vez que un milagro sucedió, entonces la puerta está abierta para Dios. Parecería fácil validar un milagro y coincidir en que fue real; ése ha sido un esfuerzo constante durante siglos. Pero no puede haber afinidad cuando ambos lados son sordos a los argumentos del otro. Los ateos no están convencidos, sin importar cuántos testigos den su testimonio sobre un milagro. Consideran falsas todas las apariciones de la Virgen María —y de ellas hay cientos—. Creen que todas las sanaciones debidas a la fe son meras coincidencias: el paciente de todas formas se iba a recuperar. Piensan que los poderes psíquicos no tienen ningún fundamento real, a pesar de numerosos estudios controlados que demuestran que sí existen.

Una ventaja de provenir de la India es que sigue siendo una sociedad basada en la fe, y muchas regiones están intactas, ajenas a los efectos del modernismo. Un niño que crece en ese ambiente puede aceptar con facilidad que los sucesos sobrenaturales no son desviaciones de la realidad. Son parte del paisaje, donde Dios impregna cada rincón y cada grieta. Por ejemplo, uno escucha sobre hombres y mujeres santos que nunca comen nada y que no toman agua. Sus seguidores afirman haberlos vigilado de cerca durante años, incluso décadas, sin ver que ningún alimento entrara por la boca de esos santos. Durante dos semanas, en 2010, una división del departamento de defensa indio mantuvo a un yogui, llamado Prahlad Jani, bajo observación en un hospital, con acompañantes durante las 24 horas del día y vigilado por un circuito cerrado de televisión. Jani no comió ni bebió nada durante ese tiempo y no mostró cambios en sus signos vitales ni en su metabolismo. Un equipo de 35 investigadores tomó parte en el experimento, así que no había posibilidad de confabulación o de que fuera una farsa.

Jani —cuyos resultados médicos arrojaron ser como los de un hombre de la mitad de su edad—, tenía ochenta y tres años y vivía en un templo. Sus seguidores dijeron que no había comido nada en setenta años. Los escépticos descartaron los resultados por varios motivos. Algunos señalaron que a Jani le permitían hacer gárgaras y bañarse, lo cual le daba acceso al agua. Otros notaron que había salido de la habitación a tomar el sol, y que los seguidores a veces podían entrar ahí. Ya que los resultados de las pruebas eran médicamente "imposibles", seguro se llevó a cabo algún tipo de trampa.

Cuando un episodio de este tipo se transfiere de una sociedad inmersa en la fe hacia una sociedad inmersa en la ciencia, casi ninguna reacción es posible, excepto la incredulidad. Sin embargo, en Occidente se han documentado el mismo tipo de casos. En el siglo XVIII, una niña escocesa llamada Janet McLeod vivió durante cuatro años sin comer. En 1767 se envió un reporte detallado a la Sociedad

Real de Londres que atestiguaba que el caso era real. Mientras que la Iglesia católica ha amasado sus propios récords de santos que vivieron sin comer o beber, otros casos, como el de Janet McLeod, no han sido vinculados a algo espiritual. De hecho, se consideró que ella estaba muy enferma.

Incluso si te parece que la evidencia es convincente, ¿qué causa un fenómeno tan extraordinario? Cuando a los pocos individuos que han dejado de comer por completo les piden una explicación, no coinciden en sus respuestas. Algunos lo hicieron como un acto de fe; otros dijeron que comenzaron a vivir, espontáneamente, de la luz del sol o de la fuerza vital *(prana)*. Un puñado dejó de comer como resultado de la enfermedad, mientras que un grupo moderno, que se llama a sí mismo *bretariano*, cree que la forma más natural de obtener nutrientes es por medio del aire que respiramos.

Comencemos con "imposible"

Los escépticos férreos no aceptan ninguno de estos informes como nada que no sea fraudulento o ilusorio. En el libro que publicó en 2011 para lectores jóvenes, *La magia de la realidad*, Richard Dawkins dedica un capítulo a los milagros y, como uno esperaría, los aborda con una mezcla de estricta racionalidad y fervor para desacreditarlos. El propósito del libro, como lo dice en el subtítulo, es instruir a sus lectores en "Cómo saber lo que realmente es verdad". Las intenciones de Dawkins se revelan con la advertencia de *realmente*, implicando que hay formas de saber la verdad que parecen válidas pero que no lo son.

Los milagros sirven como lecciones prácticas sobre las fallas de la fe, desde la histeria colectiva hasta la alucinación. De forma metódica, Dawkins afirma que todos los milagros son trucos de magos que trabajan frente a audiencias crédulas. Otras veces los testigos son tan primitivos e infantiles que los fenómenos naturales los maravillan, como en los famosos "cultos del cargamento" que surgieron después de la segunda Guerra Mundial en las islas que rodean Nueva Guinea. Los isleños habían visto que aterrizaban los aviones de los japoneses y de los Aliados y descargaban enormes cantidades de suministros de guerra. Nunca antes habían visto aviones, y la repentina llegada de bienes materiales parecía ser un regalo de los dioses. Cuando los extranjeros desaparecieron después de 1945, los isleños pidieron a sus dioses que trajeran de nuevo el "cargamento", los bienes materiales que habían fluido en abundancia. Para convencer a los dioses, los isleños construyeron réplicas burdas de pistas de aterrizaje y aviones. Había un significado sobrenatural vinculado a sucesos que para nosotros son completamente naturales.

Es cierto que el escepticismo de Dawkins con respecto a los milagros es defendible. Es posible, como él sostiene, que los milagros registrados en el Nuevo Testamento sean tan poco fiables como los de nuestros días, pero han adquirido legitimidad debido al paso del tiempo. (Dawkins no puede refrenar su tendencia a insinuar malos motivos, así que con alegría les dice a los jóvenes que los milagros por lo general están asociados con charlatanes, incluyendo de forma implícita a Jesús y sus discípulos.) Pero imagino que sus lectores poco refinados no detectarán la debilidad de la "prueba" de Dawkins, con la que intenta demostrar que los milagros no existen. Una vez más se basa en probabilidades, justo como lo hace con Dios. Propone que si cualquier otra explicación es más probable que la de ser un verdadero milagro, uno debe aceptar la explicación alternativa.

Cita prominentemente el "milagro del sol", atestiguado por numerosas personas reunidas en un campo abierto en Fátima, Portugal, el 13 octubre de 1917. Miles de personas se reunieron (las estimaciones varían mucho, desde tres mil hasta cuatrocientas mil) porque tres niños hijos de pastores habían predicho que la Virgen María se aparecería al mediodía de esa fecha. Para los niños, que ya habían tenido visiones de ella, la predicción se volvió realidad. Informaron haber visto a María, Jesús y otras apariciones sagradas. Lo que muchos testigos vieron fue algo diferente pero también inexplicable.

El día había estado gris y la lluvia empapaba el suelo y a los impacientes espectadores. De pronto las nubes se abrieron y el sol apareció, no en su brillo usual, sino como una esfera oscura y opaca. Irradiaba rayos multicolores a través del cielo y en todo el paisaje. Luego el sol se movió en zigzag hacia la tierra, y algunos observadores aterrorizados creyeron que había llegado el día del Juicio Final. Después de diez minutos el fenómeno terminó y, como reportaron los periodistas locales, muchos testigos declararon que su ropa y el suelo lodoso se habían secado por completo. Después de una investigación exhaustiva, en 1930 la Iglesia católica reconoció que el milagro era genuino.

Dawkins no puede probar que esos eventos no ocurrieron. Su tarea sólo es declarar categóricamente que son imposibles y luego armar una argumentación. El problema es que "imposible" es justo la suposición que los milagros desmienten. Para tapar esta debilidad, Dawkins vuelve a la probabilidad y le pide al joven lector que considere dos posibilidades: *A)* El sol se comporta como la astronomía afirma que se comporta; *B)* El sol brinca alrededor del cielo y hace las cosas locas que afirman haber visto los testigos de Fátima. ¿Cuál es más probable? Una persona sana y racional debería escoger *A)*, el punto de vista de la ciencia. Él desarrolla una presentación más extensa que esto, al grado de reducir la astronomía a lenguaje infantil, pero no llena el enorme hueco. Los milagros desafían a la ciencia, no la contradicen. La astronomía puede estar en lo correcto 99.9999 por ciento de las veces. Eso no refuta los milagros, y al mismo tiempo el "milagro del sol" no desmiente a la astronomía.

Todo el asunto es un misterio inexorable. *Algo* se ha estado colando en la existencia cotidiana y debe ser explicado. Alguna vez la Historia estuvo del lado de los milagros, los cuales eran aceptados sin ser cuestionados. Ahora el escepticismo es aceptado sin ser cuestionado. Por lo tanto, los milagros son un problema complicado cuando tratamos de enderezar el embrollo que hay en torno a Dios. ¿Deben ser reales para que Dios sea real?

No. Cuando Thomas Jefferson editó su propia versión del Nuevo Testamento, borró los milagros pero retuvo su fe. Entre los cuatro evangelios, el de Juan narra la historia de Jesús sin mencionar los milagros, ni siquiera el alumbramiento de la Virgen y la historia de la Navidad. Se debe tener claro que toda fe contiene denominaciones que aceptan a Dios sin aceptar los milagros. Pero los escépticos usan "sobrenatural" como una palabra de moda para la credulidad ignorante. En su capítulo de "la chabacanería de lo milagroso", Christopher Hitchens se burla de que "parece que la era de los milagros yace en algún lugar del pasado. Si los religiosos fueran inteligentes, o confiaran en sus convicciones, deberían darle la bienvenida al eclipse de esta era de fraudes y engaños".

Sin embargo, la mayoría de los milagros no tienen un jugador estrella que realice trucos increíbles. Jesús fue una excepción. Fue más común la aparición de la Virgen María en el miserable pueblo de Knock en Irlanda occidental en 1879. Dos mujeres que caminaban bajo la lluvia vieron un retablo iluminado que sustituía la pared trasera de la iglesia local. Llamaron a otras 13 personas, quienes afirmaron haber visto la visión durante las dos horas siguientes, cuando María apareció en ropajes blancos y una corona dorada, con las manos en postura de oración. A sus costados aparecieron San José y San Juan evangelista; ante ellos había un altar rodeado de ángeles. Los espectadores iban desde los cinco hasta los setenta y cinco años de edad. La veracidad de su testimonio fue examinado estrictamente por la Iglesia ese mismo año, y otra vez en 1936. Otros habitantes que no acudieron al lugar aseguraron haber visto una luz brillante emanando de la iglesia, y en las áreas vecinas sucedieron varias sanaciones. No había posibilidad de que fuera un montaje. Uno puede elegir olvidarse del asunto y decir que el suceso fue un fraude, una alucinación masiva o un fenómeno que será explicado algún día. Pero, sin duda alguna, todos creyeron en lo que vieron.

Es obvio que Hitchens hace mal en etiquetar los milagros como insignificantes y sensacionalistas. Aun así, es innegable que la religión trae lo sobrenatural a la tierra, por así decirlo, desde su hogar en otra dimensión invisible. San Agustín declaró: "No sería un cristiano si no fuera por los milagros". La carga de la prueba está en los que creen en los milagros: deben mostrar que los milagros pueden existir pacíficamente junto a la razón, la lógica y la ciencia. Ya hemos visto las limitaciones de la lógica retorcida, la razón mezclada con el prejuicio y la pseudociencia. Los escépticos no pueden demostrar que los milagros no existen, y entonces crean atajos para dar la fachada de una prueba. La fe tiene una posición más fuerte, y no es sólo por acumular recuentos de testigos sobre la sanación milagrosa que se extiende hasta nuestros días. La fe ve lo divino en todo aspecto de la creación. Todas las tradiciones de sabiduría del mundo declaran que la suya es la única realidad, la cual acoge cualquier fenómeno concebible. Si los milagros tienen alguna posibilidad, deben encajar en la realidad firmemente al igual que los planetas, los árboles, el ADN y la ley de la gravedad.

Un científico ve una sanación

Afirmar que los milagros existen requiere de dos pasos. Primero, tenemos que derribar la pared que separa lo natural de lo sobrenatural. Por fortuna, eso es bastante fácil, ya que, para empezar, la pared es artificial. La base de todo en el mundo físico es el reino cuántico. Si algo merece ser llamado la zona de los milagros, es este plano de la naturaleza. Aquí, las leyes que hacen los milagros "imposibles" son mutables. Las limitaciones de tiempo y espacio como las conocemos no existen.

Entre los santos católicos modernos uno de los más venerados es el padre Pío (1887-1968), humilde sacerdote del sur de Italia que provocó una conmoción en la Iglesia al reunir enormes muchedumbres y un sinnúmero de creyentes entre la gente del pueblo. Además de sanar a los enfermos, uno de los milagros del padre Pío era la bilocación, es decir, estar en dos lugares al mismo tiempo. Si esto sucediera en el plano cuántico, los milagros serían un asunto simple. Cada partícula del universo también puede cambiar al estado de onda incrustada en el campo cuántico, y en vez de existir en dos lugares a la vez, dichas ondas existen en todos lados al mismo tiempo.

Pero el padre Pío no era un *quantum*; por ello, el comportamiento común al nivel más sutil de la naturaleza no puede ser transferido automáticamente al nivel más burdo en el que vivimos nuestras vidas. Debe haber un segundo paso de prueba, que muestre que la fusión entre lo natural y lo sobrenatural sucede en todo nuestro alrededor. Los escépticos consideran que este paso es imposible, pero eso está lejos de ser así. Los científicos han estado presentes en sucesos sobrenaturales. Ha habido cientos de experimentos controlados sobre fenómenos físicos, por ejemplo. Sin embargo, cuando un científico observa un milagro real, le surge un conflicto interno agudo.

En mayo de 1902, un joven médico francés llamado Alexis Carrel abordó el tren hacia Lourdes. Un amigo, otro médico, le había pedido atender a un grupo de enfermos que iban de camino al famoso santuario en busca de una cura. Normalmente a los moribundos no se les permitía abordar, pero una mujer llamada Marie Bailly se había subido de contrabando. Estaba muriendo por complicaciones de la tuberculosis, la enfermedad de la que habían muerto sus padres. Su estómago estaba duro y distendido por la peritonitis; en Lyon, los doctores se habían negado a operarla debido al grave riesgo que tenía de morir durante la cirugía.

Durante el viaje Bailly quedó inconsciente y le pidieron a Carrel que fuera a su lado. Él la examinó, confirmó el diagnóstico de peritonitis tuberculosa y predijo que moriría antes de llegar a Lourdes. Pero Bailly volvió en sí e insistió, en contra de todo consejo médico, en ser llevada a las piletas de sanación. Carrel la acompañó. El lector adivinará que estoy a punto de narrar una sanación milagrosa: el Expediente 54, el registro médico oficial del caso de Marie Bailly, está entre los más famosos en la historia de Lourdes. Pero la presencia del doctor Carrel hace que la historia sea mucho más enigmática.

Bailly fue llevada en una camilla a las piletas, pero estaba demasiado frágil para ser sumergida en las aguas. Tenía unos veinticinco años y había sobrevivido a un episodio de meningitis derivado de la tuberculosis, lo que ella atribuía al agua de Lourdes. Ahora insistía en que le vaciaran una jarra del agua de la pileta sobre su hinchado abdomen. Carrel, quien era profesor asistente en el departamento de anatomía de la facultad de medicina en Lyon, estaba parado detrás de su camilla tomando notas. Cuando le vertieron el agua sobre su abdomen, el cual estaba cubierto con una cobija, Bailly sintió un dolor caliente, pero pidió que le vertieran agua de nuevo, la cual fue menos dolorosa, y luego una tercera vez, con la que sintió una sensación placentera.

Durante la siguiente media hora, su abdomen distendido se encogió debajo de la cobija hasta quedar completamente plano. No expulsó nada de su cuerpo. Carrel examinó a la paciente. La masa dura y apretada que había detectado en el tren ya no estaba ahí. Después de unos cuantos días Bailly volvió a Lyon para contarle a su familia el milagro. Se unió a una orden católica de caridad que se dedicaba a cuidar de los enfermos, y murió en 1937 a los cincuenta y ocho años. Después de su recuperación, un examen médico reveló que Bailly no tenía signos de tuberculosis; pasó todas las pruebas físicas y mentales.

A pesar de los cientos de miles de visitantes de Lourdes, el número de sanaciones confirmadas y acreditadas por el departamento de salud de la localidad es pequeño. En el caso de Bailly, además de Carrel otros dos médicos fueron testigos de su cura, pero más tarde, en 1964, la Iglesia rechazó que fuera un caso milagroso. El motivo que dio fue que los médicos no consideraron la posibilidad de pseudociesis, o embarazo psicológico. Los escépticos han apoyado ese diagnóstico, aunque los embarazos psicológicos no revelan masas duras en el abdomen cuando un médico las palpa. También es poco probable que Bailly haya convencido a varios médicos de que estaba muriendo si en realidad no lo estaba, o de que su estómago se hubiera aplanado en media hora sin haber expulsado nada de su cuerpo.

Pero quien me fascina es Alexis Carrel, ya que encarna la lucha interior que experimentamos entre la fe y la razón. Habiendo sido testigo directo de la sanación, Carrel volvió a Lyon sin deseos de difundir el suceso. El departamento de medicina de la Universidad de Lyon era sumamente anticlerical. Por desgracia para él, un periódico local cubrió la historia de la sanación de Bailly, la cual se volvió una sensación. Carrel fue mencionado como uno de los testigos y fue obligado a hacer una narración de los hechos. Trató lo más que pudo de ser evasivo, y declaró que lo que vio fue real pero que debió de tener alguna causa natural desconocida. Pero esa actitud no le ayudó. Cuando la facultad de medicina recibió la noticia, un decano le dijo: "Es inútil insistir, señor, ya que con puntos de vista como ése nunca podrá ser recibido como miembro de nuestra facultad. No tenemos lugar para usted aquí".

Incapaz de lograr un nombramiento médico, Carrel emigró a Canadá y luego a Estados Unidos, donde se unió al recién establecido Instituto Rockefeller para la Investigación Médica en 1906. Seguía intrigado por lo que había visto pero no creía en los milagros. Había sido criado en una familia devota y educado por los jesuitas, pero ya no era católico practicante para cuando se convirtió en médico. Otro suceso, fortuito para él y no milagroso, había moldeado su carrera. En 1894, cuando Carrel era un joven cirujano, el presidente de Francia, Sadí Carnot, fue apuñalado en el abdomen con un cuchillo por un asesino. Una vena abdominal grande quedó dañada y no había ninguna técnica quirúrgica para suturar grandes vasos sanguíneos. Carnot resistió, pero murió dos días después.

Eso motivó a Carrel a estudiar la anatomía de los vasos sanguíneos y la forma en que se conectan naturalmente o por medio de cirugía. En 1912 le concedieron el premio Nobel de Medicina por su trabajo. De vuelta en Francia y aún fascinado por la sanación de Bailly, regresó a Lourdes varias veces para ver si de casualidad observaba otro posible milagro y así encontrar una explicación natural. En 1910 presenció que un bebé de dieciocho meses que había nacido ciego de pronto empezaba a ver. Pero nunca pudo resolver satisfactoriamente su perplejidad. Luego de que en 1948 —cuatro años después de su muerte— se publicaron sus memorias en Francia: *El viaje a Lourdes*, Carrel se volvió controversial. La revista *Scientific American* publicó un artículo escéptico en 1994 (que también reseñaba, con admiración, su trabajo con los vasos sanguíneos), aunque fue defendido acaloradamente entre los fieles católicos.

¿Cuál es el lugar de los milagros cuando recobramos la fe? Parecería que son un ejemplo supremo de "lo que crees, lo ves". Los fieles están preparados para aceptar los milagros; los escépticos están preparados para rechazarlos sin pensarlo dos veces. Esto puede parecer obvio, pero podemos profundizar. Si los factores escondidos dentro de tu mente dictan tu percepción, entonces la búsqueda de pruebas sólidas puede ser una pérdida de tiempo.

El problema real es cómo unir lo natural y lo sobrenatural, como quería hacerlo el doctor Carrel. Separarlos es sólo un hábito. La ciencia está hecha para embonar en una caja mental, y los milagros en otra. Ya ha pasado la época en que ambas cajas debían permanecer cerradas. Quiero mostrarte que no tienes que abolir los milagros para tener a la ciencia, es más bien lo contrario. Cuando Einstein dijo que un sentido de asombro y maravilla era necesario para cualquier descubrimiento científico, no estaba diciendo algo a la ligera. En un universo en el que la materia visible conforma sólo 0.01 por ciento de la creación, sería tonto emprender la ciencia sin un sentido de que la realidad es extremadamente misteriosa. La energía oscura existe en el borde de lo incognoscible, al igual que un santo que existe sin comer. La lógica simplista y la ciencia obsoleta aplicadas por Dawkins y compañía no se acercan ni remotamente a cómo funciona la realidad.

En 1905 el papa Pío X declaró que antes de que ninguna sanación fuera confirmada como milagro, se debían llevar a cabo en Lourdes rigurosas investigaciones médicas. A la fecha, después de extensos análisis críticos, 67 curas han sido confirmadas oficialmente como milagros. La última, de 2002, es de un francés que fue sanado de parálisis, un suceso que veinte médicos del departamento de salud de Lourdes calificaron como "extraordinario". Eso está muy lejos de "milagroso", ¿pero en verdad importa? Sería necesario, no calcular todos los supuestos milagros de la historia, de los que hay miles, sino explicar sólo uno. Lo sobrenatural no tiene validez hasta que pueda ser conectado con lo natural; un mundo aparte no satisface a nadie excepto a los creyentes, quienes son el reverso de los escépticos, y aceptan tan fácilmente como rechazan sus opuestos.

Como sólo hay una realidad, ésta es continua. Rebanar la realidad como si fuera una hogaza de pan la hace más comprensible. Las rebanadas que saben a lo sobrenatural pueden ser desechadas. La ciencia ha hecho cortes cada vez más finos, acercándose a la fuente de la materia y la energía. Pero si afirmas que el pan sólo son rebanadas y niegas la hogaza completa, has cometido un error. La analogía puede ser humilde, pero éste es el error que ha cometido la ciencia moderna: ha dividido con genialidad la naturaleza en pequeños paquetes de conocimiento pero ha perdido lo milagroso del todo.

Natural / sobrenatural

La sanación de Marie Bailly puede parecer un evento sobrenatural, pero estuvo rodeada de incidentes cotidianos. Su enfermedad había procedido de manera normal. Estaba a punto de seguir su curso natural que termina en la muerte. De pronto, sin una causa aparente, las costuras de la existencia cotidiana se descosieron. ¿Qué explicación posible tiene sentido? Un indicio de la respuesta fue dado hace décadas por uno de los pioneros cuánticos más brillantes, Wolfgang Pauli, cuando dijo: "Mi opinión personal es que en la ciencia de la realidad futura no habrá 'psíquico' ni 'físico', sino de alguna manera ambos y de alguna manera ninguno". Al usar una palabra que la ciencia evita —psíquico—, Pauli está señalando una especie de misterio fundamental.

El vasto mecanismo físico que llamamos universo se comporta más como una mente que como una máquina. ¿Cómo fue que la mente encontró una forma de manifestarse como el mundo físico?

Esa pregunta nos lleva a la fusión entre lo natural y lo sobrenatural, porque el simple hecho de que *algo* exista es sobrenatural: literalmente, más allá de las leyes del mundo natural.

Los sucesos sobrenaturales, aquí y ahora
Más allá de todas las reglas y explicaciones

- Nadie puede demostrar en qué punto las moléculas simples, como la glucosa del cerebro, se volvieron conscientes. ¿El azúcar de la sangre "piensa" cuando entra en el cerebro? No piensa en un tubo de ensayo. ¿Qué es lo que marca la diferencia?

- Los tejidos sanan automáticamente cuando son heridos o cuando los invaden organismos patógenos. El sistema de sanación de inmediato evalúa el daño y realiza las reparaciones exactas que se necesitan. Desafía toda explicación que una máquina aprenda a repararse a sí misma. Las leyes de la naturaleza dictarían que la avería física es permanente, pero algún tipo de factor desconocido ha cambiado eso.

- Desde el Big Bang, la energía del universo se ha estado disipando, como una estufa caliente que se va enfriando. Esta dispersión de calor, conocida como entropía, es inexorable. Sin embargo, algunas islas de "entropía negativa" han evolucionado. Una de ellas es la vida en la Tierra. En vez de disiparse hacia el vacío del espacio exterior, la luz del Sol que atrapan las plantas verdes comienza la cadena de la vida, aferrándose a la energía y convirtiéndola en formas increíblemente complejas que la distribuyen, la reciclan y la usan de formas creativas.

Es imposible que los sucesos aleatorios expliquen cómo la entropía pudo ser desafiada durante miles de millones de años.

- El ADN nació en un ambiente hostil lleno de calor y frío extremos, gases tóxicos y una tormenta de fuego de reacciones químicas azarosas. A diferencia de cualquier producto químico conocido en el universo, el ADN se resistió a ser degradado en moléculas más pequeñas; en cambio, se construyó a sí mismo en una complejidad mayor y aprendió a reproducirse. No existe una explicación para esta actividad única.

- Todas las células de nuestro cuerpo, miles de billones de ellas, contienen el mismo ADN, pero espontáneamente "saben" cómo convertirse en células de hígado, de corazón y otras células especializadas. En el cerebro del embrión, las células madre viajan a través de caminos precisos, se detienen cuando llegan a su destino y se convierte en neuronas específicas para ver, oír, controlar las hormonas y pensar. Esta habilidad espontánea de "saber" cómo suprimir una parte del código genético mientras que avivan otra es inexplicable.

- El ADN puede revelar el tiempo. Desde el momento en que un óvulo es fertilizado, una sola célula contiene detonantes con fecha de caducidad para que le salgan dientes a los niños, para la entrada a la pubertad, la menopausia y por último la muerte. Está más allá de cualquier explicación cómo todas estas secuencias, que abarcan siete décadas o más, puedan estar contenidas dentro de una sustancia química.

Estos misterios —he seleccionado sólo un puñado entre muchos— claman por una explicación. No debemos perder de vista lo que tienen en común: todos ellos desafían la separación entre lo natural y lo sobrenatural. Si no estás casado con el materialismo, entonces reconocerás que hay un vínculo común entre las islas de entropía negativa, las células del cerebro del embrión que viajan hacia su hogar final, el azúcar de la sangre aprendiendo a pensar y todo lo demás. La inteligencia está trabajando. De forma sorprendente las moléculas "saben" lo que están haciendo, ya sea en la ancestral sopa química de la que el ADN emergió o en la química de tus células cerebrales en el momento mismo en que lees esta oración.

Esto implica una visión completamente radical de dónde comienza y dónde reside la mente. El fundador de la física cuántica, Max Planck, no tenía duda de que con el tiempo la mente se convertiría en un asunto demasiado grande y obvio como para ser ignorado. Vale la pena citar a Planck: "Considero que la conciencia es fundamental. Considero que la materia es un derivado de la conciencia. No podemos ignorar la conciencia. Todo lo que hablamos, todo lo que pensamos que existe, postula la conciencia".

Si la mente está en todas partes, hemos dado un paso enorme para fusionar lo natural con lo sobrenatural. El que una persona como Marie Bailly sea elegida para ser sanada es un acto de inteligencia; sin importar qué tan ocultos estén sus motivos, una vez que la decisión está tomada las moléculas de su cuerpo actúan como se les indica: un milagro natural. El sistema de sanación del cual todos dependemos cuando nos cortamos un dedo o nos da gripe se vuelve un milagro sobrenatural. Pero ninguno puede ser explicado. Así que en teoría no hay motivo por el cual la inteligencia —que guía a las células inmunes a apresurarse hacia donde están las bacterias invasoras— no se apresure aún más para sanar una enfermedad incurable.

En otras palabras, hay una escala variable para la respuesta del cuerpo a la enfermedad. Permíteme esbozar los extremos de esa escala variable, teniendo en mente que *ni una sola fase* puede ser explicada de forma médica, aunque un extremo sea considerado natural y el otro milagroso, es decir, sobrenatural.

El espectro de la sanación

- Un paciente se enferma y se recupera en el tiempo esperado, sin complicaciones.
- Otro paciente contrae la misma enfermedad y se recupera mucho más rápido o mucho más despacio que lo normal.
- Un paciente contrae una enfermedad mortal y muere.
- Otro paciente contrae una enfermedad mortal y se recupera con tratamiento médico normal.
- Pero otro paciente contrae una enfermedad mortal y se recupera sin tratamiento.
- Muy rara vez, un paciente contrae una enfermedad mortal y se recupera de forma inexplicable porque la sanación sucede demasiado rápido para encajar en el modelo médico.

Esta amplia gama de resultados desafía cualquier sistema de predicción. Es tan inestable como los pensamientos, los estados de ánimo y otros sucesos mentales. Cada cuerpo "decide" cómo responder a la misma condición física.

Uno de los misterios cotidianos que la medicina no puede explicar es el control del portador. Cada minuto tú y yo inhalamos millones de microbios, virus, alérgenos y sustancias tóxicas. La gran mayoría viven dentro de nosotros sin causar daño. Nuestros cuerpos los controlan para que no nos dañen. Pero cuando el SIDA destruye el sistema inmunitario, el portador pierde el control y la enfermedad incontrolable estalla en un trastorno autoinmune, como la artritis reumatoide. En cambio, el sistema para proteger al cuerpo se vuelve en contra. Incluso algo inocuo como la fiebre indica que el control del portador ha fallado. En todos estos ejemplos, el colapso es un colapso de la inteligencia. Aunque la mente pervive en cada célula y nada invisible a través del torrente sanguíneo.

La clave está en la conciencia

No es secreta la razón por la cual los médicos convencionales, entrenados para ser científicos, se sienten perturbados cuando se mezcla la mente con la materia. La mente rige el mundo subjetivo, en el cual la ciencia no confía, mientras que la materia es la base para el conocimiento "real". Los pacientes con problemas del corazón sienten todo tipo de dolor, presión y extrañeza acerca de su condición; un angiograma le dice al doctor qué es lo que sucede en realidad.

Se desconfía de la subjetividad por ser variable, individual, cambiante y presa de todo tipo de preferencias. Pero esta desconfianza exhibe un prejuicio extraño, ya que el cuerpo exhibe todas estas cualidades. Los cuerpos son variables y muy individuales. Las decisiones que toman para enfermarse no pueden ser explicadas. La medicina no tiene idea de por qué alguien desarrolla una alergia repentina después de años de no ser alérgico. Cuando tu cuerpo enfrenta un solo virus de gripe, lo que está en juego es imprevisible. (La medicina sabe que el contacto directo con un nuevo virus de la gripe infecta sólo a una persona de cada ocho. No puede explicarse por qué sucede así.)

Estoy seguro de que Planck y Pauli tenían razón al sospechar que la conciencia es algo más que lo que damos por hecho, y que la mente y la materia están unidas de forma indisoluble. Entre los físicos, estos dos no estaban solos. La mente tiene una especie de llave para la naturaleza suprema de la realidad. Una vez que admites que esto es verdad, aumenta la posibilidad de que sucedan eventos milagrosos porque lo no milagroso se ha movido demasiado. Lo natural y lo sobrenatural están imbuidos de las mismas propiedades de la conciencia. Resulta que "sobrenatural" es la etiqueta que aplicamos a las cosas con las que todavía no nos sentimos cómodos. En realidad, la naturaleza va hacia la misma fuente para crear una galaxia que a la que vamos nosotros para pensar en una rosa. El campo de la conciencia acoge a ambos.

Creación consciente
Lo que se necesita para que cualquier cosa suceda

Inteligencia.

Intención.

Atención.

Un puente entre la mente y la materia.

Un observador.

Una conexión entre los sucesos de "aquí adentro" y los sucesos de "allá afuera".

Todos los elementos de esta lista se encuentran dentro de nuestra conciencia. Como seres conscientes los usamos cada día, casi sin darnos cuenta por completo de lo que estamos haciendo. Si tienes que resolver un problema matemático, puedes seleccionar un aspecto —inteligencia— y enfocarlo en el problema. Si tu mente se desvía de una tarea, puedes seleccionar otro aspecto —intención— para combatir tu ánimo distraído. Así que no necesitas ir a ningún lado fuera de ti mismo. Posees todo lo que se necesita para que lo milagroso conviva en paz con lo racional. Lo esencial es que la realidad es participativa. Nada es real para nosotros fuera de nuestra experiencia de ello, y la experiencia es un acto creativo consciente.

En principio esto suena extraño. ¿Cómo estoy participando cuando veo las estrellas en la noche? El acto parece pasivo. De hecho, ver las estrellas —o cualquier cosa— requiere tener todos los ingredientes de la lista:

Inteligencia: Sé qué es lo que estoy viendo y puedo pensar sobre eso. Los microbios y las plantas existen bajo las mismas estrellas pero son (se supone) incapaces de pensar sobre ellas.

Intención: Me enfoco a propósito en las estrellas. Las veo en particular, a diferencia de una fotografía que retrata los objetos indiscriminadamente pero sin destacar ninguno.

Atención: Enfoco mi mente de forma consciente. Si mi atención está en cualquier otra parte —caminando de regreso a casa en la oscuridad, mientras escucho música en mi iPod y me pregunto quién está caminando detrás de mí— las estrellas pierden mi atención.

Un puente entre la mente y la materia: Las experiencias no pueden suceder sin el procesamiento del cerebro. Nunca se ha explicado cómo los fotones de luz de las estrellas se convierten en una imagen visual en la mente. Sin embargo, es innegable que estoy experimentando las estrellas, así que *algo* está tendiendo un puente entre lo puramente mental y lo físico.

Un observador: Sin mí, un observador, no hay prueba de que las estrellas existen. Por eso Heisenberg declaró que la conciencia es algo que la ciencia no puede comprender. Sólo sabemos que estamos aquí observando el mundo. Aquello que sucede cuando nadie lo observa es un misterio.

Una conexión entre los sucesos de "aquí adentro" y los sucesos de "allá afuera": La teoría cuántica, como parte del llamado efecto del observador, sostiene que la observación no es pasiva. Provoca que las ondas se colapsen en partículas. Algo que es invisible, omnipresente y que está sujeto a las leyes de la probabilidad se convierte en otra cosa que es local, física e indudable. Una interpretación llama al efecto del observador una pequeña falla en las matemáticas que apoya la mecánica cuántica. Otra interpretación dice que el efecto del observador opera en el mundo real. En cualquier caso, los sucesos de "aquí dentro" están vinculados a los de "allá afuera".

¿Acabo de hacer aquello de lo que acuso a la ciencia: cortar la realidad en rebanadas? En el mundo cotidiano, todos estos ingredientes se fusionan y operan juntos. Para participar en el acto de ver las estrellas —o ver a la Virgen María donde debería estar la pared de una iglesia— recurrimos a los mismos aspectos de la conciencia. Ninguno puede ser dejado fuera. Y aún más importante, la ciencia no comprende estos aspectos de la conciencia. ¿Los milagros están en tu mente? Sí. ¿El mundo cotidiano está en tu mente? De nuevo, sí. Dado que le dio la espalda a la conciencia durante varios cientos de años, la ciencia no está en la posición de decir qué puede o no puede hacer la conciencia. Las burdas manipulaciones que hacen de la ciencia Dawkins y compañía son incluso menos creíbles.

Ni Planck ni Pauli dieron seguimiento al misterio que descubrieron. No lo necesitaban, no por mucho tiempo. La física cuántica floreció en el modelo más exacto y matemáticamente más refinado en la historia de la ciencia. Los resultados que alcanzó fueron tan precisos que su capacidad de predicción era deslumbrante. Como menciona el eminente físico británico Sir Roger Penrose, la precisión de la teoría gravitacional de Newton, como se aplica al movimiento del sistema solar, es de uno en un millón. La teoría de la relatividad de Einstein perfeccionó la de Newton por otro factor de diez millones.

Aunque el mundo de los quarks y los bosones parezca muy extraño incluso para los físicos experimentados, obedece a reglas matemáticas y puede predecirse usando esas mismas reglas. Es innegable que la realidad ha llevado a la ciencia a través de un camino muy productivo. Pero excluir la conciencia fue como omitir la metafísica de los libros de cocina. No necesitas la metafísica para medir la harina para pastel y la mantequilla, pero el compromiso para seguir la realidad a donde sea que te lleve puede incomodar mucho a la ciencia, en especial cuando ha llegado el momento de derrocar algunas suposiciones muy apreciadas. Suponemos que los fotones nos dan la experiencia de la forma y el color, pero los fotones no tienen forma ni color. Suponemos que la vibración del aire crea sonidos, pero las vibraciones son silenciosas cuando están fuera del cerebro. Estudiamos los receptores de la lengua y la nariz que originan el sabor y el olor, pero lo que sucede en los receptores son reacciones químicas, no una experiencia. (¿Cuál fue el sabor cuando el oxígeno y el hidrógeno se unieron para formar una molécula de agua? La pregunta no tiene sentido sin un experimentador.)

El materialismo, en su conquista de la visión del mundo espiritual, nos ha llenado de explicaciones que requieren tanta fe como la que se necesita para creer en los milagros. La fe por sí misma sustenta la noción de que los iones de sodio y potasio al pasar a través de la membrana externa de las neuronas, y estableciendo una por una las reacciones electroquímicas que abarcan millones de redes neuronales, crean sensaciones, imágenes, sentimientos y pensamientos. Éstas son suposiciones que no tienen ninguna explicación en absoluto. Las sustancias químicas son sólo nombres que le hemos dado a un misterio. Los encefalogramas son fotos de actividad, y no nos dicen nada acerca de la experiencia, al igual que las fotos de las teclas de un piano no nos dicen nada de la experiencia de escuchar música. Sólo la conciencia hace posible la experiencia; por lo tanto, como es la fuente de la conciencia, Dios existe fuera del reino de los datos.

El mismo camino que conduce a los milagros conduce a Dios. Todavía no hemos recorrido el camino. Sólo hemos hecho que la meta sea posible. Ése es el papel de la fe, expandir la gama de posibilidades. No le pido a nadie que crea en los milagros, y mucho menos estoy avalando los milagros acumulados por la Iglesia. Todo lo que lo sobrenatural necesitaba para escapar del ridículo de los escépticos era competir en igualdad de condiciones. La naturaleza puede acomodar cualquier suceso imaginable. El siguiente paso es volver realidad las posibilidades más altas, tan anheladas por el corazón humano.

EL CAMINO HACIA DIOS

Etapa III: Conocimiento

Dios sin fronteras

Cada vez que Dios flaquea, regresa al día siguiente. Cuando vuelve no se ve igual que antes. Los fieles lo han vestido con nuevas ropas; han remodelado su personalidad. Al ver de reojo no es difícil distinguir a Jehová, cuya orden favorita es "¡Aniquila!", del Dios del cristianismo, cuya orden favorita es "¡Ama!" (pero dejando que se cuele una buena cantidad de destrucción). Sin embargo, es más difícil advertir cómo se verá Dios en el futuro. Casi todos los atributos divinos han sido extraídos, como hilos de seda jalados de un tapiz cósmico hasta dejar desnuda la estructura. ¿Qué queda después de que has intentado la venganza, el amor y todo lo que hay en medio de los dos?

En Occidente se ha ignorado un aspecto de Dios, un rasgo único que no comparte con nada más en la creación. No es que Dios lo vea y lo sepa todo. No se trata de que sea infinitamente amoroso y todopoderoso. Es inspirador leer: "El Señor es mi pastor, nada me falta", hasta que llega el día en que te faltan muchas cosas y Dios no hace nada al respecto. Pero se nos ha escapado algo que hace que Dios sea único: él no puede ser encajonado. Tan extraño como suena, eso es lo más importante acerca de Dios. Contiene la pista que nos conducirá al conocimiento verdadero. En sentido literal, para encontrar a Dios tienes que salirte de la caja.

Hay dos tipos de cajas en las que ponemos cosas. Una es física. Si quieres estudiar un sapo cornudo, un quark o una estrella, primero aíslas el espécimen físico. A veces no se trata literalmente de una caja: nadie puede guardar una estrella en un contenedor. Pero la estrella se percibe como una cosa, un objeto que está solo, listo para ser estudiado. Dios no cabe en este tipo de caja, aunque el catecismo intente hacerlo con la imagen de un patriarca sentado en su trono sobre las nubes.

El otro tipo de caja es mental. En ella colocamos ideas y conceptos. *Libertad* es un concepto, al igual que *iluminación*. Aunque no son realidades físicas, de todas formas las hacemos a un lado para pensar en ellas. Un concepto muy amplio que se aplica a todos en la Tierra, como el de *naturaleza humana*, cabe en una caja, y está listo para ser estudiado como una estrella o un quark. No importa que la naturaleza humana sea invisible y muy complicada de definir. Debe tener sus límites que la diferencien de, digamos, la naturaleza de Buda o la naturaleza de un lobo. Los límites son su caja.

Pero Dios no tiene límites: no si es omnipresente, lo que significa "en todas partes al mismo tiempo". (La palabra *él* etiqueta falsamente a Dios en una caja que dice "masculino", así que vale la pena repetir que estamos usando un género sólo por conveniencia.) Tratar de pensar sobre él significa tratar de pensar sobre todo a la vez, lo que es imposible con toda claridad. La gente trata de resolver esta imposibilidad al desglosar a Dios en partes más pequeñas, de la forma en que los mecánicos desarman el motor de un auto o los biólogos una célula del corazón. Pero lo que funciona con los motores de autos y las células del cerebro no funciona con Dios. Digamos que quieres hablar sobre el amor de Dios, lo cual la gente hace a menudo.

"El amor de Dios es eterno e infinito. Cuando vaya al cielo, disfrutaré con plenitud su amor eterno": éste es un sentimiento religioso que millones de personas dicen que es verdad y esperan que lo sea. Pero de hecho las palabras no tienen significado alguno.

Infinito se usa para expresar "muy, muy grande", pero lo infinito no puede ser concebido de esa manera. Nuestras mentes piensan en términos finitos. Vemos a nuestro alrededor y vemos que todo en la naturaleza tiene un principio y un final. El infinito no. Está fuera de nuestra habilidad para contar; es incompatible con cómo funciona nuestra mente en el tiempo lineal. El único uso práctico de la palabra *infinito* es para denotar un concepto matemático abstracto. No podemos decir en serio que Dios es muy, muy grande cuando el tamaño no es aplicable a él.

Eterno se usa para expresar "un tiempo muy largo". Pero la eternidad no es lineal de la forma en que lo son las horas, los días y los años. La eternidad es lo infinito aplicado al tiempo. Por lo tanto, la misma objeción que hace que lo infinito sea inconcebible se aplica a la eternidad. La mente no puede envolverse en el tiempo sin un principio o un final. No podemos decir en serio que Dios ha estado por mucho, mucho tiempo cuando el tiempo mismo no se le aplica a él.

Amor se usa para expresar el tipo de afecto profundo y generoso que es el amor humano. Pero el amor de Dios no es selectivo, así que se aplica a asesinos seriales, Adolf Hitler, el presidente Mao y otros monstruos de la historia. Se aplica a todos los actos criminales así como a los actos santos. Por lo tanto, el amor divino es más como un campo de fuerza natural —la gravedad, por ejemplo— que una emoción humana. Semejante amor no puede ser expresado en términos emocionales humanos.

No escogí una frase capciosa, sino una bastante típica. Ni tenía una mala redacción como para que un editor la corrigiera. *Infinito, eterno* y *amor* simplemente no son las palabras correctas. Obligan a Dios a entrar en una caja mental en la que no cabe. No hay nada que pueda hacerse al respecto. Pero el viaje para conocer a Dios comienza donde nos fallan las palabras. Podemos descartar las escrituras, los sermones y los escritos inspiradores que nos han fallado. La fe nos ha allanado el camino en el que Dios es una posibilidad real. Más allá de la fe se encuentran las experiencias que no pueden ser puestas en palabras. Pero el camino es real, y la habilidad de hacer el viaje está grabada en la mente humana.

Lo que no puede ser pensado

El viaje comenzó desde que reconocimos que es imposible pensar a Dios de la misma forma en que pensamos todo lo demás. Si no podemos pensar acerca de él, tampoco podemos hablar de él. Como declararon los profetas védicos de la India: "Aquellos que hablan de él no lo conocen. Aquellos que lo conocen, no hablan de él". Como un Houdini cósmico, Dios escapará de cualquier tipo de caja, incluyendo aquellas de las que más dependemos: tiempo, espacio, sentimientos, ideas y conceptos. He ahí el misterio.

Todo lo que pensamos y hablamos de Dios es simbólico; por fortuna los símbolos pueden señalar el camino. El Nuevo Testamento intenta encontrar palabras para la verdadera naturaleza de Dios: "Soy Alfa y Omega, el principio y el fin, el primero y el último" (Apocalipsis 22:13). Más concretamente, Dios ha sido comparado con un océano quieto y en calma, del cual todas las cosas vivas surgen como olas. Otro símbolo es la luz, por la cual todas las cosas pueden ser vistas aunque sean invisibles. Sería mucho más conveniente si pudiera ser descrito sin símbolos. Por desgracia, la religión no puede existir sin símbolos, etiquetas y categorías. Cuando Dawkins y compañía atacan a Dios, en realidad están atacando símbolos y conceptos, lo que resulta en una gran alharaca pero sin ningún fundamento firme en realidad. En la India, los yoguis evitan las palabras y buscan estar unidos a Dios por medio de la experiencia profunda, y una vez que han alcanzado la unión divina, la religión ya no les interesa. Estar con Dios te libera de toda restricción, incluyendo la religión misma.

En una parábola india, un hombre santo elige una vida de reclusión. Encuentra una cueva en una montaña remota y vive ahí durante años en meditación continua. Finalmente llega el día en que alcanza la iluminación. Lleno de júbilo, el hombre santo baja corriendo por la montaña para contarles a los habitantes del pueblo acerca de su liberación. Llega al mercado del pueblo, que está atestado de gente, y comienza a abrirse paso entre la muchedumbre. Los cuerpos se aprietan contra él, y un codo lo golpea en las costillas.

"Quítate de mi camino, idiota", refunfuña el hombre santo. Se detiene por un momento, luego se da la vuelta y mira hacia la montaña.

Si te enojas porque un extraño choca contigo en medio de una multitud, eso demuestra que no eres iluminado. Más que eso, la parábola es acerca de nuestra necesidad de identificarnos con todo tipo de cosas: emociones, deseos, posesiones, dinero, estatus, seguridad, la aprobación de los demás. Mientras tengas un interés personal en el mundo, no eres uno con Dios.

En Oriente el proceso de convertirse en un iluminado es más fácil, aunque sea un poco, porque a todos los educan para saber que Dios es Uno, la totalidad de la existencia. Así que ponerlo en una caja no tiene ningún significado. El hecho de que Dios haya sido reflejado en cientos de dioses individuales para adorar no contradice la noción de Dios como Uno. En la India les enseñan a los niños que la imagen de Krishna, Devi o Shiva, junto con los templos erigidos en su nombre, son una fachada detrás de la cual se esconde el Brahman, el verdadero nombre de Dios, ya que Brahman significa todas las cosas de la creación, además de todas las posibilidades que pudieran surgir del reino de las posibilidades infinitas.

Se podría decir, con justicia, que una sociedad que sabe que Dios es Uno ha fracasado si construye tantos templos con ídolos para ser venerados. Pero pienso que el caso es más complicado. *Brahman* también es una etiqueta, no diferente de la de Jesús o del profeta Mahoma. Es una etiqueta bastante rudimentaria, ya que la raíz de la palabra *brahman* sólo significa "hincharse o expandirse".

Pero Brahman hace la misma exigencia imposible que Dios en Occidente: que pienses acerca de todo lo que existe. La historia de la religión consiste en cambiar a Dios de una caja a la otra conforme surgen y caen las religiones. Esto era conveniente para las religiones del mundo pero catastrófico para conocer a Dios. Cuando los profetas indios escribieron los *Upanishads* declararon que "el que conoce a Brahman es Brahman", comprendían que Dios está aparte de cualquier cosa que conocemos. El asunto no es cómo pensar sobre Dios, sino cómo experimentarlo directamente.

Esto puede sonar a que el misticismo se usa como una ruta de escape para los verdaderos creyentes que no quieren que los contradiga la razón. "No puedo hablar al respecto", es una oración que no se puede refutar, y mucho menos: "Nadie puede hablar al respecto". El misterio de Dios se aborda así muy a menudo. Pero otras cosas en la vida sólo se pueden comprender si las experimentas, desde el aroma de una rosa hasta el sabor del chocolate, desde el suntuoso tacto del terciopelo hasta la música. Estas sensaciones no son reales para alguien que no las ha experimentado. La música fortalece aún más el caso porque la música transforma a las personas. Diversos estudios han mostrado que poner música a pacientes con Alzheimer parece reducir sus síntomas de una forma que ningún medicamento logra, y si los medicamentos pueden tratar la depresión, la terapia musical también es prometedora para eso, así como para ciertos casos de autismo.

La música pasa por la parte del córtex encargada del pensamiento racional, pero nombrar el sitio del cerebro que procesa la música no nos dice por qué es terapéutica. Al parecer, los tonos simples pueden tener un efecto de equilibrio en algunas condiciones psicológicas y físicas. Se puede disminuir la respuesta al estrés con música relajante. Algunos de estos descubrimientos coinciden con el sentido común —escuchar música relajante de fondo calma el miedo a volar de algunos viajeros, y es tan ubicua en las tiendas departamentales (supuestamente para poner a los compradores de humor para comprar) que la bloqueamos—. Lo importante aquí es que muchas experiencias nos pueden alterar sólo por tenerlas. Dios sería el ejemplo supremo de esto.

Además de ser inútiles, algunas formas de pensar religiosas hacen daño. Con aparente previsibilidad, diferentes religiones, debido a que están en desacuerdo, nos llevan a un pensamiento de nosotros-contra-ellos, y de ahí hay un pequeño paso a la persecución. En nuestra propia caja mental, "nosotros" somos buenos, devotos, amados por Dios, perdonados del pecado y seremos recompensados después de la muerte; "ellos" están equivocados, separados de Dios, son ignorantes, malvados, amenazantes y serán castigados después de la muerte.

Un hecho espantoso en la historia religiosa de Occidente es que los primeros herejes quemados en la hoguera —en Orleans, Francia, el 28 de diciembre de 1022— fueron trece sacerdotes católicos. Se especula que se eligió la hoguera por una restricción de derramar sangre de sacerdotes. El cargo de herejía sin duda fue fabricado; las víctimas indefensas eran peones en medio de la lucha política por el trono de Francia. Pero como detonante de la violencia, el pensamiento de nosotros-contra-ellos estaba listo para echarse a andar, y aumentó conforme crecían las profundas divisiones entre el cristianismo y el islam (encendiendo las Cruzadas para salvar la Tierra Santa de los infieles), el papa y los reyes seculares, la Iglesia oriental de Constantinopla y la occidental de Roma, e incluso entre sacerdotes y laicos, lo cual le dio a la Inquisición el derecho de juzgar la fe privada de los ciudadanos comunes.

La forma suprema del pensamiento de nosotros-contra-ellos separa "yo" de "Dios". Una vez que se da esta separación, trae con ella todos los problemas de la dualidad. Es impresionante cómo las personas fueron persuadidas de amar a un Dios separado de ellas, ya que normalmente tememos y desconfiamos de "lo otro". Pero la religión ha generado una gran dosis de temor junto con el amor, como sabe todo aquel que haya escuchado sobre el pecado mortal, el infierno y la condenación. Menciono estos factores conocidos porque derivan en una conclusión sorprendente. Si la separación de Dios conduce al miedo, a la persecución y a los males cometidos en nombre de Dios, entonces el único escape es sanar la separación. Sólo un Dios que es inseparable de nosotros puede ser real.

¿Y si Dios es la realidad? Sólo entonces seríamos libres de la ilusión. Si reduces a Dios a un constructo mental, estás entrando en una ilusión y sus diversos aspectos.

Dios como ilusión
¿Cuándo no es real Dios?

Cuando parece ir y venir.

Cuando juzga y desaprueba.

Cuando hace exigencias.

Cuando es caprichoso y cambiante.

Cuando parece que te ha abandonado.

Cuando responde unas plegarias y no otras.

Cuando hay dos dioses rivales en guerra.

Aplico a Dios los mismos estándares que aplicamos normalmente a la realidad. La realidad no viene y va. No nos abandona. Lo que cambia es cómo nos relacionamos con ella. Los estados de ánimo suben y bajan; el pesimismo da lugar al optimismo. Cada vez que dices: "Tengo un mal día", estás hablando de una relación. Sé que "realidad" es una palabra abstracta, así que imagina el aire que respiras. El acto de respirar es una constante, y la atmósfera de la Tierra es un hecho. Si no fuera por problemas como la contaminación del aire y el calentamiento global, podríamos dejar la respiración a la mente inconsciente. Aun así puedes traer a tu mente el acto de respirar cuando quieras. En un día hermoso llenas profundamente tus pulmones, y te sientes nutrido por el aire que respiras. Cuando te sientes ansioso tus inhalaciones son cortas e irregulares. Cuando corres un maratón regulas tu respiración para mantener constante el suministro de aire a tus músculos.

Pero afirmar que el aire tiene sentimientos cambiantes hacia ti o que un día te castiga y al otro te premia, sería ilusorio. Somos nosotros quienes cambiamos; el aire es constante. Lo mismo es verdad en el caso de Dios, quien ha sido identificado de forma errónea como una presencia caprichosa, cambiable y misteriosamente impredecible. Esta creencia es un síntoma de la separación; tenemos que tender un puente en ese hueco y acercarnos a lo que Dios es en realidad.

A todo el mundo le interesa ser real. Con ese fundamento, podemos evitar el debate entre creyentes y no creyentes. Cuando el Señor Krishna le dice a Arjuna que todos los caminos conducen a Dios, justo está diciendo eso. La realidad conduce a todos hacia delante. En el intervalo entre el nacimiento y la muerte todos lidiamos con la realidad; por lo tanto, conscientes o no, estamos lidiando con Dios.

Pero debo detenerme en una nota trágica. A veces el sufrimiento es tan incomprensible que la ilusión es el único consuelo. Lo digo pensando en el horrible tiroteo en una escuela en Newtown, Connecticut, ocurrido justo antes de la Navidad de 2012. Un hombre trastornado entró a dos salones con armas de fuego y asesinó a seis adultos y veinte niños, casi todos de seis y siete años de edad. Después de una masacre a esta escala, los pastores de la Iglesia se presentaron y uno de ellos dijo: "Esto no es el plan de Dios". Yo me pregunto cuántas personas fueron consoladas por esa frase. Si hay un momento en que un Dios amoroso nos decepciona, debe de ser con la bestial muerte de personas inocentes.

A veces uno desvía la mirada y permite que la ilusión haga lo que tenga que hacer. Dios se libra por no salvar a los niños. La locura hace que el asesino sea menos humano. La maldad se sale con la suya. De forma gradual los creyentes regresan a sus creencias, mientras que unos cuantos más dudosos se alejan y los ateos condenan la forma como la gente busca a Dios para obtener respuestas cuando ella misma es el problema. Yo no quería que la ilusión se estableciera, así que escribí una nota privada para mí mismo:

> Nuestra profunda inteligencia interna es lo que refleja la sabiduría del universo. Al final todo el sufrimiento es resultado de la mente fragmentada, personal y colectiva. La violencia tiene sus raíces en la psicosis colectiva. La cura es la trascendencia hacia la conciencia de Dios. Mi reto es hacer que esto sea real. Mientras tanto, cada uno debemos encontrar consuelo de la forma que podamos.

Si Dios está en todas partes, como el aire que respiramos, ¿por qué es tan difícil de encontrar? Porque todo lo que digas sobre él es una franca contradicción. Una vez que señalas una cualidad, su opuesto también es verdad. ¿Dios nos ama y trae bien a nuestras vidas? Todas las religiones lo afirman. ¿Pero entonces qué pasa con las cosas malas? Si Dios también las causa, entonces no representa la bondad. Si no puede detenerlas, entonces su bondad tiene grandes limitaciones —al igual que nuestra bondad—. ¿Entonces por qué no adorarnos a nosotros mismos? (Una estudiante universitaria refirió en televisión por qué ya no iba a la iglesia: "No puedo creer en un Dios que me mandaría al infierno por hacer algo malo", dijo. "Si hago enojar a mis padres no me aventarían a la chimenea.")

No importa cómo lo plantees, todo aspecto de Dios termina por morderse su propia cola.

Protector: Di Dios está aquí para mantenernos a salvo, ¿por qué hay desastres naturales?

Legislador: Si Dios nos da las reglas de conducta moral, ¿por qué somos libres de ser tan inmorales como queramos?

Pacificador: Si Dios trae paz interior, ¿por qué permite la guerra y la violencia?

Un Dios que es todas las cosas no puede ser *solamente* bueno, amoroso, pacífico y justo. Nos guste o no —y la mayoría de las veces no nos gusta nada— debemos hacer espacio para la participación de Dios en las partes malas, dolorosas y caóticas de la vida. ¿Estoy diciendo que Dios es bueno y malo, amoroso e indiferente? No. *Cualquier cualidad que le des a Dios es una ilusión*. Ante la duda, una prueba fácil es sustituir *realidad* por *Dios*. ¿Es la realidad amorosa o indiferente? La pregunta no tiene sentido. La realidad lo incluye todo. Simplemente es. Una vez que tu mente comienza a envolverse alrededor de un Dios que lo incluye todo, uno que simplemente es, entonces en verdad estás escapando de la ilusión.

Todos estamos acostumbrados a vincularnos. Dos personas se reúnen y se pueden caer bien o no. Tal vez surja una pasión. El amor comienza a florecer pero en cierto punto hay problemas. Cada persona de la relación tiene un ego. *Te amo, pero así es como yo hago las cosas*. Si la relación va a sobrevivir, "yo" y "nosotros" tienen que entrar en un equilibrio. Deben resolverse todo tipo de problemas.

Lo bueno de relacionarse con Dios es que no hay que aplicar nada de esto.

Dios no tiene un ego. Siempre le gusta lo que a ti te gusta. Siempre quiere lo que tú quieres.

Dios no tiene un punto de vista. Acepta tu forma de ver las cosas.

Dios no es egoísta. No quiere nada de ti.

Dios no rechaza. Seas lo que seas, él te acepta.

Si esto suena como la relación ideal, lo es. Los seres humanos hemos proyectado nuestros anhelos más profundos y sentimientos en Dios, sólo para ser decepcionados cuando su protección no arrojó resultados. No hay cantidad alguna de plegarias que hagan que Dios te quiera más. Si Dios fuera humano, este hecho lo condenaría a ser indiferente. En la mayoría de los casos, si estás en una relación y adoras a la otra persona, obtienes amor a cambio. La ironía es que Dios, el que posee el amor infinito, es etiquetado como el que no muestra amor. La relación nunca comenzó: ése fue el problema, y no una falla en la deidad.

Un mapa para el camino

La clave para alcanzar a Dios es experimentar un cambio de conciencia. El cambio no es menor o incidental: es total. A menos que transformemos nuestras mentes, Dios seguirá fuera de nuestro alcance. Por fortuna tenemos un mapa que nos guía. Ha sido dibujado de forma colectiva por las tradiciones de sabiduría del mundo, incorporando lo que la religión tiene que decir pero basándose mucho más en lo que han descubierto aquellos que han hurgado muy hondo en su propia conciencia.

Abre el mapa, y las principales características en el camino hacia Dios serán claramente visibles. Nos muestran la existencia de tres mundos:

Los tres mundos

El mundo material. Éste es el mundo de la dualidad. El bien y el mal, la luz y la oscuridad están contenidos aquí. Los sucesos se desarrollan en línea recta. Cada persona es una minúscula partícula en la vastedad de la naturaleza. Viajamos a través de este mundo motivados por el deseo. Dios sigue fuera de nuestro alcance porque es algo que no podemos ver, tocar, hablar de él o concebir. Mientras permanezcamos en la dualidad, la personalidad-ego domina. Todo gira en torno a "yo y mío".

El mundo sutil. Éste es el mundo de transición. Dios y el mal no están separados de forma rígida; la luz y la oscuridad se fusionan en sombras de gris. Detrás de la máscara del materialismo sentimos una presencia. Nos movemos hacia ella usando la intuición y el entendimiento. Los acontecimientos fortuitos comienzan a revelar patrones internos. Atravesamos este mundo motivados por el hambre de significado. La naturaleza se vuelve un escenario para el alma. Todo gira en torno a la conciencia de uno mismo y su expansión.

El mundo trascendente. Ésta es la fuente de la realidad misma. En la fuente está la unidad, un estado de unidad. Nada está dividido ni en conflicto. El velo del materialismo ha desaparecido por completo. El bien y el mal, la luz y la oscuridad, se han fundido. Nos movemos por este mundo guiados por nuestro ser superior, que es inseparable de Dios, quien es el estado supremo del ser. El ego individual se ha expandido para convertirse en el ego cósmico. Todo gira en torno a la conciencia pura.

Dios sigue siendo un embrollo porque estos tres mundos se sobreponen y no están divididos por paredes inamovibles. En cualquier momento puedes estar viviendo en uno de los tres mundos o viendo a través de la frontera entre uno y el siguiente. La conciencia te lleva a donde quieras ir. La realidad sigue siendo constante mientras viajas de un estado de conciencia a otro. Pero como están las cosas, dado que la mayoría de nosotros estamos apegados al mundo material, la conciencia es lo último de lo que sabemos. Constantemente estamos confundidos sobre si existen los otros mundos, y cuando alguien afirma que existen es recibido con escepticismo y hostilidad.

La fe sólo puede prometer que otros mundos existen más allá del detectado por los cinco sentidos. Una vez que la fe abre la posibilidad debemos convertirla en una realidad. Primero necesitamos un claro sentido de hacia dónde vamos. Para darle algo de orden al desorden, el mapa espiritual indica un punto de partida (el mundo material), una sección intermedia (el mundo sutil) y un destino (el mundo trascendente). Sin embargo, no es así en realidad. Al ser fluida, la conciencia puede ir a donde quiera y cuando quiera.

Te aventuras al mundo sutil todo el tiempo. He aquí algunas experiencias típicas en dicho estado de conciencia:

Sigues una corazonada.

Te vuelves consciente de las motivaciones o sentimientos de otra
persona.

Te das cuenta de cómo afectas a las personas que te rodean.

Te sientes vinculado a otra persona por amor.

Dejas de sentir la necesidad de juzgar.

Te deslumbra la belleza.

Te sientes generoso de corazón.

Quieres dar y servir.

Te sientes inspirado y animado.

De una u otra forma, éstas son experiencias carentes de ego. "Yo" y
"mío" pierden su importancia. Te expandes más allá de los deseos
egoístas. Intuyes que hay algo más de la realidad que lo que te dicen
tus cinco sentidos.

Viajas hacia el mundo trascendente todo el tiempo también,
aunque la sociedad moderna no está configurada para reconocer o
aprobar estas excursiones. He aquí algunas experiencias típicas que
suceden cuando tocas el nivel más alto de conciencia:

Te sientes ligero, sin cargas ni ataduras.

Ves la humanidad común en todos los rostros.

Te sientes completamente seguro.

Disfrutas estar aquí sólo por estar.

Una quietud apacible aparece dentro de ti.

Parece que se abren posibilidades infinitas para ti.

Sientes maravilla y asombro al ver la naturaleza.

Te rindes, aceptas y perdonas.

Sabes que todo importa; las cosas suceden por algo.

Sientes que la libertad perfecta es la forma de vida más natural.

Transformas tu realidad al entrar a un nuevo estado de conciencia. Las únicas ataduras son autoimpuestas, pero las imponemos todo el tiempo. Permanecemos apegados con obstinación a las creencias que detienen nuestro viaje espiritual antes de que haya comenzado. Puedo imaginar a la ciencia arraigándose con una convicción tal que las tradiciones de sabiduría del mundo de vuelvan marginales. Nadie cree en el mundo sutil y el mundo trascendente ha sido degradado a una ilusión.

Incluso al borde de la extinción, el mundo material sería revivido. A pesar de toda la decepción en torno a Dios y las dudas razonables ofrecidas por los escépticos —incluso las no razonables promovidas con un dejo de malicia por los Cuatro Jinetes—, ciertas constantes permanecen iguales a lo largo de todas las eras. Exhortan a todos a cambiar, y todas deben ser tomadas en cuenta si quieres conocer a Dios. Estas constantes son:

Deseo de una vida mejor.

Amor.

La fuerza de la evolución.

Experiencias de éxtasis y felicidad.

Curiosidad.

El crecimiento de la sabiduría.

Insatisfacción.

Sueños.

Visiones.

Inspiración.

Experiencias personales de Dios, realidad superior, ser supremo.

Éstas son las motivaciones de la espiritualidad, con o sin etiquetas religiosas. Surgieron primero, antes de que nadie les pusiera palabras como *Dios* o *alma*. Un decreto podría abolir esas palabras pero no la motivación que existe detrás de ellas.

Las motivaciones de la espiritualidad luchan en contra del *status quo*. Nos convierten en criaturas inquietas que anhelan un cambio. La manera en que respondemos a ellas es del todo individual. La tradición oral india está repleta de buscadores precoces que dejaron su hogar para ir a encontrar a Dios cuando eran niños pequeños. Jesús fue lo suficientemente sabio para desconcertar a los rabinos del templo en Jerusalén a los doce años. Pero como en todo, los extremos son raros porque presentan gran firmeza y decisión. En un extremo están los buscadores que sólo viven para una transformación personal; el mundo de los santos, los sabios y los guías espirituales casi no necesita motivación. En el otro extremo se encuentran los que siempre están atascados, gente que niega cualquier tipo de cambio o que lo odia; ideólogos, fanáticos y temerosos psicológicamente nunca serán motivados para abrir sus mentes.

El resto de nosotros encuentra su camino espiritual de una forma más azarosa. Nuestro camino es tortuoso, afectado por todo tipo de distracciones. Estamos confundidos y dudamos. Los conflictos internos nos provocan estancarnos. Pero las mismas fuerzas que crean a los santos están presentes en tu vida. Están esperando a que las veas. Si estás lo suficientemente atento a lo que sucede dentro de ti, ya estás respondiendo a las fuerzas enlistadas arriba. Visualizas una mejor vida para ti mismo. Te importa crecer como persona. Puedes ver los contornos de un mejor futuro para ti.

. Estas motivaciones cotidianas son suficientes. Por medio de ellas podemos alcanzar la meta espiritual más exaltada. No escucharás una voz mística en tu cabeza, y no bajará una mano del cielo para cogerte del cogote. Todo se resume en un concepto: Dios se alcanza en el estado más alto de conciencia. Y dado que todos somos conscientes, Dios es accesible para todos nosotros.

¿Existe un mundo material?

He descrito tres mundos, y cada uno de ellos tiene su propio propósito espiritual. El mundo material no muestra ninguna prueba física de la presencia de Dios que pudiera convencer a un escéptico. Los ateos a menudo destacan este hecho y sus argumentos son razonables, dentro de lo que cabe. En un mundo violento no se puede defender a un Dios amoroso. Debido a la existencia de criminales es irracional decir que Dios tiene el poder de castigar a quienes hacen el mal. Las violaciones a los derechos humanos por gobiernos opresivos hacen ver a un Dios todopoderoso como un chiste cruel: Stalin y Hitler obtuvieron el poder absoluto sin la más mínima interferencia del Todopoderoso. Podemos admitir todo esto ya que se aplica al mundo material. Dios se vuelve real sólo cuando descubres que el mundo material no es el final de la historia.

Un maestro espiritual indio una vez le dijo a un devoto: "El mundo físico es muy convincente. Parece sólido y confiable. ¿Cómo puedes escapar de él?: Al ver que, de hecho, este mundo es producto de tu mente. Sin darte cuenta de eso, el mundo físico te envuelve como una red. Pero todas las redes tienen agujeros. Encuentra uno y salta a través de él". Si eres un materialista, este tipo de declaraciones te vuelven loco; parecen totalmente extrañas cuando el mundo de "allá afuera" es tan obviamente real. No repetiré los argumentos en contra de que el mundo de "allá afuera" es un hecho. Lo que ahora nos importa es saltar a través de la red.

Es posible escapar al ver una verdad simple pero radical: todos los mundos son creados en la conciencia, incluyendo el mundo físico. Encuentra una manera de liberar tu conciencia y nunca nada volverá a ser igual.

En los planos más sutiles de la realidad, Dios posee el amor, la bondad y el poder que se le atribuyen. Nuestro reto es conectar estos planos sutiles con el mundo material. Si lo logramos, la imagen cambia. En el camino espiritual descubres que el ser humano es multidimensional y que las dimensiones más sutiles contienen un gran poder. Habrá suficiente poder para cambiar sucesos de "allá afuera" en el mundo material.

La mente sobre la materia

El Nuevo Testamento contradice las reglas de la realidad física al usar una analogía famosa: "Porque yo os aseguro: si tenéis fe como un grano de mostaza, diréis a este monte: 'Desplázate de aquí allá', y se desplazará, y nada os será imposible" (Mateo 17:20). Las palabras de Jesús han sido un sostén para los fieles y han generado el desdén de los escépticos casi en la misma medida.

Su declaración esencial es que la mente mueve la materia. En el cuerpo humano esta afirmación es innegable. Los pensamientos y sentimientos crean moléculas en el cerebro que se comunican con el resto del cuerpo. Si estás sumamente asustado, tus hormonas (en este caso, cortisol y adrenalina, las hormonas del estrés) envían un mensaje muy diferente del que enviarían si estás enamorado. Además, para tener cualquier pensamiento, imagen o sensación el cerebro debe operar por medio de señales eléctricas y reacciones químicas que conectan las sinapsis, los huecos que hay entre las células cerebrales. Sus sustancias químicas se hallan en un estado de constante fluidez, y son creadas y destruidas miles de veces por segundo para mantener tu estado mental cambiante.

Si nos movemos fuera del cuerpo, la situación parece muy diferente, pero Jesús declara de forma explícita que un estado mental —la fe— puede crear un cambio en el mundo material. ¿Cómo? La explicación religiosa es que Dios, dado que favorece a los justos, intervendrá para alterar la realidad física para ellos. Pero demasiados santos mártires han muerto en agonía como para confiar en que los justos tienen algo de influencia en este sentido. Lo que queremos en cambio es una explicación natural y, para ello, la concepción de la materia debe ser reducida a un común denominador. Páginas atrás propuse que la conciencia es común a toda experiencia, interna y externa, y enlisté los elementos necesarios para hacer que cualquier cosa sea real.

Inteligencia.

Intención.

Atención.

Un puente entre la mente y la materia.

Un observador.

Una conexión entre los sucesos de "aquí dentro" y los de "allá afuera".

Jesús habla acerca del último punto de la lista. Para él, el puente entre "aquí dentro" y "allá afuera" es la fe. Dios ha creado la mente y la materia juntas, y si tienes la fe suficiente Dios te da el control de las dos. En el ejemplo de Jesús, algo muy pequeño (una semilla de mostaza) es yuxtapuesto a algo enorme (una montaña), pero la exageración es sólo por el efecto. La fe no debe tener un tamaño, grande o pequeño. Es un estado mental, y estás en él o no lo estás. Es fácil perder el objetivo, como les pasa a muchos creyentes. Interpretan que Jesús le daba a la fe un poder tan inimaginable que sería casi imposible adquirir aunque fuera una mínima fracción. Después de todo, ¿quién de nosotros mueve montañas?

Es cierto que los cuatro evangelistas son muy congruentes al poner la mente por encima de la materia. Jesús les dice a los discípulos que por medio de la fe obtendrán poderes extraordinarios. "En verdad, en verdad os digo: el que cree en mí, hará él también las obras que yo hago, y hará mayores aún, porque yo voy al Padre" (Juan 14:12). En el Sermón de la Montaña, Jesús degrada el mundo material y pone por encima el mundo sagrado. El mundo sagrado sigue diferentes reglas. Ése es el objetivo de los ejemplos que escoge: las aves del cielo son alimentadas por la Providencia aunque no almacenen granos, y los lirios de los campos se visten de colores aunque "no se fatigan, ni hilan" (Mateo 6:28).

Las reglas del mundo material apuntan a una conclusión diferente. Cada uno de nosotros trabajamos de nuestra propia manera, y en nuestra lucha por forjar una vida valiosa no podemos depender sólo de la fe. La fe no paga la cuenta del gas y mucho menos mueve montañas. Si eres lo suficientemente devoto, no puedes tan sólo ignorar este hecho decepcionante, y si eres un escéptico confirmado, no puedes tan sólo ridiculizarlo. Pero hay un enfoque alternativo conocido como "búsqueda". Puedes buscar construir una conexión viva entre la mente y la materia, entre lo que sucede "aquí dentro" y cómo eso afecta a lo que sucede "allá afuera". La conexión no es un hecho. Si lo fuera, las plegarias alcanzarían a Dios automáticamente, como las llamadas telefónicas. El buscador quiere descubrir por qué Dios nos responde algunas veces (como han afirmado incontables creyentes a lo largo de los siglos) mientras que nos ignora casi siempre, incluso cuando lo necesitamos con urgencia.

Yo diría que el objetivo espiritual del mundo material es la búsqueda. La mente se encuentra con la materia todos los días. ¿Cuál es la más poderosa? La declaración del evangelio de Juan (1:1): "En el principio existía la Palabra y la Palabra estaba con Dios, y la Palabra era Dios" es una afirmación rigurosa de que la mente está primero y el mundo material después. Para el evangelista, la creación misma fue un acto de la mente, el pensamiento o aseveración de una palabra. Como buscador, tratas de volver a la fuente creativa en ti mismo, no como una palabra, sino como un estado mental lleno de posibilidades inenarrables. No hay a ningún otro lugar a dónde ir si quieres resolver el problema de la mente sobre la materia.

Las tradiciones de sabiduría concuerdan en que la fuente de la creación está dentro de nosotros. En uno de los grandes textos del Vedanta, el sabio Vasishtha declara: "Queridos, nos hemos creado unos a otros con nuestra imaginación". Esta afirmación, que parece absurda a primera vista, se vuelve inevitable si Dios es la realidad. Entonces la lógica es simple y a prueba de balas, una lógica que sostiene toda tradición espiritual en Oriente y Occidente.

Si Dios es la fuente creativa de todo,
y si Dios está dentro de nosotros,
la fuente creativa de todo está dentro de nosotros.

Un buscador está en busca de Dios, la realidad y el ser verdadero, todos al mismo tiempo. Para hacerlo, uno debe escapar de la red que nos atrapa en el mundo físico. Debemos redefinirnos como multidimensionales. Sin embargo, la búsqueda comienza en el mundo físico porque todos estamos enredados en él desde el nacimiento. Estar en el mundo pero no ser del mundo es un asunto complejo. La cualidad física es increíblemente convincente. ¿En verdad hay alguna forma de escapar de la red?

Cuando tienes un sueño estás en el mundo del sueño: corriendo, volando, viendo animales, gente y quizá criaturas más extrañas. Pero en cuanto te despiertas te das cuenta de que no eres de ese mundo, no es la realidad de la cual provienes. Para los iluminados, lo mismo es verdad con los sucesos que experimentamos cuando estamos despiertos, yendo al trabajo, sacando adelante a la familia, y así sucesivamente. Estamos en ese mundo, pero es posible que despertemos y nos demos cuenta de que no somos de ese mundo. Para los profetas védicos, el mundo material es un sueño tanto como los sueños que tenemos cuando estamos dormidos. En un verso famoso, Vasishtha contempla una versión espiritual de lo que la física moderna llama multiverso, en el que existen innumerables universos en sus propias dimensiones: "En la conciencia infinita, los universos van y vienen como partículas de polvo en un rayo de luz que brilla a través de un agujero en el techo".

Ésta es una versión espiritual del multiverso, como queda claro en otro verso: "Lo que sea que piense la mente, sólo eso ve". Todos los caminos conducen a Dios si todos los caminos conducen primero a la conciencia.

Dawkins y compañía no admiten la existencia de ningún nivel de realidad más allá del mundo material. Es fácil simpatizar con su postura, incluso si la manifiestan con abierta hostilidad. La búsqueda, como un proyecto interior, es desconocida para ellos, al igual que para muchas personas. La historia religiosa es un registro de siglos de antigüedad en que los buscadores van en diferentes direcciones, encontrando todo tipo de dificultades en el camino. Si es que vamos a mejorarlos, debemos tener muy claro hacia dónde va nuestra búsqueda.

¿Qué es buscar?

Buscar no es una actividad establecida con una sola meta: ha cambiado a lo largo del tiempo. En la época medieval, los buscadores querían obtener una recompensa en el cielo y, aunque no sabemos si la encontraron, todo aspecto de la vida social, desde los frailes errantes hasta las grandes catedrales, estaba enfocado en ello. La gran mayoría de las personas que vivieron en la Edad Media, un gran periodo de ochocientos años (de 400 a 1200 d.C.), no tuvieron esperanza de adquirir poder o dinero. Podían amarse unos a otros, pero vivían en un "valle de lágrimas" en el que la existencia cotidiana era una lucha por la supervivencia. Lo mejor que podían esperar era encontrar refugio en monasterios y conventos. Grandes masas de gente tomaron ese camino. Pero en cierto sentido, al buscar refugio de un mundo cruel le dieron la espalda a la fe. A juzgar por los resultados,

La era de la fe como encabezado de los siglos en los que dominó el cristianismo es un nombre poco apropiado. Si Jesús dice la verdad, la fe es lo que hace posible crear un mundo ideal en el que todo deseo es satisfecho: "Pedid y se os dará; buscad y hallaréis; llamad y se os abrirá" (Mateo 7:7). Cuando buscas, la señal del éxito es que los deseos se vuelven realidad. Has demostrado que la mente es el poder supremo. Lo que fuera que un cristiano debía hacer para volver su promesa realidad (tener fe, plegarse a la voluntad de Dios o estar sin pecado), nada era suficiente para las miserables masas de creyentes medievales.

Cuando el mundo era más duro, la búsqueda conducía directo a renunciar a él. Dado que hoy nuestras vidas son más fáciles, tenemos muchos menos motivos para renunciar al mundo, pero la creencia persistente de que el mundo es un valle de lágrimas hace que mucha gente sienta que la religión es opuesta a la satisfacción de los deseos. Si es que hay enseñanzas cristianas aceptadas en favor del deseo, pocos creyentes las conocen. De hecho, los creyentes modernos no están versados en las enseñanzas religiosas. Una encuesta de Pew Research de 2012 planteó 32 preguntas básicas sobre religión, y quienes tuvieron más aciertos fueron los ateos, con un promedio de 20.9. (Peter Gomes, que predicó a una congregación liberal en Harvard College, le preguntó a un grupo qué eran las epístolas en el Nuevo Testamento. Alguien levantó la mano con timidez: "¿Son las esposas de los apóstoles?")

En la actualidad, buscar se ha vuelto un asunto casi privado: no hay consenso sobre la meta. Se requiere valor para alejarte de la religión en la que creciste. El teólogo protestante Paul Tillich escribió un bestseller en 1952, *The Courage to Be*, el cual está impregnado de la angustia de la era atómica. El Holocausto y los terrores de dos guerras mundiales habían descarapelado la fe en Dios hasta los últimos fragmentos de pintura. Había una aceptación extendida de que la vida no tenía sentido. Tillich observó la situación y preguntó: "Para empezar, ¿por qué estamos aquí?" Dijo que la vida plantea esa pregunta de inmediato. Si estar vivo te hace preguntarte por qué estás aquí, automáticamente quieres encontrar una respuesta. Las dos actividades (formular y responder las preguntas existenciales más básicas) forman un círculo. Las preguntas conducen a las respuestas por la simple razón de que estás vivo.

No creo que la sociedad haya ido más allá de la situación que Tillich describe. Dios ha sido desgastado hasta ser un pequeño punto, y el terrorismo es una amenaza cotidiana, incluso cuando la amenaza de la destrucción nuclear masiva ha comenzado a declinar. El buscador no tiene una plataforma de fe sobre la cual basarse. Encontrar la valentía para ser significa encontrar el corazón de ir más allá de una existencia sin sentido.

Esto no es valentía fingida o de fantasía. En muchos sentidos, buscar es mucho más difícil que tener fe. Tener fe es pasivo, no exige un constante examinen personal de la forma en que lo hace la búsqueda. Los creyentes se angustian de que si pierden su fe, se quedarán adoloridos con la duda y la incertidumbre. Así que deben eludir la duda. Por otra parte, buscar comienza con la duda como fundamento para descubrir la verdad. Da la bienvenida a la incertidumbre como algo mejor que la certidumbre dogmática e inflexible. Los buscadores son lo suficientemente valientes para ser diferentes, para renunciar al confort de una comunidad dentro de las paredes de la iglesia. Están abiertos a considerar ideas espirituales de otras tradiciones además de la judeocristiana. Por todos estos motivos, una sociedad secular moderna, lejos de ser la enemiga de la espiritualidad, ofrece un campo fértil para ella.

Cada vez que alguien me dice que ha encontrado a Dios, me dan ganas de preguntarle cómo se veía. Si me dieran una respuesta definitiva, tendría que decirles que siguieran buscando. Esto es lo que los budistas quieren decir cuando declaran: "Si encuentras al Buda en el camino, mátalo". Una preconcepción nunca funciona (sólo te conducirá a toparte con aquello que ya has imaginado). Dios (o el Buda) permanecerán inimaginables. Pero no les digo esto a quienes buscan, porque suena derrotista. Sólo señalo que los aspectos que rodean a Dios son secundarios. Tienes que conocer la realidad antes de que puedas conocer a Dios.

Si tuviera que nombrar un motivante que convierte a alguien en buscador sería este: la gente quiere ser genuina. La voluntad de creer, que siglos atrás estaba enfocada en Dios, se ha transformado en un anhelo por una vida auténtica, integrada, que sea rica en significado y propósito, que dé satisfacción. El Holocausto y todos los demás horrores masivos crearon un terrible sentido de irrealidad. Sentirnos sin ataduras se ha vuelto tan generalizado que oscilamos entre trabajar frenéticamente y distraernos aún más frenéticamente, sin tener conciencia de que existen otras realidades.

Pero al principio, la primera vez que la vida moderna se volvió realmente aterradora, sólo unos cuantos testigos tuvieron la suficiente valentía para enfrentarla. Primo Levi fue un judío italiano al que transfirieron a Auschwitz y sobrevivió. A fines de la década de los cuarenta, sólo unos años después de que el ejército ruso tomara el campo y liberara a los prisioneros, Levi escribió conmovedoramente sobre lo que sentía al volver a casa a su ciudad nativa, Turín, donde todos querían olvidar a los nazis y volver a sus alegrías y deseos normales. Al principio, Levi se encontró hablando sin cesar sobre Auschwitz: detenía a desconocidos en la calle y a pasajeros en los trenes, sin poder quedarse callado. Esto le hizo algo de bien; al menos se estaba reconectando con otras personas. Pero ya no se sentía real, de la forma en que ellos parecían sentirse. Se sentía separado, aislado, un fantasma errante. Sus esfuerzos por sentirse real de nuevo a veces eran extremos. Un amigo suyo narró un incidente perturbador: cuando Levi encontró un arbusto de caqui silvestre y lo atacó como un maniaco, se agarró de él y masticó la fruta.

Aunque estaba calificado como químico, Levi se sintió impulsado a poner en palabras su experiencia de Auschwitz. El resultado fue la clásica memoria de supervivencia *Si esto es un hombre*. "Probablemente, si no hubiera escrito mi libro —le dijo a su biógrafo— habría permanecido como uno de los condenados de la tierra". Levi reunió el valor para estar en una angustia extrema. Pero agradezco que él (y otros que han luchado para salir de la depresión severa, traumas desgarradores e incluso la locura) nos haya mostrado que ser auténtico puede ser un poderoso impulso. Traducida a la vida normal, la búsqueda tiene algunos ingredientes vitales que nos unen a todos.

¿Qué conforma a un buscador?

El deseo de ser real.
La valentía para adentrarse en lo desconocido.
Negarse a ser engañado por las ilusiones.

La necesidad de ser satisfecho.

La habilidad de ir más allá de las satisfacciones materiales.

El indicio de otros niveles de existencia.

Eres un buscador si estos ingredientes existen dentro de ti. Pueden ser sólo semillas, y sin embargo sientes una emoción en tu interior, una especie de deseo que se aviva dentro. Para la gente religiosa, la palabra *deseo* puede ser preocupante. ¿Acaso no quiere Dios que renunciemos al deseo? Sí, como nos han dicho, el sexo, el dinero y el poder son obstáculos en el camino al cielo, la incitación del deseo es contraria a Dios. Pero Freud llamó al sexo, el poder y el amor a las mujeres los bienes principales de la vida. (Se estaba dirigiendo a un mundo masculino.) La naturaleza humana fue diseñada para perseguir estas cosas. Si eso es verdad (y millones de personas viven como si lo fuera), ¿cómo es que la búsqueda puede ofrecer algo mejor?

En este sentido, los buscadores presentan una faceta pública engañosa. Por un lado, el proyecto se vuelve algo religioso, una especie de cacería del unicornio, excepto que la bestia mítica es Dios. Por el otro lado, la espiritualidad de la Nueva Era se ha convertido en sinónimo de cristales, ángeles, canalización de espíritus y comunicarse con los muertos. Es fácil burlarse de esas cosas; forman parte del montón de pruebas que los ateos han acumulado sobre la irracionalidad de la religión. (Para mí, esa burla es un síntoma de la intolerancia atea: no pueden dejar en paz ningún aspecto de la espiritualidad, por más inocuo que sea.) El asunto más profundo es nuestro anhelo de autenticidad y lo que hay que hacer con él.

Lograr que funcione

Es momento de abrir los ojos. El mundo material es caótico, lleno de sucesos que están más allá del control personal de cualquiera. Para ser un buscador es necesario no que conquistes el caos, sino que veas a través de él. La tradición védica usa una metáfora inteligente para esto: un buscador camina entre una manada de elefantes dormidos, sin despertarlos. Los elefantes son tu viejo condicionamiento, el cual insiste en que eres débil, en que estás aislado y abandonado. No puedes luchar contra este condicionamiento, porque una vez que lo despiertas tus miedos, tus inseguridades y la certidumbre de que debes luchar por sobrevivir tendrán un poder tremendo. Una vez que los elefantes se despierten te aplastarán con sus patas.

Así que las tradiciones de sabiduría del mundo descubrieron otra manera: atraviesa esos obstáculos a hurtadillas, sin tratar de combatirlos de frente. Cambia tu lealtad, en silencio y de forma interior. Deja de estar regido por el caos y comienza a regirte por tu centro interior. Permíteme delimitar lo que el proceso implica.

En términos prácticos, el proceso sigue este precepto: "Desnúdate de tus ilusiones, y lo que quede debe ser real". El mundo material se apoya en la ilusión, como lo ha demostrado la física cuántica. Aun así persiste la mitología del materialismo. ¿Cómo te afecta en lo personal? Considera las reglas que rigen la vida material, como el esfuerzo, la defensa de uno mismo, la competencia, las divisiones de clase y el intento de controlar la naturaleza. Es difícil desafiar las suposiciones subyacentes a estas reglas. Son rígidas y, para la mayoría de la gente, un hecho. Explicaré algunas de ellas, ya que pertenecen a varios niveles de nuestra existencia.

Nivel científico: Aquí la rígida suposición es que los seres humanos somos pequeñas motas de polvo en el cosmos vasto y frío. Todo converge en materia y energía, incluyendo la mente misma, que es un producto de la forma en que las moléculas se comportan en el cerebro. Las leyes de la naturaleza son fijas e inmutables. Lo que suceda en la mente no tiene ningún efecto en la realidad de "allá afuera", la cual está desprovista de conciencia.

Nivel social: Aquí la suposición principal, que impulsa a un consumismo interminable, es que adquirir cosas materiales lleva a la felicidad. Más es mejor. El dinero es lo más valorado en la vida. Resuelves problemas al trepar la escalera del éxito y la riqueza.

Nivel espiritual: La suposición principal es que la espiritualidad es un asunto en el que hay que trabajar duro, como en todo lo demás. Trepas con empeño la escalera que te llevará hacia Dios. Bajas un peldaño si te vuelves descuidado. Cada religión fija reglas dogmáticas para llegar al éxito. Aquellos que obedecen las reglas se ganan su entrada al cielo. Todo este esquema ha sido apodado, con razón, materialismo espiritual. Esto es: se pone a trabajar al alma tanto como el cuerpo lo hace en el mundo material.

Éstas no son influencias pasivas. Nos han atrapado en el peligro del que nos advertía Vasishtha: la mente sólo ve lo que ha creado. La incapacidad de descubrir la fuerza interior puede ser rastreada de forma directa hasta los "grilletes de la mente" que William Blake lamentaba. Aunque sostengo que el materialismo no es la realidad, no estoy diciendo que es una mentira deliberada. Los ultramaterialistas, incluyendo a Dawkins y compañía, describen lo que ven. Su error fatal es no entender que la mente hace cada versión de la realidad usando su poder creativo invisible.

Para convertirte en un buscador no tienes que alejarte y vivir como un marginado de la sociedad; no se te pide que les des la espalda a quienes amas o que hagas proselitismo de un nuevo conjunto de creencias. Ésas son las trampas habituales de la conversión religiosa. Como la religión ha monopolizado ese campo, parece sabio tomar un rumbo diferente. Yo diría una versión simple de la "valentía de ser". Reexamina tu situación actual. Siéntate y en una hoja de papel escribe y confronta de qué se trata tu existencia.

Aquí presento un formato simple. En una columna enlista las cosas externas a las que dedicas esfuerzo, por ejemplo:

Familia.

Amigos.

Carrera.

Escuela, universidad.

Estatus.

Riqueza.

Propiedades.

Política.

Pasatiempos.

Ejercicio, ir al gimnasio.

Ir al cine.

Tener relaciones sexuales.

Internet y redes sociales.

Videojuegos.

Televisión.

Viajes.

Asistir a la iglesia.

Organizaciones de servicio.

Caridad.

Junto a cada categoría escribe un número. Podría ser el número de horas que dedicas a esa actividad a la semana; podría ser qué tanto valoras la actividad en una escala del uno al diez.

En otra columna, haz una lista de las actividades interiores a las que dedicas esfuerzo, como:

Meditación.

Contemplación.

Oración.

Introspección.

Manejo del estrés.

Lectura de textos espirituales, incluyendo poemas y literatura inspiradora.

Psicoterapia.

Crecimiento personal.

Intimidad.

Vincularte afectivamente a alguien de forma empática o por compasión.

Reconocimiento y gratitud hacia ti y hacia otros.

Explorar las tradiciones de sabiduría del mundo.

Tomar un periodo de silencio.

Asistir a un retiro espiritual.

También califica estas cosas con un número que refleje el valor que pones en cada una de ellas o qué tanto tiempo les dedicas.

Cuando hayas terminado, compara las dos listas. Te darán una idea aproximada de dónde yace tu lealtad entre lo interno y lo externo. No te sugiero una autoinculpación: casi todos perseguimos actividades externas principalmente. El mundo material nos atrapa rápido. Está muy bien que las actividades internas se lleven a cabo en el mundo material; pueden ser parte de una rutina cotidiana. (Jesús señaló la necesidad de la coexistencia pacífica cuando dijo que hay que dar al César lo que es del César y a Dios lo que es de Dios.)

Si no dedicas tiempo y atención a lo interior, no estás buscando. Ser devoto y hacer buenas obras no son un sustituto. Muy a menudo permanecen en el plano exterior. Para alguien que necesita una serie de metas espirituales, yo comenzaría con dos que no tienen nada que ver con la religión y todo que ver con volverse auténtico: encuentra tu centro y luego dirige tu vida desde ahí. Las dos metas son necesarias. Si dejas fuera una de ellas, la otra será usada de forma limitada.

Encontrar tu centro significa fijarte en un estado de conciencia estable y coherente. Las fuerzas externas no te dominan. No estás inquieto, ansioso, preocupado o distraído. Estás encontrando tu centro cada vez que:

Actúas con integridad.

Expresas tu verdad.

No te afecta la necesidad de ser aceptado.

Dejas de complacer a la gente y de dar concesiones.

No temes a la autoridad.

Proteges tu dignidad personal y respetas la dignidad de otros.

No te guardas secretos a ti mismo ni a aquellos más cercanos a ti.

Honras las confidencias.

Permaneces autosuficiente, sin depender de otros.

No te ciegas a ti mismo con negación y autoengaño.

Practicas la tolerancia.

Dejas de reaccionar al enojo y perdonas más rápido.

Intentas comprender a los demás como te comprendes a ti mismo.

La segunda meta, dirigir tu vida desde tu centro, significa obedecer una guía interna sutil, como el instinto, la intuición, el amor, el conocimiento de ti mismo, la confianza y la compasión. También ayuda saber qué *no* hacer. No estás viviendo desde tu centro cada vez que:

Te enfocas en recompensas externas (dinero, estatus, posesiones).

Ansías la aprobación de los demás.

Cedes para no tener problemas.

Promueves el conformismo social.

Te abres demasiado a influencias externas.

Sigues reglas morales rígidas.

Pones demasiado énfasis en las reglas.

Te presentas como una autoridad.

Compites como si ganar fuera lo único que importa.

Satanizas a tus rivales y competidores.

Chismeas y menosprecias a los demás.

Te aferras al prejuicio o la ideología.

Buscas venganza.

Evades la verdad.

Piensas en términos de nosotros-contra-ellos.

Mantienes tu mundo interno como algo secreto.

Una vez que alcanzas las dos metas, tu mundo material se sostendrá de la misma forma en que tú lo haces. Lo interno y lo externo ya no serán dos mundos separados; has hecho que se conecten. Puedes operar desde un centro de integridad y expresar tu verdadero ser. Así es como una persona aprende a superar el caos y la fragmentación del mundo material.

Este proyecto de búsqueda que he esbozado es existencial, para decirlo en una palabra. La valentía para ser ha trazado un camino, no al Dios de la fe, sino a un sentido sólido de lo que significa ser auténtico.

Cuando comienzas a sospechar que eres el autor de tu propia existencia, la búsqueda ha comenzado.

Cuando comienzas a usar tu conciencia para dar forma a tu vida activamente, la búsqueda te ha dado una respuesta.

Cuando miras alrededor y sabes que la realidad está basada por completo en la conciencia, la búsqueda ha alcanzado su meta.

La siguiente etapa es viajar más profundo, siempre en dirección hacia la fuente de creación que es donde yace el verdadero poder. La búsqueda sucede en el mundo material, pero el encontrar sucede en otra parte.

El mundo sutil

Si vas a cualquier librería (todavía existen algunas) y avientas una piedra, hay una gran probabilidad de que le des a un libro sobre ciencia y religión. La gran mayoría de estos libros apelan a una tregua entre estos dos campos que tradicionalmente han luchado entre ellos. En julio de 2005, la ciencia no tuvo más opción que estrechar la mano de su antigua némesis: la prestigiosa revista *Science* celebró su 125 aniversario con la publicación de 125 preguntas abiertas que la ciencia aún no ha respondido. Éstas eran las dos primeras:

¿De qué está hecho el universo?
¿Cuál es la base biológica de la conciencia?

Después de doscientos años de logros científicos tremendos, es impresionante que nadie se haya acercado siquiera a responder estas preguntas: de hecho, las investigaciones más recientes tan sólo intensifican el enigma. Como hemos visto, sólo 0.01 por ciento del cosmos está ocupado por átomos que forman todas las estrellas y galaxias visibles. En aproximadamente cuatro por ciento del cosmos se concentra el resto de los átomos, como el polvo interestelar y los átomos de hidrógeno y helio en circulación. El otro 96 por ciento de "sustancia" parece ser no atómica, y desobedece las reglas básicas de la gravedad y la velocidad de la luz. Así que no es "sustancia", no de acuerdo con ninguna medición del mundo visible. Decir que la física explica el espacio y el tiempo es como decir que alguien con cuatro por ciento de visión ve el paisaje completo.

Respecto a la biología de la conciencia, nadie ha demostrado que la conciencia siquiera tenga una biología. Las imágenes del cerebro, a pesar de los grandes avances realizados para ver dentro del cráneo, revelan dónde fluye la sangre. Eso no es ni remotamente lo mismo que mostrar cómo una sopa química (una mezcolanza de agua, azúcar en la sangre, ADN y iones de potasio y sodio) aprendió a pensar. Es tan probable como que un universo pensante decidió crear el cerebro.

Si no puedes responder las preguntas anteriores, que son como el ABC de la realidad, tu teoría acerca de dónde provienen los seres humanos es, por decir lo menos, cuestionable. Como científico, no tienes opción más que seguir insistiendo en que un día se encontrará la respuesta, tal vez pronto. (Ésta era la postura de *Science*. Los editores basaban su lista en una encuesta de cien científicos líderes, en la que les pidieron que se enfocaran en preguntas que podrían ser respondidas en 25 años.) Es bastante tarde como para pedir más tiempo, cuando aquello que persigues no es una gran meta (como la tan esperada Teoría del Todo), sino sólo un punto de partida creíble. Hablar de Dios es hablar de puntos de partida. El emparejamiento de la espiritualidad y la ciencia es inevitable. Ambas se internan en un plano de realidad que cruza la frontera del mundo visible. Ambas confrontan la maravilla de la naturaleza y el fenómeno más extraño de todos, como lo veía Einstein: en primer lugar, la naturaleza puede ser comprendida.

Llamo mundo sutil al reino de lo invisible. Hemos llegado ahí por el camino de la fe. La ciencia llega ahí mediante una cadena de pasos que develan la realidad como una cebolla o una *matrioska*, esas muñecas rusas alojadas una dentro de la otra. Pero el mundo sutil no es territorio exclusivo de ningún bando. Si es real, es real. La ciencia puede desdeñar el camino de la fe, pero eso sólo muestra su desdén por la misma conciencia que conecta toda la actividad mental, ya sea en la oración o al bombardear protones que liberan partículas de Higgs.

Las capas de la cebolla que son removidas por la ciencia son propuestas directas en las que concuerdan todos los científicos:

¿La vida se reduce a la biología? Sí.

¿La biología se reduce a la química? Sí.

¿La química se reduce a la física? Sí.

¿La física se reduce a las matemáticas? Sí.

¿Las matemáticas son una actividad en la conciencia? Sí.

En foros públicos y conversaciones privadas, he presentado a varios científicos prominentes esta secuencia y no muestran ninguna duda hasta el final (sólo una leve sospecha, tal vez, de haber caído en una posible trampa). Se empiezan a poner nerviosos cuando digo: "Parece entonces que la vida se reduce a la conciencia, ¿verdad? Hemos usado sus propios métodos para llegar a esa conclusión". Por lo regular se encogen de hombros cuando escuchan esta conclusión. Un neurólogo me confesó que ésta era la cadena de preguntas más difícil que había enfrentado. Un cosmólogo me acusó de ser reduccionista. Pero no había tendido una trampa. La conciencia surge como la base de la creación, ya sea que empieces desde Dios o desde el tubo de ensayo. En un caso, la materia desaparece en la mente; en el otro caso, la mente surge como materia. Su denominador común es el mundo sutil.

La fe está sustentada por la lógica, pero es difícil convencer a alguien si tu lógica no es la suya. Dawkins ha aislado incluso a aquellos que comparten su ateísmo porque supone con arrogancia que él registró la patente de la racionalidad. Ninguna lógica sirve, sólo la suya. Incluso así, hasta hace poco a nadie le satisfacía forzar a la ciencia y la religión a un matrimonio forzado. Dawkins y compañía reflejan más que nada una ruptura social: si "haces ciencia", no es probable que te vincules profesionalmente a quienes "hacen religión". Estas dos asignaturas de estudio no coinciden en la universidad: los dos tipos de trabajo no comparten el mismo edificio.

Sin embargo, las herramientas para hacer real a Dios son las que construyen el mundo real. Pueden ser manifestadas en un pequeño puñado de principios. Nadie tiene que registrar una patente con ellos. Si pertenecen a la realidad misma, deberían ser aceptables tanto para creyentes como para escépticos.

Principio 1: No eres un receptor pasivo que acepta una realidad fija y determinada. Cada segundo estás procesando tu experiencia.

Principio 2: La realidad que percibes proviene de la experiencia que estás procesando.

Principio 3: Entre más consciente seas, más poder tendrás como fabricante de realidad.

Ninguno de estos principios es una sorpresa. *Conciencia y creador* han sido palabras importantes en mi argumento todo el tiempo, pero debes probar cada principio; no tienes otra forma de reclamar tu papel como creador. Si no las pruebas, has aceptado pasivamente la posición escéptica, que sostiene que la conciencia para nada es confiable porque es subjetiva. "Me gustan las paletas" no puede ser igualado a "El cielo es azul". Una es una experiencia personal variable; la otra es un hecho científico. Pero como hemos visto, la distinción no tiene sustento. Se necesita a la conciencia para hacer que el cielo sea azul. Se necesita a la conciencia para pensar, en primer lugar. Los escépticos nos advierten que no confiemos en las cosas que suceden "sólo en tu mente", cuando la verdad es que el mundo entero sucede sólo en tu mente.

Señales invisibles

La pregunta verdadera es: "¿Hasta dónde puedes confiar?" ¿Puedes confiar en tu mente cuando te lleva a través de la frontera del mundo visible? Ése es el meollo el asunto. Considera qué significa entregarse a Dios. Esto siempre ha sido representado como un acto de fe, lo que quiere decir (si somos crudamente francos) que la gente más razonable lo rechazará sin pensarlo dos veces. Entregarse es confiar en una fuerza invisible que está más allá de los cinco sentidos. Es obvio que no dejarías que Dios maneje tu auto. Ninguna fuerza invisible cocinará la cena esta noche. El mundo material funciona de acuerdo con sus propias reglas. Si te detienes ahí, en realidad la entrega no es necesaria: puedes confiar en el mundo material de forma cotidiana. Nadie se ha entregado nunca a Dios si no es porque ha desconfiado del mundo material y ha seguido pistas que conducen hacia otra dirección. Estas pistas son como atisbos detrás del humo y los espejos de un acto de magia. Te muestran cómo hacen los trucos.

Dado que el mundo sutil nos toca a todos, los indicios sobre él cruzan nuestro camino todos los días. Reflexiona sobre cuántas de las siguientes cosas te han sucedido. La lista es larga, pero es importante que te des cuenta de que ya estás conectado con un nivel más profundo de conciencia, aunque sólo haya sido por destellos momentáneos.

Indicios del mundo sutil
La conexión con una conciencia más profunda

Tienes un momento de "eureka" o "te cae el veinte".

Sientes un estallido de realidad intensificada, como si las cosas de pronto se volvieran claras para ti.

De pronto sientes asombro y maravilla.

Te llega de repente una sensación de paz y calma generalizadas.

Te llega la inspiración, das un salto creativo.

Los sucesos parecen formar un patrón, y de pronto ves qué es el patrón.

De forma inesperada te sientes amado, no por una persona en especial, sino simplemente amado.

Piensas en el nombre de alguien y al minuto siguiente esa persona te llama por teléfono.

Una palabra al azar llega a tu mente, e inmediatamente después aparece en tu lectura o en tu conversación.

Prevés un suceso y se vuelve realidad.

Tienes un deseo en particular, y se satisface por sí mismo.

Encuentras coincidencias significativas cuando dos sucesos coinciden y encajan.

Durante un día entero las cosas parecen organizarse por sí mismas y se acomodan sin esfuerzo.

Sientes la presencia de alguien que ya ha muerto.

Ves el aura de otra persona, ya sea como luz visible o como una sensación sutil de luz.

Detectas el carisma, una potente fuerza personal, de otra persona.

Sientes que otra persona irradia amor puro o una presencia sagrada.

Sientes que eres guiado.

Tienes certeza de que tu vida tiene un propósito, el cual puede sentirse como algo predestinado o más allá de lo que tu ego quiere.

Sólo toma una partícula de conciencia detectar estos indicios. Presentan destellos de misterio. *Algo* está pidiendo ser notado. Ahora plantéate una pregunta clave. ¿En cuántos de estos indicios confiaste? ¿Marcaron alguna diferencia en tu perspectiva o en tu respuesta cotidiana hacia la vida? La cantidad de confianza que la gente pone en ellas varía muchísimo. Un momento de "eureka" ha transformado una vida entera, pero es raro que suceda. Es mucho más común recibir una pista sobre el mundo sutil, sólo para dejarla pasar mientras regresas a vivir de la forma en que normalmente vives.

El ámbito de la percepción sutil al principio es frágil. Ésta es la razón principal por la que surge la duda sobre el poder de la conciencia. Damos por hecho la conciencia, y cuando los sucesos se salen de su camino habitual no sabemos cómo responder. Una amiga me dijo que visitaría a una santa, una india nacida en la pobreza y quien al crecer se fue rodeando de devotos. Mi amiga estaba bastante renuente a ir. "Me lo pidió un seguidor de la santa, a quien siempre me ha dado vergüenza decirle que sus creencias me hacen verlo como alguien inferior. La noción de rendirte ante alguien me horrorizaba. ¿Por qué una persona renunciaría a su libertad en esa forma?"

Mi amiga llegó y encontró a la mujer santa sentada dentro de una gran carpa; estaba repleto de gente y olía a incienso de sándalo. Estaba sentada en un estrado de poca altura; su pequeña figura vestida con un sari le daba un aspecto igual al de cualquier otra persona. Mi amiga tuvo una reacción sorprendente.

Aunque iba decidida a no hacer caso de nada, no pude dejar de advertir los cientos de personas enfocadas en esa mujer para mí desconocida, la mayoría inclinándose cuando se le acercaban. Ella sonreía a cada una y le daba un abrazo suave. Era una situación extraña, la imagen misma de lo que me disgustaba de todo el ambiente de los gurús, pero por algún motivo me sentí bastante apacible y cómoda.

Como mi amiga se cohibía de acercarse a la mujer, se sentó en la parte trasera de la carpa. Ella había escuchado sobre el *darshan*, la práctica tradicional india de recibir una bendición en presencia de una persona santa. Un impulso le dijo que se acercara a recibir el *darshan*, así que poco a poco se aproximó al frente de la carpa.

No puedo explicar lo que sucedió [me dijo después]. La gente que estaba a mis lados me empujaba, pero continué avanzado a pasitos. Conforme me acercaba, mi mente se fue quedando en silencio. La muchedumbre no me hizo sentir agitada o impaciente. Un poco más cerca, este silencio interno se volvió muy pacífico.

Más cerca aún sentí una dulzura dentro de mí, de la forma en que te sientes cuando estás cerca de un niño feliz, sólo que esta dulzura era más profunda.

Finalmente fui la primera de la fila. La mujer santa me sonrió y me abrazó con suavidad. Pronunció algunas palabras en mi oído que no comprendí: después de dijeron que ésa era su bendición.

¿Qué pasaría si me hubieran dado una fotografía del momento? Mostraría a una mujer occidental alta y blanca agachándose para ser abrazada por una pequeña mujer oriental morena. Y aun así la experiencia fue indescriptible. Sentí una intensidad en su presencia que sólo la palabra "santo" puede describir. Al mismo tiempo, era como encontrarme conmigo misma. La pequeña mujer morena ni siquiera estaba ahí. Ella era —¿cómo decirlo?— el símbolo, el medio, la mensajera de un encuentro divino.

Ciertamente, un indicio poderoso. Después mi amiga se sintió desconcertada y al mismo tiempo conmovida en lo más profundo. Todavía está asimilando lo que sucedió. Uso la palabra *indicio* porque entrar directamente al mundo sutil sería tan abrumador que nuestras mentes rechazan la posibilidad. Sólo nos permitimos indicios y atisbos. El mundo sería un lugar extraño si cualquier persona fuera cegada por la luz, como San Pablo en el camino a Damasco. Nos hemos condicionado para ver a través de un cristal oscuro. Cuando su fulminante conversión transformó a Saúl en Pablo, usó la metáfora de ver a través de un cristal oscuro porque su percepción había cambiado para siempre. El mundo sutil se convirtió en su hogar, comparado con el cual el mundo normal era un lugar de sombras lóbregas.

Los indicios no dejarán de llegar a menos que los bloquees con persistencia, lo cual hacen algunas personas. El mundo sutil espera el momento en que esas señales dispersas comiencen a ser importantes. Entonces ocurre un cambio. Tu conciencia comienza a liberarse. Un ejemplo dramático de esto sería la respuesta a largo plazo de la gente que ha tenido experiencias cercanas a la muerte. La mayoría informan que ya no tienen miedo de la muerte y de morir, mientras que otros van más allá y reportan una pérdida de la ansiedad. Tú y yo no vamos por ahí sintiendo un miedo constante a la muerte, porque está imbuido en la psique a un grado sutil. Éste es también el grado en el que sucede la liberación. Ya sea que uno crea en las experiencias cercanas a la muerte o no, la liberación del miedo sucede, lo cual indica que el mundo sutil ha sido contactado, y el contacto derivó en un resultado práctico.

Una vez que el mundo sutil comienza a ser importante para ti, te permitirá superar más que una ansiedad oculta. Es el reino de la luz, donde *luz* significa "clara percepción, estado de transparencia". La conciencia está destinada a ser libre. Sólo tienes que darle la oportunidad y alentar cada paso de conciencia expandida. ¿Cómo se logra eso?

Permaneces con la mente abierta.

No escuchas la voz del miedo.

No te permites escapar a la negación.

Adoptas un punto de vista holístico.

Cuestionas los estrechos límites del ego.

Te identificas con tus impulsos superiores.

Eres optimista sobre el futuro.

Buscas el significado oculto de los sucesos cotidianos.

Las llamo *acciones sutiles*. No las llevas a cabo en el nivel material. Los indicios que deja el mundo sutil requieren una respuesta sutil.

Acción sutil

Todos nosotros estamos acostumbrados a la acción sutil, aunque no le damos ese nombre. Todas las acciones sutiles son decisiones. Imagina que te has ido de vacaciones, y de camino al aeropuerto un pensamiento agobiante te viene a la mente: "¿Cerré la puerta con llave?", tal vez, o "¿Dejé encendido el horno?" En ese momento te estás confrontando a ti mismo, y surge una decisión. ¿Vuelves a casa y revisas de nuevo, o confías en que todo está bien? Lo primero es una acción en el mundo material, y lo segundo es una acción sutil. Puede que no veas una diferencia, pero considera lo siguiente. En el mundo material nos preocupamos, comprobamos de nuevo las cosas, debido a una sensación de inseguridad. Pero la intuición, que es sutil, no se inquieta ni se preocupa. Cuando decides confiar en tus sensaciones estás tomando una decisión en el ámbito sutil. (El simple hecho de manifestar la diferencia no significa que puedas ignorar todas las preocupaciones. Necesitas seguir un proceso antes de que la confianza se vuelva real.)

Las acciones sutiles impregnan la vida. Si confías en que tu pareja te ama, ésa es una acción sutil. Una persona menos segura pide garantías, como terminar cada llamada diciendo "te amo" para poder escuchar "te amo" como respuesta. Sólo las palabras y los hechos pueden aliviar su inseguridad, pero esas personas no pueden confiar en su propio mundo interno. La confianza y la desconfianza interior pueden afectar el curso de una vida. Un niño que ha sido amado por sus padres casi siempre irá por la vida sintiéndose seguro de que merece ser amado. En el plano sutil, merecer ser amado es un asunto determinado. Pero si un niño crece dudando de que es digno de ser amado, experimentará una duda persistente en el plano sutil. ¿Qué sucede entonces? Pasará años tratando de calmar su sentimiento de inquietud, insatisfacción e inseguridad y su miedo de nunca ser lo suficientemente bueno.

Las peticiones básicas que la gente religiosa dirige a Dios son también sutiles. *Señor, hazme sentir digno. Señor, hazme sentir amado. Señor, hazme sentir bendecido.* Si diriges estas súplicas hacia fuera, no puedes confiar en que Dios responderá. Eres como un operador de telégrafos en una estación remota tecleando un mensaje sin garantía de que las líneas no estén descompuestas. Sólo después de que experimentas el estado conocido como "Dios dentro de ti" puedes confiar en la conexión. Dios está desconectado en el mundo material pero tiene una presencia en el mundo sutil. Éste no es el final del viaje, pero por medio de la acción sutil, seguida por una respuesta real, lo divino comienza a ser importante. Perder el miedo o sentirse bendecido no es una respuesta mística. Piensas y te comportas diferente de alguien que no ha experimentado un cambio sutil.

Una parábola india me viene a la mente para ilustrar esto. Había una vez un monje que viajaba solo y enseñaba sobre el *dharma*, la forma correcta de vivir la espiritualidad. Andando por el bosque, llegó a un gran claro y se sentó a descansar.

Justo cuando abrió su bolso para sacar algo de comida, un ladrón pasó por ahí. Éste vio que la bolsa contenía un diamante enorme. Cuando el monje terminó de comer y se dispuso a continuar su camino, el ladrón se adelantó y se escondió detrás de unos arbustos.

Cuando el monje se acercó, el ladrón apareció de un salto. Con calma, el monje le preguntó qué quería.

"El diamante que llevas en tu bolsa", respondió el ladrón.

"¿Me seguiste hasta acá sólo por eso?", preguntó el monje. Tomó el diamante de su bolsa y se lo ofreció. "De acuerdo, tómalo", dijo.

El ladrón le arrebató el diamante con avidez y salió corriendo. No había llegado muy lejos cuando miró hacia atrás para asegurarse de que el monje no lo perseguía. Lo que vio lo dejó perplejo. El monje estaba sentado con las piernas cruzadas debajo de las estrellas, meditando en paz con un aspecto de felicidad total en su rostro.

El ladrón volvió con el monje. "Por favor", suplicó, "te doy tu diamante de vuelta. Sólo quiero saber cómo puedes perderlo con tanta tranquilidad".

Este relato enseña la diferencia entre la naturaleza humana que no ha sido transformada y la naturaleza humana que sí lo ha sido. Las acciones sutiles importan profundamente; otorgan dirección a toda nuestra existencia. En cada momento del día llegamos a encrucijadas ocultas y tomamos decisiones que conducen a un camino o al otro:

Confiar o desconfiar.

Entregarse o dominar.

Dejar ser o interferir.

Poner atención o ignorar.

Amar o temer.

Comprometerse o escapar.

Podemos distinguir las acciones sutiles que tienen resultados positivos de las que no los tienen. Pero no deben ser tomadas como instrucciones de un manual. No hay un conjunto de decisiones aceptado que siempre vaya a estar bien, mientras que otros estarán mal. El amor es el bien más grande de la vida, pero a veces tienes motivos para temer. No interferir es a menudo un consejo sabio, pero a veces debes intervenir. El secreto para tomar la decisión correcta es estar cómodo en el mundo sutil. Cuando ahí es tu hogar, ves con claridad la decisión correcta a tomar. La situación te habla. La brecha entre la pregunta y la respuesta se vuelve incluso más pequeña. Cuando estas cosas comienzan a ser familiares, quiere decir que has aprendido a confiar en tus instintos y a operar por medio de la intuición.

El instinto y la intuición son habilidades genuinas. La mayoría de nosotros sólo apuñala el aire porque hemos dedicado muy poco tiempo a desarrollar estas habilidades. Nuestro mundo interior es confuso y está en conflicto. Los grandes artistas son buenos ejemplos de la intuición experta. Imagina estar parado junto a Rembrandt mientras pinta. Su paleta contiene el mismo revoltijo de colores que la de cualquier otro pintor de la época. La persona que posa frente a él quizá sea una mujer rica de Ámsterdam ataviada con una gorguera blanca de encaje y joyería de oro. (Los modelos de Rembrandt a menudo estaban ansiosos por mostrar su riqueza.) La mano de Rembrandt va de la paleta de pintura al caballete. Son las acciones ordinarias de cualquier retratista profesional.

Pero después de unas cuantas sesiones, ha sucedido una transformación. En vez de un retrato, un ser humano viviente ha surgido del lienzo. Con esta habilidad sutil, Rembrandt ha intuido el carácter de esta mujer. Ella muestra una gama oculta de cualidades (vanidad, melancolía, dulzura, inocencia) que brillan a través de los pigmentos. Estas cualidades internas no pueden ser traducidas a una técnica mecánica. Requieren una conexión directa entre el mundo sutil y la mano del pintor, que es por lo que nos maravillamos, nos asombramos y decimos: "Ha capturado su alma".

No sólo los genios pueden desarrollar habilidades sutiles, sino cualquiera. Las madres primerizas lo hacen todo el tiempo cuando aprenden a leer los signos que emiten los bebés. (En las tribus de África, las madres cargan a sus bebés desnudos en sus espaldas. La madre sabe cuándo bajar al bebé para que haga sus necesidades. Hay un vínculo instintivo y no suceden accidentes.) El asunto no es si tienes habilidades sutiles, estoy seguro de que tienes muchas. Pero experimentar a Dios no implica sólo una habilidad. Dios está en todas partes en el mundo sutil. Lo divino no aparece por destellos, en momentos cumbre con una súbita luz cegadora. Lo divino es constante; somos nosotros quienes vamos y venimos.

Hasta que el mundo sutil se convierte en tu hogar, no puedes evitar el ir y venir. La repetición y la práctica son parte de la curva de aprendizaje. El secreto consiste, para empezar, en saber que estás en el mundo sutil. El nivel de la solución es más profundo que el nivel del problema. Por lo tanto, permanecer en el nivel del problema te conduce a la frustración.

Quizás has conocido a personas que constantemente están en un afán de superación, y dicen cosas como: "Estoy aprendiendo a estar menos enojado", "Estoy aprendiendo a confiar más" o "Estoy aprendiendo a ser menos dominante". De alguna manera este aprendizaje nunca termina. A pesar de todos sus esfuerzos, están atorados en el enojo, la desconfianza y los impulsos de dominio. (La gente que toma cursos de manejo de la ira, por ejemplo, a veces termina más enojada. También, los beneficios de las terapias de duelo son dudosos y muy impredecibles.) ¿Por qué sucede esto? No hay una respuesta definida, pero algunas posibilidades entran en juego:

> La persona no alcanzó el nivel sutil pero se esforzó al nivel del ego, la falta de confianza en sí misma y la culpa.
> Se desanima cuando se encuentra con resistencia interna.
> Pierde la motivación si hay muchas complicaciones.
> Su enfoque era confuso y estaba repleto de contradicciones.
> No se responsabilizó realmente de su comportamiento.
> Le faltaba conciencia de sí misma.

Simplemente, la mayoría de la gente se acerca al mundo sutil sin orden ni concierto, más bien como "navipascuas", es decir, cristianos de ocasión que sólo van a la iglesia en Navidad y en Pascua. Nuestro fracaso para encontrar a Dios puede ser rastreado hasta nuestro hábito de ir y venir en vez de hacer un hogar en el mundo sutil. De igual forma, la causa de nuestro fracaso para tocar el piano bien puede estar en que dejamos las lecciones, y el fracaso en perfeccionar el *swing* de golf en la falta de práctica. Aunque suene banal, encontrar a Dios depende de una práctica cotidiana.

No estoy aquí para catalogar los fracasos de los buscadores que nunca encuentran lo que están buscando. Es mucho más importante llegar a un camino confiable hacia la meta. Quizás el mundo sutil radica en lo desconocido, pero siempre está abierto.

Dirige tu cerebro

El camino más confiable es adoptar un enfoque de mente-cuerpo. En cualquier estado de conciencia, el cerebro procesa la experiencia; una experiencia mundana, como llevar a pasear al perro, está en el mismo plano que una experiencia elevada, como escuchar a los ángeles cantar. El cerebro debe estar adaptado para procesar las dos. Cuando eras niño, para aprender a leer tu cerebro tuvo que adaptarse de forma muy especializada. Tus ojos tenían que ser guiados para enfocar las pequeñas figuras negras en una hoja de papel; tenían que moverse de forma lineal de izquierda a derecha y luego hacia abajo a la siguiente línea. Tu córtex tuvo que decodificar las figuras negras en letras. Tu memoria se comprometió a construir una gran biblioteca de palabras e ideas. Volverte letrado era como mudarte a un mundo nuevo.

Tu alejamiento del materialismo será mucho más radical porque renunciarás a todos los apegos del universo físico como tu punto de referencia inamovible. El impulso de amor tendrá más fuerza que una tormenta eléctrica. La imagen de una rosa en el ojo de tu mente tendrá el mismo estatus que una rosa en tu mano: ambas son producto de la conciencia. Al igual que se adaptó cuando aprendiste a leer, tu cerebro puede adaptarse a experimentar a Dios. Cuando te comprometas en una estrategia para dar forma a cómo tu cerebro procesa las percepciones, tu visión espiritual se volverá práctica. De hecho, esto funciona como la prueba de fuego: si tu cerebro no ha sido entrenado de nuevo, no descubrirás nada real en tu búsqueda espiritual. Todavía estarás atrapado en la red, esperando encontrar un agujero para saltar a través de él.

El cerebro no puede remodelarse a sí mismo. Funciona como un mecanismo para procesar aquello que la mente quiere, teme, cree y sueña. Al volverte más consciente, de manera automática comienzas a dirigir a tu cerebro adonde quieres que vaya. En la Era de la Fe, todas las personas estaban condicionadas a procesar la vida cotidiana en términos de Dios. Había sermones en las piedras; un árbol caído era un telegrama del Todopoderoso. En la actualidad sucede lo opuesto: las piedras son mudas y un árbol caído es un suceso fortuito. El cerebro humano ha aprendido a adaptarse a *cualquier* realidad. Ése es un gran don, porque significa que puedes dirigir tu cerebro hacia el mundo sutil, que se vuelve real conforme tu cerebro se ajusta a un nuevo panorama.

Tu cerebro, a pesar de sus maravillas, requiere entrenamiento básico cuando aprendes una nueva habilidad, y encontrar a Dios es una habilidad. Deben formarse nuevos caminos neuronales, lo que sucederá automáticamente una vez que pongas tu concentración, atención e intención detrás de ello.

A continuación presento siete estrategias para procesar el mundo sutil, una para cada día de la semana. Cada día se enfoca en un ejercicio diferente para que te sientas cómodo con tu mundo interior. Haz cada ejercicio con calma, repítelos todos después de algún tiempo y serás testigo de un cambio genuino y duradero en tu conciencia.

Día 1
Sé generoso de espíritu

Camino viejo: Aferrarte a lo que es tuyo.
Camino nuevo: Compartir de ti mismo.

Ejercicio: El día de hoy sé consciente de los viejos hábitos que provocan que reacciones con una actitud de "yo primero". Observa cómo retienes en vez de dar. Si ves indicios de egoísmo, avaricia, miedo a la escasez, miedo a la pérdida y otros tipos de restricciones sobre el dar, detente y respira hondo. Interrumpe la reacción y céntrate en ti mismo. Espera y observa si surge una nueva respuesta. Está bien si no sucede. Tan sólo detener la reacción antigua es un paso hacia delante.

Para establecer un nuevo camino, hoy busca una oportunidad en la que puedas ser gentil, afectivo o elogioso con alguien. Anticípate a lo que alguien necesita antes de que te lo pida. Pregúntate lo que significa ser generoso e imagínate a ti mismo en ese papel. Actúa a partir de tus impulsos generosos en vez de alejarte de ellos.

Día 2
Sé afectuoso y amable

Camino viejo: Suprimir el amor.
Camino nuevo: Expresar el amor.

Ejercicio: Hoy tu meta es convertir la represión en expresión. Dentro de todos nosotros hay sentimientos e impulsos que resistimos. No los expresamos incluso cuando son del todo positivos. Puede ser saludable o prudente socialmente no expresar la hostilidad que sientes en un momento dado, pero reprimir algo tan positivo y básico como el amor es autodestructivo. La felicidad consiste en saber lo que necesitas y obtener satisfacción de alguien que quiera cubrir tu necesidad.

Ya que dar es más fácil que recibir para la mayoría de las personas, el día de hoy muestra un aspecto de amor que por lo regular reprimes. Esto no significa que de pronto salgas de tu concha y digas "te amo", aunque a menudo eso es bienvenido decirlo y escucharlo. En cambio, piensa en tu madre o en alguien que te haya amado de una forma muy natural. ¿Qué hizo ella para expresar su amor? Veló por tus necesidades, te puso por encima de las suyas, no te juzgó ni te criticó, te ayudó a sanar tus heridas, te apoyó cuando estuviste nervioso, temeroso o inseguro. Hoy encuentra una forma de representar ese papel para alguien más.

Es imposible convertir de la noche a la mañana la idea de "No soy digno de ser amado" en la de "Merezco ser amado". Implica un proceso. Lo que te hizo sentir no amado fue una serie de mensajes de otras personas; estos mensajes negativos se incorporaron a la imagen que tienes de ti mismo. Así que vamos a revertir el proceso. Si otros te dieron mensajes positivos de que eres digno de ser amado, la imagen de ti mismo cambiará en esa dirección. Poco a poco ganarás una nueva imagen.

El día de hoy pon atención en las expresiones de amor. Observa si rechazas los mensajes positivos de otras personas. Fíjate si caes en la rutina de actuar neutral, indiferente o descuidado con los demás. Si es así, detente. Todo reentrenamiento requiere que dejes de hacer lo que no funciona. Si tan sólo te detienes, es un paso hacia delante. Pero también trabaja en el nuevo camino. Sé alguien digno de ser amado. Una sonrisa, una palabra amable, cualquier acto de vinculación afectiva: estas pequeñas cosas cotidianas les dicen a los demás que te importan. Casi todo el amor es no romántico. Es una expresión de un corazón cálido, y lo que una persona cálida hace es dar cariño. En vez de preocuparte porque nunca encontrarás a la persona indicada que te ame, sé tú esa persona indicada. Entre más expreses amor, más reaccionará tu cerebro superior de maneras amorosas.

Día 3
Suelta

Camino viejo: Aferrarte a la resistencia.
Camino nuevo: Entregarte a lo que es.

Ejercicio: El día de hoy debes soltar algo. Mantén tu atención en esto, y cuando surja un momento en que tu voz interior diga "Estoy en lo correcto, maldición", o "No estoy cediendo", detente. No tienes que hacer lo opuesto a nada. Sólo haz una pausa y sé consciente de ti mismo. Nota que te cuelgas, te aferras y exiges que cambie la situación. ¿Cómo te hace sentir eso? Casi siempre, cuanto te aferras te sientes tenso, restringido, irritado y estresado. Si sientes algo de esto, aléjate y relájate. Respira profundo o medita. Céntrate antes de reaccionar.

Soltar es emocional y físico. Estás abriendo un camino de aceptación. Sin importar lo que te diga tu voz interna, la realidad es simplemente lo que es. Necesitas observar "lo que es", y esto significa soltar "lo que debería ser". No pienses en esto como rendirte en el sentido de perder. Piénsalo como estar más abierto, dejando que tu cerebro obtenga más información. En un nivel más elevado, también estás apelando a que el cerebro ofrezca mejores respuestas que se adapten a la situación.

Estar consciente de ti mismo te alertará de tus reacciones negativas. En el pasado, los viejos caminos te daban dos opciones cuando te sentías negativo: apagarte o expresarte. La mayoría de la gente se apaga, ya que ha aprendido de experiencias dolorosas que expresar juicios, enojo, resentimiento y ego detona malas respuestas de los demás. Pero ésta nunca fue una situación en la que tuvieras que escoger uno u otro. En vez de apagarte o expresarte, simplemente puedes estar consciente. Cuando haces eso, permites que entre la luz de la conciencia. De hecho, tu ser superior no es nada más que conciencia expandida. Al aferrarte a cualquier cosa, te encierras en un lugar estrecho de tu mente: el equivalente mental de cruzar fuerte los brazos sobre tu pecho. Puedes pasar mucho tiempo con los brazos cruzados, la quijada apretada y los ojos vidriosos, o puedes darte cuenta de lo que estás haciendo y detenerte.

El equivalente mental funciona de la misma manera. Puedes decir que la gente está mal, o puedes darte cuenta de lo que haces y detenerte. El proceso de soltar comienza aquí. En este caso, una vez que dejes de tensarte en el interior, automáticamente tu cerebro se libera. Con el tiempo la apertura se vuelve un hábito. Los nuevos caminos remplazan a los viejos al obtener experiencias frescas. Cuando busques la prueba de que aferrarte no está funcionando, te será fácil encontrarla. Para lo que se necesita paciencia es para encontrar las recompensas de soltar. La vida es muy complicada y encerrarte en un pequeño cuarto te da una realidad más segura. Pero una vez que dejas de resistirte y permites que la vida fluya, soltar es más fácil, y entonces te das cuenta de que la vida es tuya para que la experimentes como individuo. La felicidad es universal; encontrar tu propia forma de felicidad es un privilegio que sólo te pertenece a ti.

Día 4
Encuentra tu plenitud

Camino viejo: Rutina.

Camino nuevo: Satisfacción.

Ejercicio: El día de hoy debes liberarte de la rutina predecible. Es fácil hacerlo, demasiado fácil si de lo que estamos hablando es de pedir unos huevos duros en vez de revueltos, o cambiar el canal en el que pasan el futbol del domingo por la noche. La rutina está enraizada en el cerebro. Es una forma de supervivencia cuando en realidad nunca ha estado en riesgo de no sobrevivir. La vida de la mayoría de las personas está resuelta en lo que se refiere a la alimentación, el techo y el vestido. Sin embargo, el que podamos dar por hecho la supervivencia no convence al cerebro inferior. Constantemente está tratando de protegernos de la hambruna, la agresión, de estar expuestos a los elementos naturales y un medio ambiente peligroso. De ahí la sensación de riesgo, que se convierte en temor, cuando la gente abandona sus rutinas conocidas.

Tu objetivo hoy es aprender a expandirte más allá de los hábitos de tu cerebro de equiparar lo *nuevo*, *fresco* e *inesperado* con *extraño, amenazante y ansioso*. Sé consciente de cómo estructuras todo tu día para sentirte seguro. Protegerte es un instinto del cerebro inferior. Pero recuerda que el cerebro inferior nunca evoluciona: continúa haciendo lo que hacía hace millones de años. Sólo tu cerebro superior puede evolucionar, pero no lo hará si vives detrás de barreras mentales. Libérate de los sistemas de seguridad que has instalado a tu alrededor, aunque sea por un rato. Cuando lo haces, ¿qué sucede?

Caminas sintiéndote inseguro, y ésa es tu realidad actual. No estamos hablando de correr riesgos insensatos. Estamos hablando de la raíz de la inseguridad, que es la creencia de que el universo nunca sostendría nuestra existencia.

Para disipar esa profunda sensación de inseguridad, debes atravesar un proceso de reentrenamiento de tu cerebro. Dale espacio para que evolucione. El cerebro inferior no se irá; necesitas sus instintos protectores algunas veces, aunque muy raramente. La mayoría de la gente se protege a sí misma de amenazas imaginarias. Pero si tu cerebro superior domina, la voz protectora se volverá cada vez más pequeña y estará menos ansiosa.

Imagina que te han dejado contra tu voluntad en Haití después del devastador terremoto o en Malasia tras el tsunami. Quizá te daría un ataque de ansiedad o de pánico. Ahora imagina que has ido a esos lugares como voluntario para ayudar. Estás ahí para un propósito mayor, algo profundamente significativo para ti y, por ello, la voz de la amenaza se vuelve marginal.

El significado supera a la inseguridad. Ésa es la clave. Así que hoy encuentra algo que hacer que exprese tu propósito. Permite que la vida sustente tu propósito. Sé decisivo: ten claridad de quién eres y qué quieres. Si no puedes encontrar nada que se ajuste al perfil, entonces lee un libro sobre alguien de la vida real que te inspire, un posible modelo a seguir. Sumérgete en el camino que esa persona tomó. Después considera si te ha dado una pista para tu camino. Las claves siempre están presentes. Es parte del *dharma*, la fuerza cósmica que sostendrá lo que sea que te propongas en un nivel profundo dentro de ti.

Día 5

Activa tu sanación

Camino viejo: Negligencia pasiva.
Camino nuevo: Bienestar activo.

Ejercicio: El día de hoy tu meta es ayudar al sistema de sanación de tu cuerpo. *Sistema de sanación* es un término médico relativamente nuevo, que conjunta diversos sistemas del cuerpo. El sistema inmunitario puede ser esencial para sanar una herida o una infección, pero la sanación emocional implica el cerebro, el ejercicio involucra a los músculos y al sistema cardiovascular, la alimentación involucra al sistema digestivo, y así. La gente toma pastillas de vitaminas pensando que están ayudando a ahuyentar la enfermedad, pero el beneficio es mínimo y casi innecesario si llevas una dieta saludable y equilibrada. Cuando la misma persona se niega a tratar el estrés dañino en su vida o el enojo y los resentimientos añejos, el resultado no es pasivo: el sistema de sanación se encuentra con un obstáculo serio.

Hoy libérate de tu negligencia pasiva. Cuando te cepilles los dientes piensa en tu salud dental. Cuando desayunes, considera cómo nutrir tu cuerpo. Cuando tomes el elevador en lugar de la escalera, considera lo bueno que es estar activo. Conforme hagas estas cosas mira hacia dentro y ve cómo te sientes. La razón por la que te descuidas a ti mismo siempre tiene un sentimiento subyacente unido a eso.

Estás sintonizado con el mundo, incluido el mundo sutil, por medio tanto de la conciencia corporal como de la mental. ¿Estás contento por sintonizarte físicamente? Muchas mujeres, adoctrinadas para tener una mala imagen corporal, para nada quieren sintonizarse.

En cambio, usan la preocupación y el reproche a sí mismas. Acusan a sus cuerpos por no ser perfectos, una forma de rechazo que tiene un precio escondido: al mismo tiempo rechazan el sistema de sanación de su cuerpo. De esta forma se vuelve una molestia que el cuerpo dé señales de incomodidad, y si la incomodidad es dolor, su única respuesta es la ansiedad y el pánico.

Puedes evitar todo esto al sintonizarte, no por ansiedad, sino como aliado de tu cuerpo. A cambio, tu cuerpo se convertirá en tu aliado. La señal más positiva que puedes mandar cada día es estar a tono y en equilibrio con todas las cosas. Tu cuerpo se encuentra constantemente en el estado de equilibrio dinámico llamado homeostasis. Es lo mismo que un auto parado en un semáforo o echar a andar el termostato y alejarte. La homeostasis debe ser perturbada para que salga de su inercia inicial. El motivo es que un cuerpo en reposo también necesita moverse de forma repentina. Si decides perseguir un taxi, correr al teléfono o entrar a un maratón, la homeostasis te da la flexibilidad para hacerlo.

La negligencia pasiva refuerza el cuerpo cuando está en reposo; elige la inercia sobre el dinamismo. ¿Qué es lo que ayuda a la homeostasis a permanecer dinámica, flexible y disponible para ser movida por la intención? Todo tipo de cosas, mientras que sean lo opuesto a la inercia. El ejercicio repele la inercia física. Tener un interés en la vida repele la inercia mental. Y lo mejor de todo, la conciencia de uno mismo abre espacio a la espontaneidad. El mejor tipo de libertad es inesperada, porque abre a la sorpresa, la pasión y lo desconocido. Así que revisa si puedes detonar esas cosas en tu vida cotidiana. Sorpréndete a ti mismo, interésate por algo, encuentra algo que te apasione. Éstas son formas profundas de sanación, y cuando las persigues entonces realmente estás sanando.

Día 6
Eleva tus expectativas

Camino viejo: Expectativas limitadas.
Camino nuevo: Potencial ilimitado.

Ejercicio: El día de hoy debes satisfacerte, no esperando un día mágico en el futuro, sino cambiando los caminos hacia tu satisfacción. La plenitud es multidimensional. Se siente satisfacción física, emocional y espiritual. Los ingredientes son, primero, una sensación general de relajación y bienestar en el cuerpo, junto con la ausencia de tensión e incomodidad. Segundo, en el plano emocional sientes una satisfacción personal; estás viviendo tu vida bien. Con esto viene la ausencia de amenazas, aislamiento, soledad y carga emocional. Finalmente, en el plano espiritual te sientes en paz y centrado, conectado con tu ser superior. Esto viene con una ausencia de duda y de miedo a la muerte y a ser abandonado por Dios.

Aunque sólo es un boceto, esta imagen de tu ser multidimensional te muestra dónde buscar tu plenitud. Cualquiera de estas dimensiones funcionará, y si en verdad buscas la satisfacción física, mental y espiritual, éstas se fusionarán. Todos los caminos estarán abiertos para las muchas avenidas de las cuales proviene la plenitud. No hay una receta para ello. Es cierto que dar trae satisfacción a muchas personas, y otros experimentan satisfacción sólo cuando sirven para algo. Éstas sólo son conclusiones generales. Como eres multidimensional, cualquier mapa que traces te llevará a donde quieras ir.

El obstáculo principal son las expectativas limitadas. Ya sea que lo admitan o no, la mayoría de las personas están insatisfechas porque fijan sus miras muy bajo. De hecho, han logrado lo que imaginaron que las haría felices. Durante décadas los psicólogos han estudiado lo que hace a la gente infeliz y dañada psicológicamente. En cambio, en el nuevo campo de la psicología los investigadores estudian qué es lo que hace feliz a la gente, pero sus descubrimientos están llenos de contradicciones.

Todo el mundo intenta ser feliz, todos buscan aquello que piensan que los hará felices. Pero los seres humanos somos malos para pronosticar. Cuando obtenemos aquello que debería hacernos felices, resulta que no sucede lo esperado. Las madres primerizas, por ejemplo, a menudo se sienten frustradas y deprimidas por cuidar a sus bebés; algunas madres afirman que cuidar a niños pequeños es una fuente de infelicidad, junto con las tareas de la casa. Tener dinero hace feliz a la gente sólo hasta cierto punto. Alcanzan un buen nivel de comodidad, pero el dinero extra aumenta su infelicidad al añadir responsabilidad y preocupaciones. Y una vez que tienen suficiente dinero, reciben menos satisfacción por tener más. El segundo Porsche no te da la misma emoción que el primero; la décima vez que te hospedas en el Ritz ya no la sientes glamorosa.

Dejando de lado la riqueza, la realidad esencial es que lograr la plenitud requiere tener expectativas más altas. Conforme avance tu día y experimentes todo tipo de cosas, haz una pausa y pregúntate a ti mismo: "Honestamente, ¿de qué me está sirviendo esto?" La respuesta no será clara. Algunas cosas serán más satisfactorias de lo que supones; con otras sucederá lo contrario. Entonces pregúntate: "¿Qué será más satisfactorio en lugar de esto?" En otras palabras, embárcate en un viaje de descubrimiento. Rápido verás que el descubrimiento no es algo fácil: en tu camino habrá obstáculos y limitaciones.

Presta atención al siguiente tipo de limitaciones: pensar que no mereces algo mejor; miedo a no ser aceptado; miedo al fracaso; miedo a destacar demasiado entre la multitud; ansiedad por dejar atrás tus viejos hábitos. Para mucha gente, la felicidad se equipara con asentarse. Escogen lo que es suficientemente bueno porque es seguro. Pero eso significa que tus sueños serán tan limitados que cumplirlos te dará satisfacciones pequeñas. Detente un segundo y observa a la gente con la que te relacionas. Es probable que sus expectativas sean como las tuyas, porque seguro quieres encajar en tu propio círculo. No se te pide que rechaces a tus amigos o a ti mismo; muy al contrario.

Escoge a la persona que más admires de tu círculo, o aquella cuyos sueños sean parecidos a los tuyos. He aquí un ejemplo vivo de cómo expandir tus expectativas. Puedes acercarte más a esa persona, pedirle consejo y comunicarle los deseos de tu corazón. Sí, esto implica correr un riesgo. Exponer quién quieres ser no es necesariamente seguro. Pero descubrir quién quieres ser es vital, porque eso será lo que persigas. Aceptarás el crecimiento constante, un viaje interminable, horizontes expandidos. Alcanzar la plenitud no es como construir una pared ladrillo por ladrillo hasta que admiras el producto terminado. Es más bien como entrar en un río en el que no puedes pisar el mismo lugar dos veces.

La primera imagen es estática; la segunda, dinámica. La primera está fijada seguramente en su lugar; la segunda te lleva a quién sabe dónde. Tienes caminos neuronales para lidiar con ambos extremos. La estabilidad es importante, pero también lo es el dinamismo. La mayoría de la gente se preocupa mucho de asegurarse de no participar demasiado del lado dinámico. Su paisaje tiene más paredes que ríos. Conforme avance tu día trata de ser consciente de cómo se ve tu paisaje personal. Ése es el primer paso para sortear las paredes. Tendrás que derribar algo; deberás escalar unas cosas y escabullirte de otras. Se siente bien vivir con tan pocas paredes como sea posible si son del tipo que excluye nuevas posibilidades. Revisa si el día de hoy puedes inhalar profundo de verdadera satisfacción. En eso radica el camino a la plenitud duradera.

Día 7
Déjalo ser

Camino viejo: Esforzarse para lograrlo.
Camino nuevo: Esforzarse lo menos posible.

Ejercicio: El día de hoy aprenderás a dejar que las cosas sean. Los principios son simples: piensa en el resultado de algo, deja que tu intención se vaya y espera el resultado. No hay nada esotérico en estos tres pasos. Los atraviesas cada vez que envías una orden a tu cerebro, como cuando quieres levantar tu brazo. La intención se lleva a cabo automáticamente. No te detienes a ver si tu cerebro va a responder de la forma en que se lo pides. El circuito de realimentación entre la intención y el resultado corre de manera suave y automática.

El arte de ser consiste en llevar la misma confianza y espontaneidad a otros aspectos de tu vida. La diferencia es que en Occidente la gente mantiene los eventos de "aquí dentro" separados de los eventos de "allá afuera". Afirmar que la intención puede afectar una situación externa parece normal en las tradiciones espirituales de Oriente, que sostienen que la conciencia está en todas partes, tanto "aquí dentro" como "allá afuera". Una visión del mundo es dual; la otra está unificada. Pero la terminología es irrelevante; la prueba está en los resultados. ¿Puedes tener una intención y permitir que se manifieste sin esforzarte por alcanzar tu meta?

Las tradiciones de sabiduría del mundo afirman que es posible. "Dejarlo ser" significa estar conectado a la misma fuente con el Ser puro, como todo lo que existe en el cosmos. Cuando esta conexión es fuerte, tener un deseo "aquí dentro" conduce a un resultado "allá afuera" de inmediato, porque la unidad subyacente trasciende los límites y la separación artificial. Para llegar al punto en el que estás del todo conectado tienes que pasar por un proceso, uno que sucede a través del cerebro. Al igual que en los ejercicios anteriores, sólo necesitas estar más consciente de ti mismo.

En la práctica, lo que te pido que hagas es lo siguiente: ten una intención el día de hoy, suéltala y ve lo que sucede. Si obtienes el resultado que deseas, reconoce que te conectaste, que te sintonizaste con el mecanismo del menor esfuerzo. "Menor esfuerzo" es lo mismo que permitir que tu Ser haga el trabajo. Si no obtienes el resultado de lo que quieres, que no te importe y trata de nuevo con una nueva intención. Sin embargo, habrá muchas veces en que el resultado no sea obvio. Estarás cerca y sentirás que las cosas funcionaron muy parecido a como lo deseaste.

Esto es parte del proceso, así que date cuenta de que estás cerca y acepta el resultado que recibiste. (La mayor parte del tiempo tendrás que esforzarte más para lograr lo que quieres, pero está bien.) En este ejercicio no hay fracaso. Crear una conexión fuerte con tu Ser es lo mismo que crear un nuevo camino. Si los siguientes indicadores aparecen, estás progresando:

Te toma menos esfuerzo lograr un resultado.

Te apremia menos lograr un buen resultado.

La gente comienza a cooperar contigo más fácilmente.

Sientes que todo va a estar bien.

Comienzas a tener golpes de suerte.

Los sucesos encajan con sincronía.

Los resultados aparecen más rápido.

Las soluciones creativas surgen de la nada.

Nada de esto es misticismo. La vida cotidiana ya tiene acontecimientos en sintonía, golpes de suerte y coincidencias felices. En vez de aceptar que son sucesos accidentales o fortuitos, puedes verlos como un signo de que hacer esa conexión es muy real y posible. Dominar el arte de ser requiere tiempo y conciencia de uno mismo. Pero tu cerebro está diseñado para forjar el mejor camino hacia la plenitud, que no implica esfuerzo alguno.

Digamos que has comenzado el proceso de formar nuevos caminos. Al principio se necesita esfuerzo y paciencia. Debes abordar los viejos caminos, que una y otra vez representan recuerdos, hábitos y condicionamientos grabados en la mente. Estás cambiando el modo de operación básico de tu cerebro, y necesitas tener una atención consciente para hacerlo. Pero el proyecto es altamente gratificante, y si persistes aparecerán diversos signos de progreso, incluyendo los siguientes:

Tu diálogo interno se calla.

Las respuestas negativas disminuyen.

Resistes y dominas los impulsos con más facilidad.

Crece un sentido de significado.

Comienzas a sentirte cuidado.

Sientes menos arrepentimiento por el pasado y menos ansiedad
por el futuro.

La toma de decisiones se vuelve más clara.

En cierta etapa alcanzas un punto de no retorno. Habiendo hecho el trabajo de imprimir nuevas respuestas en tu cerebro, puedes confiar en esas respuestas. Esto abre la puerta al Ser. Puedes "dejarlo ser" cuando tu cerebro comienza a cuidarte. Ya confías en tu cerebro para que te cuide en innumerables formas. Automáticamente controla los niveles hormonales, la respiración, el ciclo del sueño, la frecuencia cardiaca, el apetito, la respuesta sexual, el sistema inmunológico y mucho más. Así que el arte de ser no es extraño para ti: es tu segunda naturaleza.

Trascendencia: aparece Dios

Hemos llegado al punto en que es posible una transformación completa. Un Dios que apenas importa puede convertirse en un Dios que es más importante que nada. Este tipo de transformación conduce a la libertad. Quién no querría aceptar la tentadora invitación de Rumi cuando dice:

> Más allá de las ideas del bien
> y el mal hay un campo.
> Ahí nos encontraremos.

> Cuando el alma se recuesta en ese pasto
> El mundo está demasiado pleno como para hablar de él.

Ahí está el premio. Pero al mismo tiempo, la transformación es amenazante. Nuestras creencias principales nos definen. Nos resistimos a que nos las arranquen al igual que tememos una cirugía radical.

Para ver a Dios sin ilusiones tuvimos que derrocar a la religión convencional. No había otra forma. La religión saca lo peor debido a las respuestas del cerebro inferior (miedo a ser castigados, pensamiento de nosotros-contra-ellos, la necesidad de sentirnos seguros y protegidos) mezcladas con el tribalismo, la mitología cultural, las fantasías de la infancia y las proyecciones. Era una mezcla insana. Todavía peor, no estaba Dios. Dawkins y compañía tenían toda la razón al atacar estas ilusiones. Pero no le pusieron un dedo a Dios porque nunca desmantelaron su propio manojo de espejismos.

¿Qué se necesita para eso? Durante los días oscuros de la Guerra Civil, Abraham Lincoln se dio cuenta de que la Unión podría vencer a la Confederación, pero los viejos Estados Unidos no podrían ser armados de nuevo sin un cambio drástico. La esclavitud no estaba prohibida en la Constitución. Lincoln había crecido con la misma mentalidad racista de casi todo el mundo. La inferioridad de las personas de color era una creencia arraigada. Como sucede con todas las creencias fundamentales, fue difícil sacudir su fuerte arraigo emocional.

En la conmovedora película *Lincoln*, de Steven Spielberg, hay una escena imaginada con fineza en la que la mente de Lincoln encuentra un escape al prejuicio racial. Está sentado en el cuartel general, acompañado sólo por sus dos jóvenes secretarios. El talante es sombrío, naturalmente; los momentos de silencio lo confrontan con el verdadero horror del conflicto sangriento. En semejante momento, ¿cuál es el tema que Lincoln aborda? Euclides, el gran matemático griego. Lincoln abandonó la escuela después de la primaria y fue autodidacta al volverse un lector voraz, y en los teoremas de Euclides descubrió una proposición lógica: *Si dos cosas son iguales a una tercera, entonces son iguales entre ellas.* Él repite esta pieza básica de lógica en una voz fervorosa, pero Lincoln no revela su significado oculto. La película propone a los espectadores que comprendamos la implicación por nosotros mismos, y sería algo así:

Si un hombre blanco fue creado por Dios
y un hombre negro fue creado por Dios,
negro y blanco son iguales ante Dios.

Digamos que el cerebro superior ha probado su superioridad. Entrenado para valorar la razón, el córtex no se retractaría hacia respuestas inferiores con respecto al problema de la esclavitud (protección de uno mismo, sospecha, odio, miedo), aunque estas respuestas aún existieran, incluso en un hombre tan grandioso como Lincoln. Su principal visión del problema de la esclavitud era espiritual. Su viaje personal fue una lucha (Lincoln nunca tuvo un amigo cercano que fuera negro) pero la lógica le ayudó a llegar ahí.

Hay algo explosivo en la lógica simple. Tiene el poder de hacer que la mente se cuestione todo lo que ha dado por hecho hasta ahora. Las cosas que damos por hecho son más poderosas que nada. Sustentan nuestra visión del mundo, manteniéndola cohesionada, segura y a salvo. En este libro, el verdadero conocimiento de Dios fue inalcanzable hasta que dimos tres cosas por hecho: la realidad, la conciencia y a Dios mismo. Dios simplemente estaba de fondo, sin hacer nada. Estar consciente era tan sólo lo opuesto a estar dormido; no tenía un poder oculto. La realidad era el universo material y las cosas que lo llenaban.

Ahora hemos hecho que estallen todas estas suposiciones y hemos llegado a una simple pieza de lógica que puede liberar la mente por completo, de una vez por todas:

Si Dios es la realidad
y la realidad es conciencia,
entonces Dios es conciencia.

El secreto está en vivir esta lógica. De lo contrario se queda muerta, como un conjunto de ideas. Cuando tratamos de pensar en Dios (a favor, en contra o parte y parte) el error es que Dios no es una idea. Estuve probando este libro en las redes sociales (me pareció apropiado estar actualizado), y un día tuiteé: "Los ateos militantes y los fundamentalistas religiosos están obsesionados con Dios. Pero lo que los obsesiona es una idea. Dios no es una idea. Dios es conciencia". Surgió una discusión acalorada y una persona tuiteó de vuelta: "Usted está en el mismo barco que Dawkins. La conciencia es tan sólo su idea de Dios". Pero no es así. Dios es la realidad misma. No es una cosa, que es de lo que está lleno el mundo material. No es una imagen, un sentimiento, una sensación o un pensamiento que llena el mundo sutil. Dios habita un tercer mundo que está más allá de cualquier cosa que las palabras y las ideas puedan describir. Éste es el mundo trascendente, el lugar en el que se encuentra el verdadero conocimiento de Dios.

El misterio de la unidad

Para acceder al mundo trascendente primero llegas a un callejón sin salida. El pensamiento debe chocar contra una barrera. Esto debe suceder por un motivo ineludible. Nuestras mentes están diseñadas para discernir opuestos: luz *versus* oscuridad, bien *versus* mal, dentro *versus* fuera, subjetivo *versus* objetivo. El nombre del juego es dualidad. Él no está aquí ni allá: está en todos lados. Él no sabe esto o aquello: lo sabe todo. Pido prestada una metáfora de la tradición védica que dice que el hombre que busca a Dios es como un pez sediento buscando tomar agua. Lo que buscas está a tu alrededor, pero no te das cuenta. Un pez quizá salte para encontrar un lugar que no sea el océano. Nosotros no podemos salir del mundo cotidiano para encontrar un lugar que no sea dual. Debemos admitir que Dios está en todas partes y en ninguna a la vez.

Parecería que encontrar a Dios es contraproducente, ya que nuestras mentes están configuradas para sólo experimentar la dualidad. Un enfoque podría ser vaciar nuestra mente de todos los opuestos. Como Dios no tiene opuesto, lo que quedará es la Unidad. La forma en que funciona es algo así. Surge una crisis y la gente entra en pánico. La crisis podría ser cualquier cosa: un huracán, el colapso de la banca o inestabilidad política. Te sientes tentado de unirte a la histeria colectiva, pero te dices a ti mismo: "Dios no está ahí. Él no es la crisis o la solución, sino ambas. No es acción o inmovilidad, sino algo más allá de ambas. No es pánico o calma, sino algo más allá de ambos". Al examinar cada detalle de la dualidad dejas de estar apegado a constructos mentales y a las emociones que provocan.

Aun así, sería difícil imaginar algo menos adecuado para la vida cotidiana. El rechazo constante no es práctico, no cuando tienes que escoger entre A y B. ¿Hoy quiero desayunar avena o pan tostado y café? Ninguna de esas opciones es Dios, pero tenemos que desayunar. Es imposible no tomar decisiones. Son la esencia de la vida mientras estemos en la dualidad. Así que, ¿de qué te sirve la Unidad para dirigir tu vida? ¿En realidad qué puedes *hacer*?

Los seres humanos hemos reflexionado sobre esta pregunta y hemos quedado muy mal parados. La religión comenzó con la respuesta correcta. En sus raíces en la India, la religión estaba basada en la certeza de que Dios crea, gobierna y controla el universo. Por lo tanto Dios es la fuente de todo amor, belleza y verdad. La perfección de Dios nunca puede ser destruida. La luz divina irradia a través de cada partícula de polvo en el mundo. Pero en vez de hacer que las personas se sintieran optimistas y apreciadas, esta certeza provocó lo opuesto. Se sintieron indignas y castigadas. La brecha entre la perfección y la imperfección nunca desapareció. La gente miraba desesperada a Dios a través de una brecha infranqueable.

Más tarde la tensión entre el Dios perfecto y el mundo imperfecto condujo a una ruptura en el huevo cósmico, la cual llamamos ciencia. La Unidad fue desmantelada en hechos medibles. La psicología cambió. La gente común resentía ser sometida por un Dios perfecto. Richard Dawkins comparte con sus seguidores las razones por las que es ateo. Aquí algunos ejemplos:

Soy ateo porque elijo el conocimiento por encima de la mitología.

Soy ateo porque no quiero estar relacionado con las enseñanzas y las acciones monstruosas de una religión presuntamente pacífica.

Soy ateo porque después de que rechacé la religión organizada no quedaba nada que sustentara la "espiritualidad".

Éstas son emociones negativas parecidas a las de un prisionero que ha escapado de su carcelero. Incluso ahora persisten, cuatrocientos años después de que Galileo y Copérnico derrumbaran el monopolio de la verdad de la Iglesia. La ansiedad que sentían los cristianos medievales por ser pecadores en la actualidad se ha transformado en furia. Pero ya sea preocupados o enojados, el problema de la dualidad persiste. Santo Tomás de Aquino no estaba errado al decir que todas las causas necesitan una fuente que no tenga causa. No estaba errado al decir que un mundo diseñado necesita una fuente que no tenga un diseñador, o que el creador debe ser no creado. La ciencia afirma lo mismo cuando dice que el tiempo y el espacio deben tener una fuente que esté más allá del tiempo y el espacio. El tema de Dios se ha vuelto un tema de la física: el dilema sigue siendo el mismo.

Solucionar el problema entre la dualidad y la Unidad parece un caso clásico de "no puedes llegar hasta allá desde aquí". Pero hay un camino hacia delante, derivado de las tradiciones de sabiduría que ven la Unidad, no como un Dios inalcanzable, sino como nuestra fuente aquí y ahora. Escucha al maestro espiritual del sur de la India, Nisargadatta Maharaj, cuando aconseja a una persona que le plantea sus preocupaciones:

—Maestro, nunca estoy seguro de qué es la realidad.

—En tanto te permitas a ti mismo una abundancia de momentos de paz, encontrarás la realidad.

—Lo he tratado.

—Nunca de manera constante. De otra forma, no estarías preguntando todo esto. Lo haces porque no estás seguro de ti mismo. Y no estás seguro de ti mismo porque nunca has puesto atención a ti mismo, sólo a tus experiencias.

El tono es vigorizante (Maharaj no va a dejar de ayudar a su interlocutor) pero el camino hacia delante se despliega claramente conforme Maharaj amplía su explicación: "Interésate en ti mismo más allá de toda experiencia, acompáñate, ámate: la mayor seguridad se encuentra sólo en el conocimiento de ti mismo".

Ésta es la misma respuesta que da el Vedanta, la tradición espiritual más antigua y respetada en la India. *La realidad se localiza en el ser.* Para comprender por qué ésta es la respuesta correcta, debemos definir *ser* de manera distinta del "yo" que piensa, siente y se mueve por el mundo. Ese yo todo el tiempo crea dudas y preguntas. El ser que tiene certeza sobre la realidad posee una visión más amplia. Observa su propia conciencia, dejando de lado las experiencias cotidianas, para descubrir la fuente de la realidad.

Maharaj prosigue y le dice al que pregunta lo vital que es cambiar su atención hacia la conciencia de sí mismo: "Sé honesto contigo mismo y no te sentirás traicionado. Las virtudes y los poderes son meras fichas para que los niños jueguen con ellas. Son útiles en el mundo pero no te sacan de él. Para ir más allá, necesitas inmovilidad alerta, atención silenciosa".

Dios se alcanza "al ir más allá", que es la definición de trascendencia. No hay otro camino para atravesar el callejón sin salida donde pensar deja de ser útil. La conciencia silenciosa debe aparecer. Si lo desea, la conciencia es capaz de ir más allá del mundo material e incluso del mundo sutil.

Dawkins y compañía descartan todo el proyecto de "ir más allá" y lo tachan de delirio puro. El ser es en lo último en que confían. He tenido diversos intercambios frente a frente sobre esto con Michael Shermer, el director de la revista *Skeptic*, quien es tan terco en su punto de vista materialista como cualquiera, pero no es hostil y tampoco humilla a los demás.

Yo pregunto: "¿Quién eres?"

Shermer responde: "Soy la suma de los procesos de mi cerebro".

Yo señalo que dijo "mi" cerebro. "¿Quién es el que dijo 'mi'? ¿No quieres saberlo?"

"No", responde Shermer. "El ser es una ilusión. Sólo hay procesos mentales."

"Si eso es verdad", le digo, "me estás diciendo que te sientes bien por ser un zombi".

Shermer se encoge de hombros y sonríe. "Usas el lenguaje para confundir a la gente. Cuando tú no estás cerca, nunca me pregunto esas cosas."

Shermer está enamorado de la metáfora del zombi de Dennett para el cerebro determinista, al igual que muchos ateos. Además, en realidad nadie cree que su propio ser es una ilusión. De forma innata confiamos en lo que pensamos; aceptamos nuestra propia opinión. Si no lo hiciéramos, sería como preguntarle a un extraño dónde está la gasolinería más cercana y que él respondiera: "A dos cuadras. Pero soy un mentiroso".

Noventa y nueve por ciento de los científicos no necesitan preguntar: "¿Por qué soy?" Tienen experimentos que realizar y datos que recolectar. Incluso así, la ciencia ha llegado al mismo callejón sin salida que obliga a que el pensamiento se rinda. El Big Bang es tan inconcebible como Dios. No podemos visualizarlo ya que fue invisible y silencioso, ni frío ni caliente. (Todas estas cualidades necesitan ser captadas por los cinco sentidos, que no existían en ese entonces.) El tiempo y el espacio surgieron del Big Bang, así que no podemos preguntar "dónde" o "cuándo" ocurrió; ambos conceptos dependen de que el tiempo y el espacio ya estuvieran ahí. En pocas palabras, la ciencia confronta el estado creado previamente pero sin tener un medio confiable para cruzar la brecha.

Por fortuna, lo que para algunos es un callejón sin salida para otros es una puerta abierta. No tienes que mirar fijamente a Dios mientras estás atorado en un mundo imperfecto. Muy al contrario: la Unidad puede resolver las aflicciones de la vida cotidiana. En el Gita, el Señor Krishna declara que todo sufrimiento nace de la dualidad. Si es así, entonces un paso fuera de la dualidad es un paso hacia la sanación. Dios se vuelve útil una vez que el mundo trascendente está a nuestro alcance.

Acortar las distancias

Cruzas la brecha todo el tiempo sin saberlo. Haces sonido del silencio y luz de la oscuridad. Nada de lo que percibes a tu alrededor (ni esta página, esta habitación, esta casa) tiene ninguna realidad excepto a través de ti. ¿Cómo lo haces? Cruzando la brecha. El mundo trascendente no es un lugar lejano al que algún día llegarás. Es el taller de la creación al que vas para encontrar la materia prima de la realidad. Un pintor toma sus pinturas para hacer un cuadro. Tu materia prima es tan sólo una posibilidad. Una posibilidad sucede en la mente; por medio del acto de la creación surge la realidad. Ahora vemos por qué tiene que haber tres mundos:

El mundo trascendente es un campo de infinitas posibilidades. Es el punto de partida, el vientre de la creación.

El mundo sutil trae a la mente una posibilidad en forma de imagen. Algo real está tomando forma.

El mundo material presenta el resultado. Una nueva cosa o acontecimiento se manifiesta.

Los tres mundos son en verdad reales, no sólo el último, en el que aparece el resultado. Dependiendo de tu estado de conciencia, dependiendo del mundo que habites, la realidad es completamente diferente. La tradición védica ofrece un mapa claro de la gente que habita cada mundo.

Cuando estás libre, en silencio, en paz y del todo consciente de ti mismo, habitas el mundo trascendente. Las etiquetas que se le ponen a este tipo de gente son *Buda, Cristo, mahatma, swami, yogui, el iluminado, el despierto.*

Cuando eres creativo, imaginativo, intuitivo, perspicaz e inspirado, habitas el mundo sutil. Las etiquetas que se le ponen a este tipo de gente son *visionario, soñador, genio, sabio, profeta, chamán, artista* y *psíquico.*

Cuando estás involucrado con objetos y sensaciones físicas, habitas el mundo material. La etiqueta para esto es *normal.*

Puedes ver que los seres humanos vivimos en múltiples dimensiones. Las reglas cambian de una a la otra. Si en tu sueño te atropella un camión, que es el departamento del mundo sutil, tu cuerpo no se lastima. En el mundo material sí. Pero ser atropellado por un camión no prueba que el mundo material sea la única realidad. Cada realidad forma una estructura estable. Si se rompe una cuerda de un piano, no puedes tocar esa nota, sin importar lo inspirado que estés. Pero la nota aún existe en tu mente porque el mundo sutil precede al mundo material. Sin música, de entrada nadie fabricaría un piano.

No vamos a internarnos en el terreno pantanoso de la metafísica. El problema es práctico: cuando cruzas la brecha y regresas, ¿qué es lo que está sucediendo? Una posibilidad se vuelve real. Observa tres posibilidades, cada una con un resultado distinto:

Quieres un nombre para un animal australiano que salta por el paisaje con su cría en su bolsa. Del mundo de todas las palabras posibles, encuentras *canguro*.

Quieres ver a la criatura que se ajuste a esta palabra. Del mundo de todas las imágenes posibles, escoges la imagen de una madre canguro balanceándose sobre su cola mientras que una cría se asoma desde su bolsa.

Quieres tocar a un canguro real. Del mundo de todos los objetos posibles, traes a un canguro vivo.

Nadie ha tenido ningún problema con los dos primeros ejemplos, pero se resisten al tercero. Seguramente, escoger una palabra o una imagen no puede ser lo mismo que traer un canguro vivo. Pero puedo mostrarte que son lo mismo. ¿De qué está hecho un canguro vivo? Como se ve, como se siente, a lo que huele; su peso y solidez; su forma y cómo se comporta: todas estas cualidades, cuando se reúnen de la manera correcta, crean un canguro, y dado que todas estas cosas son creadas en tu conciencia, también es creado el animal mismo.

Me doy cuenta de que puedo estar creando una sensación medio revuelta en tu interior, ya que aceptamos que, "claro", los canguros existen fuera de nosotros. De hecho, no hay prueba de eso y nunca la ha habido. Es sólo parte de la psicología de la certidumbre para plantear un mundo con canguros saltando a nuestro alrededor. Debemos cambiar a la psicología de la creatividad. Un creador constantemente está haciendo que las posibilidades se vuelvan realidad. Todo lo que se necesita es estar cómodo en los tres mundos del proceso creativo:

Mundo trascendente: Estás cómodo aquí cuando puedes experimentar todas las posibilidades. Tu conciencia está abierta. Estás conectado a la fuente. Tu conciencia está fusionada con la mente de Dios.

Mundo sutil: Estás cómodo aquí cuando puedes sostener tu propia visión. Confías en ti mismo para seguir a la mente hacia donde vaya. No estás atrapado en la resistencia, las objeciones, el escepticismo y las creencias rígidas. La inspiración sucede como parte de tu existencia.

Mundo material: Estás cómodo con tu realidad personal. Te haces responsable de ella. Lees el mundo como un reflejo de quien eres y de lo que sucede "aquí dentro". Conforme el reflejo se mueve y cambia, rastreas los cambios que ocurren en tu interior.

Qualia y el creador

Reúne todo esto y tendrás la relación especial que existe entre los seres humanos y Dios. Es una relación creativa. Tiende un puente entre lo no creado y lo creado. Espero que esta relación especial ya no suene extraña.

He intentado usar palabras comunes para facilitarte la entrada a ámbitos que la mayor parte de la gente considera místicos y, por lo tanto, lejanos. El único término técnico que quiero presentar es *qualia*, porque te convertirá en un creador más seguro. En lo más básico, la palabra latina *qualia* significa "cualidad" refiriéndose a la vista, el sonido, el tacto, el sabor y el olor de las cosas. Si expandes un poco más el significado, *qualia* también se aplica a sucesos mentales. Lo rojo de una rosa en una florería es una *qualia*, pero también lo es el rojo en el ojo de la mente. El centro del cerebro que sirve para ver una rosa "allá afuera" o "aquí dentro", que es el córtex visual, los procesa de la misma forma.

Es fácil atorarse en la palidez de una imagen mental comparada con una rosa real. Nadie sangra por las espinas de una rosa mental. Pero lo vívido o la palidez de la imagen no son el problema. El mismo proceso crea una rosa "aquí dentro" y "allá afuera". Además, los sueños pueden ser tan intensos que te despiertas decepcionado: el mundo real se siente plano en comparación. Para los artistas, la discrepancia puede ser muy amplia; a John Keats, por ejemplo, lo llevó a escribir: "Dulces son las melodías escuchadas, pero aquellas no escuchadas son más dulces".

Lo que hace que la realidad sea personal es la forma única en que tú mezclas y combinas la *qualia*. Ninguna persona hace esto de la misma forma que tú. Toma una experiencia común: vas caminando por la calle y de pronto un gran perro negro corre hacia ti. Para la persona A no es la misma experiencia que para la persona B. Hay dos posibilidades. La persona A una vez fue mordida por un perro, recuerda el dolor de la mordida, evita a los perros, el ladrido del perro negro le parece amenazador y su hocico abierto le parece un arma de ataque. La persona B es el dueño del perro, lo ama, se siente aliviado de que su perro perdido haya regresado, su ladrido le parece un saludo y ve su hocico abierto como una sonrisa. Dos realidades diferentes, cada una dependiendo de la *qualia* que está hecha para encajar como piezas en un rompecabezas.

No te ves a ti mismo armando tus experiencias, porque la creación sucede de manera instantánea. Para ver las piezas del rompecabezas hemos tomado una foto, detenido el paso del tiempo, diseccionado una imagen en pequeños ingredientes. Si expandes la *qualia* por completo, todo se vuelve un ingrediente, incluyendo los sentimientos, las sensaciones, los recuerdos y las asociaciones. Cada experiencia se ensambla a partir de la *qualia*. La imagen no se ensambla a sí misma. Sólo parece que lo hace.

Para convertirte en un creador, que es para lo que naciste, debes tomar el control de tu experiencia. Escoge la *qualia* a la que quieras conectarte. Si te dan miedo los perros, tu experiencia pasada se ha acumulado para sustentar tu miedo; una nueva entrada puede remplazar esas impresiones. Para tratar esa fobia, puedes remodelar gradualmente la reacción arraigada en el cerebro. Si ves a un gran perro negro corriendo hacia ti, no hay tiempo para crear una nueva reacción. Pero puedes tomar pasos graduales para desensibilizar tu miedo: ve fotos de perros adorables, visita tiendas de mascotas, toca a un perro amigable que esté atado a una correa. Todavía más eficaz es obtener control directo de tu respuesta mental. El miedo es inamovible y está congelado. Puedes aflojarlo y hacerlo maleable. Imagina a un perro aterrador, luego hazlo más pequeño o más grande con tu ojo de la mente, aléjalo o acércalo en cámara lenta: este tipo de "photoshopeo" mental te da el dominio, lo cual es un paso necesario cuando el miedo te controla a ti.

El miedo es un hecho interno, ¿pero qué pasa con el perro de verdad? Es seguro que no produjiste un Doberman pinscher de la nada. Pero justamente de la nada es de donde salió. Un perro está hecho de moléculas y átomos, los cuales están hechos de partículas subatómicas que parpadean dentro y fuera del campo cuántico. "Fuera" significa que van al estado creado previamente. Regresan a su fuente, que está más allá del tiempo, el espacio, la materia y la energía. Aquí no existe nada más que posibilidades. (Para usar un término técnico, una partícula subatómica que ha desaparecido del mundo material se encuentra en un estado "virtual".)

El ciclo que lleva todo de lo no creado hacia lo creado sucede constantemente: es el ritmo básico de la naturaleza. El cerebro también procesa la realidad por medio de un ciclo que se enciende y se apaga miles de veces por segundo. La clave es la sinapsis, el espacio que hay entre dos conexiones neurológicas. Una reacción química brinca el espacio (es cuando se enciende el interruptor) y luego la sinapsis se despeja para la siguiente señal (se apaga el interruptor). Hay otros interruptores básicos que se encienden y se apagan, vinculados a las cargas positivas y negativas de iones que atraviesan las membranas celulares de las neuronas, pero el patrón es el mismo. Para un neurocientífico, la habilidad del cerebro para procesar la realidad se ve de una complejidad increíble. ¿Cómo es que millones de señales separadas se orquestan desde todas partes del cerebro para emitir una sola imagen del mundo? Nadie lo sabe, ni siquiera remotamente, porque cuando examinas el cerebro estás viendo el piano tocado por un pianista invisible: de alguna manera, 88 piezas se mueven juntas para hacer música. Sólo que en este caso, un trillón de conexiones sinápticas se encienden y se apagan (un trillón es el número estimado para un cerebro adulto).

El observarlas no nos dice cómo se crean la vista, el sonido, el sabor, la textura y el olor. Lo que suceda en la brecha que separa la creación de la fuente de la creación está fuera de nuestro alcance.

No podemos verlo, sólo el resultado físico. Mucho menos podemos ver cómo dos células cerebrales, cada una con ADN idéntico, emitiendo las mismas señales químicas y eléctricas, se las arreglan para producir sonido en una parte del cerebro y vista en otra.

A menos que estés cegado por tu lealtad al materialismo, es obvio, en primer lugar, que las células cerebrales no pueden ver ni oír. Este hecho está sustentado en la prueba más simple: si echas un vistazo, el cerebro es oscuro y está en silencio. *Algo* crea atardeceres brillantes y el estruendo de un relámpago, junto con todas las visiones y los sonidos deslumbrantes del mundo. Ese algo es personal; está creando tu mundo en este mismo segundo. La génesis sucede ahora, pero no está teniendo lugar en el cerebro.

El creador —situado entre bambalinas— es la conciencia. Está usando el cerebro al igual que un pianista usa el piano. Lo que la conciencia desea cobra existencia. La elección sucede fuera de vista, pero nunca fuera de la mente. ¿Por qué tienes ojos? Porque la mente quería ver, y crea los ojos para ese fin, al igual que creó oídos, nariz, papilas gustativas y todo el mecanismo de la percepción.

"No, esto no puede ser", objetaría un escéptico. La evolución creó el ojo humano a lo largo de miles de millones de años, comenzando por el impulso de los organismos unicelulares para buscar la luz. Esta objeción no se sostiene. Es como decir que las teclas del piano evolucionaron antes de que la música fuera inventada. El piano es un instrumento que satisface el deseo de música de la mente. El ojo humano es un instrumento que satisface el deseo de la mente de ver el mundo creado. Las *qualia* siguen el mismo patrón. La conciencia creó el sentido del tacto para sentir el mundo creado, el sentido del oído para escuchar el mundo creado, y así sucesivamente.

La religión a menudo surge como la depositaria de la creación de mitos irracionales. Pero la historia de la creación bíblica sí está en lo correcto en algo esencial. Dios entró a su creación para disfrutarla. Se nos dice que Adán y Eva "oyeron al Señor Dios que se paseaba en el huerto al fresco del día" (Génesis 3:8). En términos modernos diríamos que la conciencia permea el mundo. Vista, sonido y todas las demás cualidades surgen para que la mente universal se experimente a sí misma.

La religión también está en lo correcto en otra cosa esencial: no hay limitaciones al proceso creativo. La realidad es maleable como un sueño. Si olvidas esto, la realidad comienza a congelarse, y entonces sólo estás a un paso de un mundo tan rígido y tan cerrado en sí mismo que excluye las demás dimensiones. Un ejemplo clásico se presentó cuando la Iglesia acusó a Galileo de herejía porque apoyó la idea de que la Tierra se mueve alrededor del Sol, contraria a la visión geocéntrica de la Iglesia de que la Tierra es el centro inmóvil del universo. En 1633 lo llevaron ante la Inquisición y los jueces "lo obligaron, bajo amenaza de tortura, a arrodillarse y leer en voz alta una vil retracción diciendo que 'abjuro, maldigo y detesto' la teoría heliocéntrica". (Dice la leyenda, quizás incorrectamente, que cuando se levantó musitó las palabras *eppur si muove*, que significan: "Y sin embargo se mueve".)

El físico David Deutsch relata la difícil experiencia de Galileo, como lo haría todo científico, como una victoria de la observación directa de los cielos. A la fe le ofendió que se dudara de Dios por medio de cálculos matemáticos. A la larga, la gran era de la ciencia estaba comenzando. En el corto plazo, Galileo fue sentenciado a arresto domiciliario. Deutsch dice que se generó tanto miedo que la ciencia fue suprimida durante siglos en la cuenca del Mediterráneo. Pero hace una concesión definitiva al respecto.

Deutsch dice que como la Inquisición creía en la revelación divina "su visión del mundo era falsa, pero no ilógica". Un tipo de observación como la de Galileo no podía limitar a Dios. "Como ellos lo veían, Dios podía producir los mismos efectos observados en infinidad de formas diferentes." La teoría de Galileo sobre el Sol y los planetas era arrogante si afirmaba ser "una forma de saber, por medio de la observación y razón falibles de uno mismo, la forma que Él escogió". Los caminos de Dios son infinitos, los del hombre son finitos.

El lenguaje de la Iglesia es repulsivo para un científico, pero en el juicio contra Galileo está oculto uno de los puntos esenciales de las tradiciones de sabiduría de Oriente. El mundo visible es un mundo sólo de apariencias. Observar las apariencias no te dice cómo es realmente la creación. (Incluso la Tierra dando vueltas alrededor del Sol resulta ser sólo una apariencia. Si te paras en la orilla de la Vía Láctea, todo el sistema solar está orbitando alrededor de la galaxia. Si te paras en el punto de partida del Big Bang, la Vía Láctea se aleja con rapidez de todas las demás galaxias conforme se expande el universo, y se lleva a la Tierra con ella. De hecho, el movimiento de la Tierra puede ser descrito desde una infinidad de perspectivas, justo como afirmaba la Inquisición.) Los antiguos profetas vedas lo ponían en términos de *maya*, que significa más que ilusión. Maya es una diosa cuyo encanto seductor tienta a la mente a creer que lo irreal es de hecho real. Nada de lo que muestra es confiable. Estamos tan distraídos con el espectáculo de la vida que olvidamos quién lo creó: nosotros mismos. Debemos poner nuestra confianza en el proceso creativo.

Entonces Dios importa, más que nada en la creación, porque *Dios* es la palabra con la que nombramos la fuente de la creación. No es necesario adorar la fuente, aunque merece nuestra reverencia si queremos ofrecerla. Lo que se necesita es conectar. Al otro lado de la brecha, en el mundo trascendente, hay algunas cosas totalmente necesarias que no pueden ser creadas con las manos, la imaginación ni el pensamiento.

Lo que Dios es en realidad
Aspectos del mundo trascendente

Conciencia pura.

Inteligencia pura.

Creatividad pura.

Potencial infinito.

Posibilidades ilimitadas.

Dicha.

Organización de uno mismo.

Correlación infinita.

Toda la materia y la energía en un estado virtual.

Éstos son los mejores términos que la mente puede concebir al ver la Unidad del otro lado de la brecha. La lista no implica nada religioso; se aplica estrictamente a la conciencia y a la forma en que opera. La conciencia es creativa e inteligente. Puede correlacionar un trillón de conexiones cerebrales o los 50 procesos que realiza una célula del hígado. Puede llevar registro de actividades simultáneas (permitiéndote respirar, digerir, caminar, estar embarazada, pensar en tu bebé y sentirte feliz al mismo tiempo).

Cada vez que cualquiera de estos aspectos comienza a expandirse, estás encontrando a Dios. Dios entra de esta manera en la vida cotidiana. Cuando experimentas una mayor creatividad, estás inspirado, lo que significa "traer al espíritu". No importa si estás inspirado para hacer galletas, mientras que Miguel Ángel lo estuvo para pintar el techo de la Capilla Sixtina. En ambos casos, un aspecto de Dios, la creatividad pura, ha sido traído al mundo material. La inspiración de un santo proviene de la misma fuente. Cuando San Francisco de Asís dice: "Si Dios puede obrar a través de mí, puede obrar a través de cualquiera", está diciendo la verdad acerca de cómo la conciencia pura entra al mundo: por medio de cada uno de nosotros. Nadie está obligado al mismo camino creativo. San Francisco eligió vivir su experiencia en la humildad, el celibato, la caridad y la devoción. Miguel Ángel escogió el arte, la belleza, la nobleza y la grandeza. Todas estas son *qualia*, y también los ingredientes que conforman cada experiencia.

Pero si observas de nuevo la lista, sus elementos no son *qualia*. Son más básicos que cualquier experiencia. La existencia misma depende de ellos. Sin inteligencia, nada sería comprensible. Sin creatividad, nunca nada sería nuevo. Sin poder de organización, todo seguiría en un estado de caos. El único aspecto de Dios que parece fuera de lugar es la dicha. ¿No es la dicha la experiencia de la felicidad, que es mucho menos que divina? Pero para los budistas y los profetas védicos que los precedieron, la dicha (*Ananda*) es la vibración de la creación, el dinamismo subyacente que entra al mundo como vitalidad, deseo, éxtasis y alegría.

¿Así que tú creaste ese gran perro negro que corre hacia ti? Sí. No "tú" como individuo, sino "tú" como agente de la conciencia misma. Aferrarse a la individualidad genera confusión. Una ola puede envolver los arrecifes blancos de Dover y preguntar: "¿Acaso yo creé esta magnificencia?" Sí y no. El océano entró en la costa: todas las olas hicieron su parte. Siempre has sido universal, y verte a ti mismo de otra forma sería irreal. Esto queda claro en otra imagen védica. Cuando una ola del océano se levanta se dice a sí misma: "Soy un individuo separado", pero cuando cae de nuevo dice: "Soy el océano". Como creador, te elevas del océano de conciencia para crear tu realidad personal. Sin embargo, cuando profundizas ves que perteneces al océano de la conciencia. Eso es crear la realidad a través de ti sin dejar jamás el mundo trascendente.

Al final, conocer a Dios es recordar y olvidar. Olvidas la ilusión de que estás separado, aislado, impotente y abandonado en un cosmos abrumador. Recuerdas que eres el soñador que está a cargo de este sueño. Lo que percibes por medio de los cinco sentidos no es lo mismo que la realidad. Ve más allá del juego de sombras de las apariencias, y la realidad te dará la bienvenida, como dice Rumi, a "un mundo demasiado pleno para hablar de él". Entra al reino de las posibilidades. Volverlas realidad es un gran regalo. Viene directo de Dios.

La pregunta más difícil

Cuando recuerdas por completo quién eres, te vuelves uno con Dios. Una gracia invisible permea todos los aspectos de tu vida. La esperanza expresada en el Salmo 23 se convierte en realidad: "Seguramente la bondad y la misericordia me seguirán todos los días de mi vida". No puedes alcanzar semejante estado de gracia de la noche a la mañana. Tú y yo, donde sea que nos encontremos, debemos equilibrar la esperanza, la fe y el conocimiento. Es un equilibrio precario. Habrá momentos de gracia que nos atraviesen como los rayos del sol entre las nubes. Sin embargo, esos momentos no suceden a diario, como las dificultades personales que enfrentamos. El secreto está en comenzar a buscar la gracia oculta en cada problema, y luego tus dificultades empezarán a aliviarse y desvanecerse.

Quiero mostrar que la espiritualidad puede ser una forma de vida en cada etapa del camino. Al principio (y también a la mitad) "la valentía de ser" significa la valentía para estar confundido. Dios parece relevante unas veces, y otras no. La posibilidad de encontrar la paz o de confiar en un poder superior fluctúa. El resto del tiempo Dios no está en ninguna parte. ¿Son suficientes estos destellos de lo divino? Es obvio que no. Cuando ves las noticias de la noche observas que las desgracias que sucedieron en el día (un avión que se hundió en el Atlántico, el genocidio en el Congo, alguien armado que dispara contra todos en un cine y luego se suicida) te jalan hacia el "mundo real". Tu viejo condicionamiento se enciende: crees que el mundo está lleno de violencia y caos, y que no tienes opción más que enfrentarlo en sus propios términos y esforzarte para mantener los tuyos.

Es necesario un elemento oculto para que no nos resbalemos en nuestras viejas reacciones arraigadas. Ese elemento es la totalidad. Aunque es desconocida para nosotros, la totalidad está a cargo de nuestras vidas. Mantiene el caos a raya. Ofrece apoyo cuando nos pasan cosas malas. Las tradiciones de sabiduría del mundo tienen un axioma: "Así como es en lo grande, también lo es en lo pequeño". En otras palabras, incluso el fragmento más pequeño de la realidad es el todo. Con este punto de vista, nadie puede ver la totalidad. El aire de un globo que se revienta se sorprendería al enterarse de que no hay diferencia entre él y la atmósfera de la Tierra. Hasta que el globo reviente, una membrana fina lo mantiene sin saber quién es en realidad.

Para ti y para mí, la membrana fina es mental. Desde la perspectiva de un fragmento, vives la vida como "yo", una persona sola y aislada. Este "yo" tiene deseos y motivaciones individuales. Quiere más de sí mismo. Piensa que la conciencia es privada. Ser el número uno, junto con la familia inmediata, es la prioridad principal. Pero no importa qué tan fuerte se vuelva "yo", las fuerzas externas son mucho más poderosas, lo cual hace que la existencia sea insegura. Dios tiene la perspectiva del todo. Al final del viaje espiritual, el buscador que se ha convertido en un iluminado también ha alcanzado esta perspectiva. Puede decir *Aham Brahmasmi* ("Yo soy el

Universo"), que es como ver el infinito en todas direcciones, sin fronteras ni limitaciones.

El misterio gira alrededor de la palabra "iluminación", qué significa y cómo llegar a ella. Si la despojamos de misterio, eres iluminado cuando te vuelves consciente de ti mismo por completo. Cada paso en el camino espiritual expande la conciencia de ti mismo con la que comenzaste. El sentido de ti mismo cambia. Comienzas a percibir que la totalidad es posible. (Una imagen de la tradición védica dice que es cuando hueles el mar antes de llegar a él.)

Si observas los siguientes cambios en ti, significa que la totalidad está surgiendo.

Volverte completo
Cómo te transforma el camino

Te sientes menos aislado, más conectado con todo lo que está a tu alrededor.

La inseguridad es remplazada por una sensación de estar protegido.

Te das cuenta de que perteneces.

Las exigencias de "yo" y "mío" ya no son tan fuertes.

Puedes ver desde una perspectiva más amplia que el interés personal.

Actúas bajo el impulso de ayudar y servir.

La vida y la muerte se fusionan en un solo ciclo. La creación y la destrucción ya no te provocan miedo.

El pensamiento de nosotros-contra-ellos se desvanece. Las divisiones son menos significativas.

El estatus y el poder son menos importantes.

Los altibajos de la vida cotidiana no te afectan tanto.

Sientes que tus actos están guiados. La vida ya no es azarosa ni
está llena de crisis inminentes.

Te sientes con mayor equilibrio y en paz contigo mismo.

Ser completo es un estado que crece dentro de ti, pero la realidad siempre ha sido completa. El universo entero conspira para que cada momento suceda en el tiempo. En sánscrito este hecho se condensa en el verbo *dhar*, "sostener". La realidad se sostiene a sí misma y a todos los fragmentos que parece que existen en ella. La fragmentación que es tan obvia en el mundo material es *maya*, una parte de la ilusión. Contemplar los miles de millones de galaxias enmascara la realidad de que todas ellas provienen de un acontecimiento, un Big Bang que no tenía fragmentos. Esto es fácil de comprender ahora que los físicos han rastreado toda la materia y la energía hasta su fuente. Pero la mente no tiene ningún Big Bang como referente. El pensamiento siempre es fragmentario. Los pensamientos suceden uno a la vez, así que es mucho más difícil ver que todos los pensamientos provienen de una mente. "Mi" mente es el fragmento más convincente de todos.

Si le dices a alguien que deje que aferrarse a la idea de "mi" mente, se alarmará y dirá: "¿Quieres que me vuelva loco?" No, quieres que tengan una mente cósmica. Es de ayuda sustituirlo por cualquier cosa que puedas ver: tu cuerpo. Mientras estés enfocado haciendo algo pequeño y específico (como leer estas palabras), cincuenta billones de células están sustentando esa minúscula acción. Las células no son engañadas por su situación de aislamiento como individuos.

Operan desde la totalidad todo el tiempo. Cada una lleva una vida espiritual que cualquier santo envidiaría.

Cada célula sigue un propósito superior, manteniendo a todo el cuerpo.

Cada célula sabe su lugar en el cuerpo. Tiene una seguridad total.

El cuerpo protege y acoge la vida de cada célula.

Sin juzgar y sin tener prejuicios, todas las células son aceptadas.

Cada célula vive en el momento y es renovada constantemente, nunca se aferra a lo viejo.

Se confía al flujo natural de la vida para operar con eficacia suprema.

Las células individuales nacen y mueren, aunque todo esto sucede en contraste con el equilibrio perfecto del cuerpo.

Nada de lo anterior es una aspiración espiritual: son hechos de existencia cotidiana en el plano celular. Todo lo que parece inalcanzable en lo espiritual (entrega perfecta, humildad, inocencia, no violencia, reverencia por la vida) ha sido integrado en ti. No importa qué tan minúsculo sea un glóbulo rojo, la sabiduría de la vida lo sostiene.

Esto conduce a una conclusión sorprendente. Para que una célula se mantenga viva, depende de lo infinito. Una sola célula puede decir *"Aham Brahmasmi"* sin tener que pasar años en una cueva en los Himalayas. Decir "yo soy el universo" no significa que eres muy, muy grande. El asunto no es sobre el tamaño, el lugar, el tiempo o el espacio. Es acerca de que todo en la creación es lo mismo en esencia, a pesar de todas las apariencias. Para usar una imagen védica, semejantes diferencias son como un reloj de oro y un anillo de oro discutiendo sobre cuál es más valioso. Atrapados en sus egos, no pueden ver que ambos están hechos de la misma esencia, que es oro. Las células del cerebro muestran inteligencia. ¿La inteligencia es grande o pequeña? ¿Para cargarla necesitarías una lonchera o un contenedor de barco? La pregunta no tiene sentido. La inteligencia no tiene tamaño físico. Ninguno de los atributos invisibles que sostienen la vida tiene tamaño físico. Lo bueno del camino espiritual es que un poder infinito te sustenta en cada paso que das.

Lo esencial es qué tanto infinito puedes absorber en tu vida. Cuando la expansión es infinita, todo el proyecto se siente desmoralizador. ¿Por qué desafiar tus fronteras, en las que te sientes en casa? Quizá salgas volando como una pelota de tenis, sólo para rebotar y volver a caer. Una célula de hígado es afortunada. Para permanecer viva debe conectarse con el todo. No puede dudar o echarse para atrás, darle la espalda a su creador o acusar a Dios de ser un espejismo. Pero tú eres incluso más afortunado. Tú tienes conciencia de ti mismo, la habilidad de saber quién eres. Así que tu camino espiritual en esencia es escoger una identidad. Actúas como un individuo aislado o como el todo. Te alineas con el universo o no.

Alineación = aceptación de uno mismo, fluir, equilibrio, orden, estar en paz.

No alineación = juzgarse a uno mismo, sufrimiento, lucha, oposición, inquietud, desorden.

Si te enfocas en el lado derecho de la ecuación, la vida se ve increíblemente complicada. Paralizado por un maremágnum de opciones, apenas puedes encender el motor del auto. En cualquier momento decidirás si aceptar o resistir, luchar o soltar. Tal vez por eso no podemos dejar de fantasear sobre la perfección. Si tan sólo pudieras tener el cuerpo perfecto, la casa perfecta, la pareja perfecta, evitarías lo más difícil de la vida, que es la ambivalencia. Todos los cuerpos, las casas y las parejas tienen imperfecciones. Hay días buenos y malos. El amor de pronto se puede convertir en aburrimiento o incluso en odio.

Sin embargo, el lado izquierdo de cada ecuación consiste en una sola palabra. Sólo enfrentas una opción: alinearte con la totalidad o no. La simplicidad es sumamente poderosa. Le pides a Dios que te sostenga y todo lo demás se da. Ésta es la solución holística a todos los problemas.

Muchas páginas atrás mencioné la imposibilidad de vivir como lo enseñó Jesús en el Sermón de la Montaña. Las flores de los campos no trabajan ni hilan, pero los seres humanos dedicamos la vida entera al trabajo. Jesús estaba ofreciendo la misma solución holística a la que llegamos: la Providencia te sostendrá cuando estés alineado del todo con Dios, así como la naturaleza sostiene todas las formas de vida más simples. "Mirad las aves del cielo: no siembran, ni cosechan, ni recogen en graneros; y vuestro Padre celestial las alimenta. ¿No valéis vosotros más que ellas? Por lo demás, ¿quién de vosotros puede, por más que se preocupe, añadir un solo codo a la medida de su vida?" (Mateo 6:26-27). La expresión puede ser poética, pero la lógica es sabiduría pura: la alineación es la forma natural, la no alineación no lo es.

Los cinco "venenos"

Es difícil ser abandonado, pero ésa es la situación en la que todos nos encontramos. Si pudiéramos estar sentados a los pies de Jesús,

Buda o alguno de los grandes *rishis* védicos, nos mostrarían, día con día, cuándo estaríamos alineados con Dios y cuándo no. El Nuevo Testamento oscila todo el tiempo entre los regaños y los elogios del maestro. En un momento, Jesús desprecia a sus seguidores por exigirle sanaciones y milagros. En otro momento, concede sanaciones y milagros con una sonrisa. Debe de haber sido increíblemente confuso para ellos. Atrapados entre los regaños y las bendiciones, los discípulos necesitaban corregir el rumbo de forma constante.

Tú y yo necesitamos la misma corrección del rumbo, pero sólo nos podemos seguir a nosotros mismos. Los obstáculos que enfrentamos prueban nuestra fe y nos provocan la esperanza que pronto desaparece. Entonces es necesario examinar el estado fragmentado que hemos creado. La no alineación ha sido la forma de vida por generaciones. (¿Qué mayor síntoma de nuestra situación que la doctrina de un universo aleatorio, frío e indiferente que promueven Dawkins y compañía?) Los maestros védicos señalaban cinco obstáculos que nos mantienen fuera de alineación con Dios. El término sánscrito para estos obstáculos es más dramático: *klesha*, que literalmente significa "veneno". Los cinco venenos son:

- Ignorancia (la incapacidad de distinguir lo real de lo falso).
- Egoísmo (identificarte con "yo", el ser individual).
- Apego (aferrarte a ciertas cosas, los objetos del deseo).
- Aversión (rechazar otras cosas, los objetos de repulsión).
- Miedo a la muerte.

Podríamos decir que el primer veneno desata una reacción en cadena que conduce hasta el último. El miedo a la muerte, el quinto *klesha*, es el producto final de la línea de montaje de la ignorancia. A no mucha gente le da gusto que le digan que ha dado forma a su vida por medio de la ignorancia; suena ofensivo. Una forma más aceptable es hablar de la fragmentación.

¿Cómo llegaste a verte a ti mismo como un fragmento? El primer paso fue el olvido. Un hombre rico con amnesia olvida su cuenta de banco. El dinero aún está ahí, pero el olvido lo vuelve pobre. Tú y yo perdimos el recuerdo de la totalidad. Todavía somos seres completos, pero hemos perdido el beneficio de serlo. La reacción en cadena ha comenzado:

Olvidas que eres completo.

Te ves a ti mismo como "yo", un fragmento aislado y vulnerable.

"Yo" tiene deseos a los cuales se aferra para sentirse más seguro.

También tiene cosas que le parecen amenazantes, las cuales aleja.

A pesar de perseguir el deseo, "yo" sabe que un día morirá, y este conocimiento lo atemoriza mucho.

Los cinco venenos se ven mal, pero una cosa da esperanza: una vez que extraes el primer veneno (olvidar quién eres) la reacción en cadena se detiene. Éste es un secreto invaluable. La gente desperdicia años tratando de mejorar los pedazos de sus vidas. Digamos que un día te ves en el espejo y te disgusta el cuerpo que ves. Quieres impresionar al sexo opuesto, así que decides hacer ejercicio. Correr en una caminadora aviva el deseo porque te ayuda a estar en mejor forma; aviva la repugnancia porque te aburre y te cansa. Sales con alguien y gastas mucho dinero, lo cual aviva el deseo de ser considerado un éxito, pero saber que estás compensando tu inseguridad aviva la repulsión. Has sido envenenado por los *klesha* del apego y la repulsión. El resultado es que "yo" se siente en conflicto, cae otra vez en la inercia y acaba sintiéndose peor sobre sí mismo porque ha fracasado en obtener lo que quería: un mejor cuerpo. Todo el proceso sucede en la conciencia, al igual que el apego, la repulsión, el deseo y el choque del ego en una aglomeración confusa. Pero para empezar, nunca hubo una esperanza real. Al tratar de satisfacer a "yo", estuviste tratando de apaciguar una ilusión.

Para salir de este dilema debes recordar quién eres en realidad, lo que significa alinearte a ti mismo con lo que es real. En vez de preguntar: "¿Qué haría Jesús?", lo cual es imaginario, pregunta: "¿Qué haría mi verdadero ser?" Esa pregunta es más auténtica e inmediata.

Tu verdadero ser se responsabilizaría del reflejo que envía el universo. La realidad es un espejo que nunca miente.

Tu verdadero ser se enfocaría en el crecimiento interior. No quiere nada más que alcanzar todo su potencial.

Tu verdadero ser no proyectaría la culpa y el juicio en los demás.

Tu verdadero ser no actuaría por impulso. Confía en la introspección. Toma decisiones en un estado de calma, lejos del caos.

Quizá todavía te quejes porque aún ves un cuerpo flácido en el espejo. De hecho no, porque una vez que habitas tu verdadero ser, el juicio se termina, enfocarte en lo externo se termina; ya no estás motivado por la inseguridad, que atrapa a la gente en el camino sin fin de la superación personal. Ésta es una descripción amplia, pero no suficiente para mostrarte que las intenciones del "yo" son muy diferentes a las de tu verdadero ser.

Dios debería ser una forma de vida en la que puedas confiar con tanta seguridad como confías en los supermercados, tu sueldo y tu póliza de seguro. ¿Qué sentido tendría un Dios poco fiable? La devota escritora francesa Simone Weil lo pone así: "En lo que concierne a las cosas divinas, creer no es apropiado. Sólo la certidumbre sirve. Cualquier cosa que sea menos que la certidumbre es indigna de Dios". Estoy completamente de acuerdo, pero necesitamos un método que conduzca a la certidumbre. Dejemos de lado las respuestas absolutas: no permiten los puntos medios ni la evolución y no dan la posibilidad de corregir tus errores. La certidumbre inflexible es la posición que toman los ateos en un extremo y los fundamentalistas en el otro. Para el resto de nosotros, la certidumbre surge de la experiencia interna y su desarrollo toma tiempo. Mientras tanto, tenemos toda una vida que vivir, y debemos abrazar nuestra incertidumbre. Está bien estar flácido siempre y cuando todavía vayas por el camino correcto.

La pregunta más difícil

En realidad nadie ha sido abandonado. Cuando yo era niño no lo sabía. Me maravillaban los milagros de Jesús que aparecen en el Nuevo Testamento (mis primeros años de escuela fueron con los Hermanos Cristianos, la mayoría misioneros irlandeses que dirigían las mejores escuelas en la India). Pero nunca veía los milagros de Jesús. Caminar sobre el agua es algo que ha desaparecido. Comenzó un proceso de desencantamiento, y fue fácil que me deslizara del desencantamiento a la desilusión y luego a la amnesia, olvidando que alguna vez existieron mis ideales de infancia. Lo mejor que podía hacer era adaptarme a un mundo desprovisto de Dios. Si él no intervenía en los males del mundo, yo sí lo haría. Pienso que muchos médicos siguen este camino a su manera. Lo que no vi entonces era que ese deslizamiento concordaba a la perfección con los cinco *klesha*.

Si te encuentras luchando contra los muchos males del mundo, estás inmerso en ellos. El sistema de maldad te ha reclamado. Suena desconcertante, pero si crees en el mal entonces has olvidado quién eres en realidad. Yo pensé que ayudar a la gente enferma mejoraría una pequeña esquina del mundo. Sin embargo, desde una perspectiva más amplia, yo estaba haciendo algo muy diferente. Estaba manteniendo la ilusión. Cada vez que luchas contra el mal refuerzas el sistema del mal, el cual desaparecería si la gente no le prestara atención.

Krishnamurti fue uno de los maestros más directos a este respecto, sin importar qué tanto desconcertara a la gente o hiriera sus sentimientos. En uno de sus diarios narra un incidente ocurrido en la India en que una mujer amable y bien vestida fue a pedir un donativo para su causa, la prevención de la crueldad hacia los animales:

—¿Cuál es el motivo de esta causa? —preguntó Krishnamurti.

—Tratan de forma terrible a los animales en este país —dijo la mujer—. Yo sé que tú enseñas Ahimsa, la veneración de la vida. Seguro eso significa ser bueno con los animales.

—Me refería a por qué ésta es tu causa. Cuál es la razón por la que la estás tomando —replicó Krishnamurti. La mujer se quedó atónita.

—Me compadezco mucho del sufrimiento de estas criaturas.

—Entonces lo que quieres aliviar es tu propio sufrimiento —dijo Krishnamurti—. Hay una forma. Mira en lo profundo de ti. ¿Dónde está la semilla de la violencia? Si los animales son maltratados es porque no nos hacemos responsables de nuestra propia violencia. La semilla no está en ninguna parte más que dentro de ti.

La perspectiva más amplia puede ser muy dolorosa. Rompe el orgullo del ego de estar en lo correcto y ser bueno. Krishnamurti no relata si dio el donativo o no. (Quizá lo hizo, ya que apoyaba las buenas causas.) Su objetivo era exponer la raíz misma del mal, porque ésa es la única manera de terminar con él de una vez por todas. Lo mismo se aplica a cualquier tipo particular de mal que puedas nombrar. Imagina que un psíquico lee tu mente y te dice: "Tu idea de la verdadera maldad es el abuso infantil, la violencia doméstica, el odio religioso y una persona desamparada y moribunda sufriendo un terrible dolor por el cáncer". Quizá coincidas con esta lista (la mayoría de la gente lo haría), y sin embargo no implica una solución. Puedes donar a las buenas causas que ayudan a las víctimas del abuso infantil y apoyar a que se creen leyes más severas en contra de la violencia doméstica. Puedes rezar para que no mueras en agonía por un cáncer incurable. Pero estos actos sólo rodean el problema: no acaban con el mal mismo.

La pregunta del mal es la más difícil que podemos plantear y el desafío más grande para Dios. ¿Por qué existe el mal? ¿Por qué Dios no interviene? Si los males que deploramos en la sociedad son síntomas del mal cósmico, entonces la esperanza desaparece. Toda la iniciativa espiritual se colapsa, como les sucedió a innumerables personas después del Gulag, el Holocausto y las bombas atómicas de Hiroshima y Nagasaki. Aunque los llevaron a cabo seres humanos, se sintió como si estos horrores fueran satánicos. Borraron toda esperanza de que el bien pudiera triunfar sobre el mal. Para muchos, el principal motivo para la desesperanza fue que aquellos que realizaron los actos más malvados en la historia moderna pensaban que eran los buenos y que sus víctimas eran los malos.

Si podemos responder la pregunta más difícil, toda la tendencia se revierte. Una vez que el mal es expuesto como una ilusión, la realidad tiene la posibilidad de convencernos. El amor puede probar que es más poderoso que el miedo. Los ideales espirituales más grandes, un mundo libre del mal, comenzarán a volverse realidad. Por otra parte, si el mal no puede ser vencido, destruirá el camino espiritual.

¿Quieres que todo sea bueno?

Si eres espiritual, ¿acaso eso te protege de los crímenes terribles que se perpetran en la humanidad? En semejante extremo no podemos comenzar con preguntas sobre el mal cósmico y esa criatura oscura y seductora llamada Satán. En lugar de eso, tenemos una forma más modesta de la pregunta del mal. Comienza con una pregunta personal: "¿Aceptarías un mundo que no contuviera maldad alguna? ¿Quieres que todo sea bueno?"

Tu respuesta inmediata quizá sea que sí. Por ejemplo, el dolor es la idea del mal en el cuerpo, y un mundo sin dolor físico parece deseable. Pero un puñado de pacientes en el mundo tiene una rara enfermedad (producida por dos mutaciones del gen SCN9A) que evita que sientan dolor. Justin Heckert, periodista que informó sobre una niña de trece años que tenía esta anomalía, escribió lo siguiente:

En verdad ella tiene mucho menos miedo y preocupación por su cuerpo que otras niñas de su edad, que cualquiera de su edad; en realidad, mucho menos que cualquiera. Estaba jugando *hockey* de mesa tan alocadamente que pensé que se haría daño, o que lastimaría a su hermana. Aventó la mitad de su cuerpo sobre la mesa y estaba tratando de aventar el disco hacia la meta con todas sus fuerzas. Sus papás estaban mortificados.

Pero Heckert pronto dejó de envidiar a la niña por no sentir dolor, y en cambio aceptó lo que el doctor de ella le dijo: "El dolor es un don que ella no tiene". Cuando la pequeña iba a la primaria una persona la seguía todo el tiempo para asegurarse de que no se lastimara; después de cada recreo era necesario revisar sus ojos para ver que no le hubiera entrado arena. En casa, sus padres

se deshicieron de todos los muebles con esquinas puntiagudas. Pusieron la alfombra más suave que encontraron. No la dejaban patinar. No la dejaban andar en bicicleta, le envolvían los brazos con vendas para que no se los rascara hasta quedar con la carne viva. Usaban un monitor para bebés en su cuarto para escuchar si rechinaba los dientes en la noche.

El dolor es un regalo, una vez que te das cuenta de las consecuencias de hacer cosas sin él. Entonces, ¿qué hay de la violencia? Un mundo sin crimen ni guerra parece completamente deseable, pero la cirugía es una forma de violencia controlada. El cuerpo se abre (con cuidado) y se expone a muchos riesgos. Un ecosistema saludable depende de que una especie se coma a la otra, lo cual implica violencia. Si conviertes en vegetarianos a todos los animales, en ausencia de los predadores nada impediría que los insectos invadieran el mundo; su peso ya supera por muchas veces el de todos los mamíferos.

¿Y qué hay del sufrimiento mental, que está vinculado a la vergüenza, el miedo y el enojo? En una guerra civil dos facciones enojadas terminarían por matarse unas a otras y a muchos inocentes en el camino. A primera vista, la ira ha conducido a grandes males. Pero los combatientes no se detienen, ya que su deseo de venganza los hace aceptar la ira como algo justificado e incluso justo. Las guerras civiles son motivadas por deseos (defender tu casa, odio del "otro", intolerancia racial y religiosa) que están tan vinculados a la ira como la venganza. La guerra glorifica la ira y enmascara el sufrimiento que trae consigo. Atrapado en una causa justa, un soldado puede hacer a un lado su propio sufrimiento, pero una vez que la guerra termina surgen nuevas formas de sufrimiento mental, como la culpa y los síntomas complejos del síndrome de estrés postraumático.

El sufrimiento mental no puede ser resumido en unos cuantos párrafos. Así que apeguémonos a nuestra línea original de preguntas: "¿Quieres que todo sea bueno? ¿Es deseable un mundo sin dolor?" Si defines el dolor mental como depresión, ansiedad, esquizofrenia y otros trastornos mentales, nadie quiere que existan. Pero la necesidad del dolor también se aplica al mundo de la mente. Así como el miedo evita que pongas la mano sobre el fuego una segunda vez, la culpa enseña al niño a no robar las galletas del frasco, aunque su madre no lo esté viendo. El dolor mental es útil de muchas formas cuando no es excesivo.

Lo que llamamos mal a menudo es algo de lo que no podemos ni queremos prescindir. Los seres humanos prosperamos en los contrastes. Sin el dolor no puede haber placer, sólo un estado insulso de no estimulación. (De ahí la sospecha natural de los niños pequeños cuando les hablan sobre el cielo: suena aburrido sentarse en las nubes y tocar arpas por toda la eternidad.) Para empezar, ¿estamos diseñados para ser buenos? Aparentemente sí. Los investigadores del comportamiento infantil han descubierto que los bebés de hasta cuatro meses tratan de recoger un objeto que sus madres dejaron caer y se lo devuelven.

Pero el impulso de bondad está mezclado con impulsos contrarios. Otros investigadores descubrieron que los niños pequeños aprenden a actuar de la forma que sus padres les dicen; saben lo que significa "ser bueno" en función de obtener aprobación en casa. Pero en preescolar, cuando los dejan solos sin un adulto, el mismo niño puede convertirse de pronto de Jekyll a Hyde y les quita los juguetes a otros niños sin mostrar remordimiento cuando sus víctimas lloran. Aun así, estos descubrimientos fascinantes no resuelven el problema del mal mismo. Para eso debemos ir más profundo.

En la dualidad, inevitablemente todo tiene su opuesto. El bien no puede estar separado del mal, justo como la luz no puede ser separada de la oscuridad. Son inseparables, ésa es una de las enseñanzas básicas del budismo. En la mitología, cada época de oro conduce a una caída. El Paraíso siempre tiene una imperfección, si no es que una serpiente en el jardín, porque nuestra naturaleza dividida lo exige. ¿Deberíamos responsabilizar a Dios de nuestro dilema? ¿O acaso el mal es un producto enteramente de la naturaleza humana?

Satán y la sombra

Para Dios es difícil escapar de la responsabilidad del mal. Puedes hacerlo por decreto: simplemente declara que Dios es todo bondad.

Muchos creyentes hacen justo eso: asignar la parte negativa de la creación a un demonio cósmico, a quien le fue dado el nombre de Satán en hebreo, que significa "el adversario". Sin importar si este superdemonio es un ángel caído, una vez que le asignas el mal a Satán (dejando de lado la existencia del infierno, el reino que gobierna) Dios es degradado. Un Dios omnipotente no tendría un enemigo que nos domine y con casi tanto poder como él mismo. Un Dios amoroso no permitiría que el Diablo nos lastime todo el tiempo. Un Dios omnisciente sabría cuando el Diablo va a actuar e intervendría, o al menos nos advertiría. Una vez que Dios pierde su monopolio sobre el amor, el poder y la sabiduría, comienzan los problemas.

Para dejar que Dios sea Dios con toda su gloria, la religión transfirió la culpa del mal. Se volvió un problema humano, vinculado a la tentación y el pecado. Adán y Eva tenían toda la comida que quisieran para ellos, pero perversamente comieron la manzana. La perversidad se quedó con nosotros. Así que Dios permite que el mal exista porque lo merecemos. Damos rienda suelta al deseo, nuestra agresión nos hace atacarnos y matarnos los unos a los otros. Erigimos normas morales sólo para desafiarlas a voluntad, actuamos como hipócritas y recurrimos al crimen y la rebelión.

Transferir la culpa resultó en una carga enorme, pero la mayoría de la gente está dispuesta a llevarla. Algunos males surgen más allá de nuestro control, como los huracanes y otros desastres naturales. Otros son producto de los genes, como el cáncer, pero incluso en esto persiste la culpa. Las malas decisiones de vida están conectadas con muchos cánceres, e incluso si no lo están los pacientes se preguntan con ansiedad: "¿Yo provoqué mi enfermedad?" Y sobre los desastres naturales, todos nos hemos vuelto conscientes de la contribución humana al calentamiento global y el clima errático que ha producido.

Los dos esquemas, el mal cósmico y el mal humano, se fusionan en el concepto de la sombra, la que se las arregla para ser universal y humana al mismo tiempo. Nadie nunca ha dudado que la oscuridad se esconde en el corazón humano. Pero la psicología moderna quería una forma sistemática y racional para comprender esta oscuridad; el psicoanalista pionero suizo C. G. Jung la aportó al describir una fuerza que hay en el inconsciente, a la que llamó "la sombra". Al reino de la sombra Jung le asignó la culpa, la vergüenza, la ira y la ansiedad. Pero la sombra es más que una bodega de impulsos negativos. Es consciente y mira el mundo a través de su propio lente distorsionado, y cuando lo hace la ira y el miedo parecen justificados. La sombra nos provoca querer matar a nuestros enemigos y sentirnos bien por eso, o al menos justificados.

La sombra envía mensajes al resto de la psique, que sin duda son poderosos y contradicen el deseo de bondad, bienestar y felicidad. Nos convence de que la ira, que se siente bien en el momento, *es* buena. No importan las consecuencias. Usando la frase de Jung, la sombra crea "la niebla de la ilusión" que nos rodea a todos. Ya que no es posible escapar de ella, la sombra es universal. Una vez debatí con un junguiano acérrimo quien afirmaba que la paz nunca puede ser alcanzada porque Marte, el arquetipo de la guerra, habita permanentemente nuestras psiques. (Al igual que el sexo, le respondí, pero la gente no va por ahí en un estado de manía erótica. Los impulsos primitivos dejan espacio para la decisión, que pertenece al cerebro superior.) En las profundidades de la inconsciencia, Satán y la sombra se dan la mano. Los dos son invisibles y son proyecciones de la mente.

Si el mal cósmico tiene tanto poder que incluso Dios permite que exista, ¿qué esperanzas tenemos de destruirlo? Esta pregunta fue planteada en el Libro de Job —que según algunos reportes eruditos fue la última parte de la Biblia hebrea en escribirse—, pero los mismos temas se encuentran en textos más antiguos de Sumeria y Egipto (lo que apoya la noción de Jung de que la mitología de todas las culturas puede ser rastreada a las mismas raíces arquetípicas). En el Libro de Job, Dios y Satán apuestan por el alma de un hombre en la tierra de Uz. El adversario de Dios afirma que él puede tentar a cualquier hombre para que renuncie a Dios, incluso al más recto. Dios afirma que Job, al ser recto en extremo, no puede ser persuadido. Le da a Satán libertad para atormentar a Job, con la única restricción de que no puede matarlo.

La apuesta intriga a cualquier lector la primera vez que se encuentra con la historia. ¿Qué clase de tortura infligirá Satán? ¿Job cederá o resistirá? Todos los elementos de una excitante puesta en escena de moralidad están incluidos. Resulta que las aflicciones de Job cubren casi todas las formas del sufrimiento humano. Pierde todo lo bueno que tenía en su vida: dinero, cosecha, a su esposa y a sus hijos. Su cuerpo se cubre de heridas supurantes. Los tres infames amigos aparecen para preguntarle a Job por qué Dios le ha hecho estas cosas horribles. Su argumento básico es que merece todo lo que le ha sucedido. Conforme aumentan sus burlas y reproches, la situación hace que simpaticemos más con la víctima. No se da ninguna razón convincente por la que un buen hombre sufra tanto. De hecho, no podría haber una razón porque Job y sus amigos no tienen idea de que Dios y Satán lo están usando como peón en una apuesta cósmica.

Si lo ves de forma literal, para empezar la apuesta fue cruel. Un Dios que usa a las almas como fichas de póquer no es digno de ser adorado. Además, si Dios puede evitar que Satán mate a Job, debería poder evitar que Satán lo lastime de cualquier otra forma. La verdadera bondad no dice: "Okey, puedes ser malo, sólo que no demasiado".

Así que el relato de Job debe ser leído como una alegoría. La apuesta cósmica significa el misterio del mal, el cual desciende sobre nuestras vidas sin motivo, y cuando esto sucede sentimos que no merecemos nuestro sufrimiento. Es claro que, a pesar de que los tres amigos lo acusan de hipocresía y pecado escondido, Job no merece sus aflicciones. La alegoría necesita una moraleja, y el Libro de Job ofrece una que es muy poco convincente.

Un sirviente joven llamado Elihu ha estado escuchando la discusión entre Job y sus amigos con creciente consternación. Se pone de pie de un salto y sorprende a todos con una voz sagrada, la voz de Dios que habla a través de él. Ambas partes están mal, declara Elihu. Los tres amigos están mal al afirmar que Job tiene un defecto oculto el cual Dios está castigando. Job está mal por creer que su vida recta supera el poder de Dios. Dios puede hacer lo que quiera, cuando quiera y a quien quiera. Su forma de proceder no está obligada a vindicar al ser humano.

Los tres amigos huyen, su hipocresía y deslealtad quedan expuestas. La reacción de Job no es clara, pero se añade un final feliz (quizá por escribas posteriores; parece que también todo el esquema de una apuesta cósmica es posterior). Es sanado y su riqueza es restaurada. Una nueva esposa da a luz a hijos que remplazan a aquellos que murieron. La rectitud ha prevalecido. Job nunca renunció a Dios, y éste, habiendo ganado la apuesta, lo recompensa como su hijo favorito. Pero el Job que surge sano y salvo de sus horribles dificultades no es el mismo Job que antes. Se dirige a Dios y le dice: "He sabido de ti sólo de oídas, pero ahora mis ojos te ven. Por eso me aborrezco, y me arrepiento en polvo y cenizas" (Job 42:5-6).

Se ha vuelto humilde y arrepentido (una postura básica reforzada con frecuencia en la Biblia hebrea), pero esto parece extraño. Para empezar, Job no era orgulloso ni presumido. Era el modelo perfecto de un devoto de Dios. La alegoría nos dice algo más profundo. Antes de sus tribulaciones, Job pensaba que conocía a Dios "de oídas": por medio de sermones, la lectura de la Torá, los rituales del templo, las enseñanzas de los rabinos mayores. Todo esto apuntaba en la dirección incorrecta. Dios no es lo mismo que hablar de Dios. Cuando Job declara que se aborrece a sí mismo, se refiere al ego arrogante, el cual degradaría a Dios a tan sólo otra cosa que debe ser descubierta y manejada.

Para mí, ésta es una historia profunda sobre los *klesha*, los venenos que distorsionan la realidad. Job, por toda su bondad, está apegado a su propia rectitud. Ha convertido su existencia en un régimen dictado por las escrituras y la ley. Semejante vida es irreal cuando no hay contacto con el mundo trascendente. Las reglas sobre Dios son como reglas para manejar un auto. Pueden prevenir los contratiempos y mantener a todos más a salvo, pero pasar el examen para la licencia de conducir no es lo mismo que conducir por la carretera. La realidad no puede ser definida por reglas y leyes. Es dinámica, sin restricciones, creativa, global y eterna.

La alegoría de Job se aplica a las cosas malas de tu vida. El dolor y el sufrimiento debilitan la fe; Dios es arrojado con cada nueva atrocidad que aparece en las noticias de la noche. Pero lo que se derrumba es sólo una imagen. A Dios mismo ni siquiera lo tocan las cosas malas; las aflicciones son parte de la ilusión. Una vez, en un momento muy extraño, me encontré en Twitter una discusión sobre si el cielo es real, y entonces tuiteé: "La existencia material es una ilusión. El cielo es una actualización de la ilusión". Por eso Satán, como torturador de Job, tiene rienda suelta en el mundo de las apariencias, mientras que Dios, que permanece en lo trascendental, no interfiere. El rol de Dios no es actualizar la ilusión, sino conducirnos fuera de ella.

El mal en un vacío

Aunque diseccionemos el mal en mil partes, no necesitamos hacerlo. Escapar del mal es más importante que explicarlo. Encuentra a tu verdadero ser y ya no querrás participar en la ilusión. Crearás una realidad personal que no esté vinculada al juego de los opuestos. En ese punto, la lección de Job se vuelve sumamente clara. No estés apegado a tu propia bondad o a la maldad de alguien más. Encuentra tu propia relación con Dios y basa en eso tu vida.

Tu verdadera relación con Dios surge cuando eliminas todo aquello que te condujo a una falsa relación con él.

Tú y Dios
Cuando la relación va mal

Pierdes tu conexión con Dios cuando:

Temes el castigo divino.

Te sientes agobiado por las exigencias de Dios.

Reduces a Dios a un conjunto de reglas de qué hacer y qué no hacer.

Defiendes a Dios con ira y violencia.

Eludes la responsabilidad al decir que algo es la voluntad de Dios.

Sientes desesperación porque Dios se ha vuelto en tu contra.

Esperas ser tan bueno que Dios no pueda evitar amarte.

Guardas secretos que te hacen sentir culpable y avergonzado.

Vives como si Dios fuera secundario al mundo "real".

Tratas a los demás como si Dios los amara menos o nada.

Estos ingredientes no sólo estropean tu relación con Dios; condenan cualquier relación entre tú y otra persona. Vivir con miedo, guardando secretos, actuando con ira y violencia: ninguna relación puede crecer bajo estas condiciones, incluso si se las arregla para avanzar con dificultad. Cuando éstas se aplican a tu relación con Dios, el efecto es más desastroso. El mal es creado por el deseo mal planteado de merecer a Dios. Las guerras santas son el ejemplo más obvio, pero la culpa, la vergüenza y la ira son resultados directos de una trampa irremediable que te pone a elegir una cosa u otra: o no eres lo suficientemente bueno para Dios o bien a Dios no le importas y no tiene relevancia qué tan bueno seas. El sufrimiento está enraizado en una relación falsa con Dios, y cuando sufrimos nos agredimos los unos a los otros. Cuando Emerson escribió que el mal es la ausencia del bien, no satisfizo a aquellos que creen en Satán, un agente activo del mal. Pero lo que Emerson quería decir supone la palabra *privación* o carencia. "El mal es meramente privativo, no absoluto; es como el frío, que es una privación del calor. Todo mal es muerte o nulidad [...]. La benevolencia es absoluta y real."

Este comentario se hace eco de las tradiciones de sabiduría del mundo, que afirman que el mal es como un vacío, el vacío de la ilusión. Llena el vacío con realidad y el mal desaparece. No estoy hablando de un truco mágico que hace que el genocidio, los crímenes de guerra y la opresión desaparezcan de la noche a la mañana. La naturaleza humana saca lo peor cuando no encuentra forma de cambiar. Pero tú vas a experimentar una transformación interna y, conforme lo hagas, no te aferrarás tanto a las etiquetas de bien y mal. La plenitud de Dios llenará el vacío incesantemente. Estás escapando de la ilusión, en silencio y sin llamar la atención.

Permíteme darte una idea de las etapas que marcan esta transformación.

Desvaneciéndose en la luz
Conforme la conciencia crece, el mal disminuye

Etapa 1: Miedo

Cuando la conciencia está dominada por el miedo y la inseguridad, el mal está en todas partes. Llega como amenaza física para nuestros cuerpos, dificultad para encontrar alimento y refugio, y desastres naturales que nadie puede prevenir. Dios no ofrece protección. La única protección es la defensa de uno mismo.

Etapa 2: Ego

El ego forja un "yo" fuerte. "Yo" puede enfrentar los retos. Vivir una buena vida, obedecer las reglas y confiar en que Dios es justo y que mantendrá a raya las cosas malas. En un mundo de riesgos

y recompensas supervisado por Dios, "yo" seré bendecido por mi
bondad siempre y cuando evite las trampas del pecado.

Etapa 3: Orden social

La conciencia individual se expande para incluir a otros. El grupo
se une por el bien común. Un sistema de leyes protege a la gente del
crimen y otras ofensas, y está regulado por la policía. El vínculo más
grande es una versión compartida de Dios. La fe sustenta la creencia
de que el mal nunca podrá vencer el amor de Dios por sus hijos.

Etapa 4: Empatía y comprensión

La conciencia se expande para abrazar al mundo "aquí dentro".
Te das cuenta de que los demás tienen sus propias motivaciones y
creencias, justo como tú. Comparten tus sentimientos y tú compartes los de ellos. Se vuelve posible comprender por qué la gente se
comporta como lo hace. La semilla del mal no está dentro de las "malas personas" solamente, sino en todos. Dios, que nos comprende a
todos, es misericordioso. Recibe con los brazos abiertos al criminal
y al justo por igual.

Etapa 5: Descubrimiento interior

La conciencia se expande para preguntar por qué. ¿Por qué
actuamos así? ¿Cuáles son las raíces del bien y del mal en la vida
humana? Ya no hay mal puro o mal cósmico. La responsabilidad
yace simple y llanamente en nosotros. Al confiar en la razón y el
entendimiento, podemos explorar nuestra naturaleza y mejorarla.
Dios es claridad, la luz de la razón, y ya no nos juzga. Quiere que
vivamos en la luz.

Etapa 6: Compasión

La conciencia se expande para amar a la humanidad. La barrera entre lo bueno y lo malo se ha derrumbado. Todas las personas son valiosas sin importar cómo se comporten. Dios mira a sus hijos con amor. Al saber que el amor es eterno, la gente puede ofrecer compasión y tratar a los demás como Dios los trataría.

Etapa 7: Ser

La conciencia se expande más allá de la dualidad. Se permite que el juego del bien y del mal sea lo que es. Tu lealtad ahora está en otra parte. Después de sentir el mundo trascendente, entras y vives en él. Dios es Uno. Fusionada con el ser puro, una persona vive en un estado de gracia, que tiene el poder supremo de superar el mal.

Conforme una persona pasa a través de estas siete etapas, el mal cambia. Pasa de ser una amenaza avasallante a una amenaza menor, y luego deja de ser una amenaza. Cuando intentas comprender por qué existe el mal puedes decidir que su fuente es un demonio cósmico, un defecto en la naturaleza humana o un dominio de sombras que tiene sus propias intenciones ocultas. Pero la conclusión es la misma. El mal es *creado*. Puedes luchar en su contra tanto como quieras. Al final, la solución no existe en el plano de lo creado. Pienso que Emerson intuyó esto cuando dijo que el mal es temporal. No puede ser eterno nada que dependa de la percepción humana. El único estado eterno es el Ser, el estado más simple de la existencia. Planta ahí tus pies: es el único refugio en el que el mal no tiene significado.

El poder del Ser

Cuando era niño, en la India, absorbía la fe de mi madre, quien era muy devota. Me paraba junto a ella todos los días cuando encendía incienso y rezaba ante el altar de la casa. Con frecuencia las tardes eran invadidas por los sonidos del *kirtan*, un grupo de cantantes de canciones devocionales que eran apasionadas y encantadoras.

En la quietud de la noche
Desde la oscuridad llega una luz
Y en mi corazón yo sé que eres tú.

Cuando el fuego en mi alma
Arde con deseo por alcanzarla
Entonces sé en mi corazón que eres tú.

No permaneció conmigo. La fe se iba debilitando cada año que pasaba. Fui afortunado, pues desamparado en Boston siendo un joven doctor, bebiendo por las noches para ser aceptado por mi grupo y fumando para aliviar el estrés, pude encaminarme al éxito. Sin embargo, sentía el vacío que existe cuando la plenitud está ausente. Había atestiguado cómo pacientes de cáncer de pulmón cruzaban la calle, tan pronto los daba de alta, para ir a comprar cigarros en la tienda de la esquina. Había visto la mirada de miedo abyecto en los pacientes moribundos que eran privados de consuelo. La fe que mi madre me inculcó podría haberse convertido en cinismo o desesperanza.

Recordar mi infancia no cambió mi vida. Sentía mi propio vacío y quería hacer algo al respecto. Y la buena fortuna tocó a mi puerta.

La religión que me habían enseñado no se enfocaba en el pecado, la culpa, la tentación o el Diablo. No prometía una recompensa en el cielo o el castigo en el infierno. Ayuda bastante no tener esa carga sobre los hombros. Enseñaba que el secreto para encontrar a Dios es llenarte a ti mismo de Ser (con mayúscula, para denotar al ser puro y absoluto). Una vez que lo haces, sabes que no eres nada más que Ser, y al saber eso llega el despertar total. Miras a tu alrededor y contemplas la luz en todas direcciones.

No importa dónde comiences, el destino es el despertar. El mal es la ilusión más poderosa y está sustentada por el miedo, la emoción negativa más poderosa. Cuando estás enganchado al miedo una voz dentro de ti grita: "¡Escapa! ¡Corre! ¡Estás a punto de morir!" El miedo constriñe la mente. Te paraliza y bloquea todo lo demás. Por contraste, ¿qué puede hacer el Ser? Su voz es silenciosa. No exige. No te dice que escojas A en vez de B, porque el Ser está más allá de la dualidad. La gente acusa amargamente a Dios por no intervenir en el mundo, pero el Ser no tiene otra opción. Subyace en todo de forma equitativa, y al respecto Hamlet estaba equivocado. "Ser o no ser" no es una opción real. Es inevitable ser. Así que al Ser se le pide que resuelva todos los problemas sin hablar, actuar, cambiar o interferir. Entonces el éxito parece improbable, ¿no es así?

La famosa canción de los Beatles dice que el consejo de "déjalo ser" son "palabras de sabiduría". Estoy de acuerdo: nada es más sabio porque cuando el Ser se vuelve humano no se encuentra en un estado pasivo. Es un modo de vida, que la mayoría de la gente no ha probado. Este libro ha presentado un esbozo de lo que este tipo de vida requiere, desde mostrar generosidad de espíritu y expresar amor, hasta encontrar el silencio interior y seguir tu propia guía.

Lo que cambió mi vida no tuvo nada que ver, finalmente, con quien yo era como persona. Las etiquetas que me había asignado (médico indio, exitoso, amado, autosuficiente, etcétera) eran positivas. Como el cielo, la ilusión en la que yo vivía venía con actualizaciones. En realidad ninguna importaba. Lo importante era que había cambiado a una nueva forma de vivir, comenzando por un sentimiento de vacío interior y trabajando desde ahí para llenarlo. Los santos y los ángeles no iluminaron el camino. Todos los días hice lo que siempre hacía: levantarme antes del amanecer, hacer mis rondas en el hospital y ver a muchos pacientes en mi práctica privada.

La diferencia era que me había alineado con el Ser. El verbo *dhar*, "sostener", conduce a un modo de vida que el universo sostiene y que se llama *dharma*. Las palabras extranjeras no son mejores que las palabras comunes y corrientes. Conócete a ti mismo y estarás en tu *dharma*. El *dharma* se reduce a una cosa esencial: confiar en que el Ser corregirá tu rumbo cuando lo necesites. El Ser te da indicios de una realidad superior. Cuando te desvías hacia el ego y el egoísmo, te sientes mal de forma sutil. El Ser habla en silencio, pero la existencia se inclina a su favor. Nuestras vidas tienen unas cuantas ventajas ocultas.

Avanzar se favorece por encima de la inercia.

Una vez que comienza, la evolución acelera el ritmo.

La conciencia se expande de manera natural.

Entre más conoces de ti mismo, tu vida mejora.

Las intenciones positivas son apoyadas más que las negativas.

La conciencia individual está conectada a la conciencia de Dios.

Estas ventajas son sutiles, pero dotan al Ser con enorme poder. Cuando piensas acerca de tus hijos con amor, el pensamiento también ocurre en la mente de Dios; ambas tienen el poder de bendecir. Si vas al cine y te detienes a ayudar a alguien varado en la nieve, tu impulso es el mismo que el impulso de la salvación. Las preguntas más difíciles nunca dejarán de plagar la mente. Dios es el lugar en que la mente encuentra una respuesta más allá del pensamiento. Cuando te das cuenta de esto, nadie en el mundo es un enemigo, sólo un compañero de viaje. La puerta al Ser está abierta para todos, dejando atrás al mal en el umbral.

Epílogo
Dios en un vistazo

Ser aprobado es agradable. Cualquiera que desee ser aprobado debe evitar escribir sobre Dios. Nadie coincidirá contigo por completo. (En un mundo multicultural eso es bueno.) No tendrás la satisfacción de predicar para el coro: en la mayoría de las iglesias el espacio destinado al coro ahora es un lugar vacío y frío. En tan sólo una semana del último año, el *New York Times* publicó dos artículos de opinión que negaban la posibilidad de aspiraciones espirituales. Uno estaba titulado "The Blessings of Atheism" ("Las bendiciones del ateísmo"); el otro, "The Myth of Universal Love" ("El mito del amor universal"). Aparecieron justo después de Navidad. Tal vez ésa era la intención. Estar de buen humor dejaba un sabor amargo. Dios divide, no une.

He intentado presentar a Dios sin exigir que se haga una elección. Si el Bhagavad Gita está en lo correcto cuando dice: "Todos los caminos conducen hacia mí", refiriéndose a Dios, entonces el camino de la incredulidad no puede ser juzgado. Yo no voy al templo o a la iglesia. La autora de "Las bendiciones del ateísmo" condena a la gente como yo, que se consideran "espirituales pero no religiosas". Con un desdén disfrazado, ella continúa con esta frase: "Como se traduce de la palabrería de la psicología, eso podría significar cualquier cosa: que el orador es un ateo que teme el rechazo social o un observador pasivo que quiere los beneficios teóricos de la fe [...] sin las obligaciones que conlleva practicar una religión".

O puede significar algo genuino. El ateísmo comete un error cuando equipara la práctica religiosa con la espiritualidad. Entre más profundo entré a este libro, más claro fue que casi todo lo que uno puede decir sobre Dios implica algún tipo de error. Nadie tiene el monopolio de la verdad. Eso no significa que la verdad no exista. De la misma manera, no importa qué tan mal actúen las religiones, eso no prueba que Dios no existe. Tantas emociones acaloradas giran en torno a Dios que tomé la dirección de encontrar a los ateos en su propio terreno. Dawkins y compañía poseen una máquina de etiquetas que designa su campo con palabras como *racional*, *científico*, *sano*, *valiente* y *lógico*. Cuando la máquina de etiquetas apunta a cualquiera que cree en Dios escupe palabras degradantes: *irracional*, *supersticioso*, *conformista*, *ilógico* y *loco*.

La creencia merece su parte de las buenas etiquetas, así que yo aplico las de *sensatez*, *razón* y *lógica* para sustentar la realidad de Dios. La fe no puede salvarse a sí misma. Varada en el mundo secular, caerá en oídos sordos a menos que hablemos en términos seculares. En un mundo ideal, ambos lados obedecerían el mandato del Nuevo Testamento: "Estén tranquilos y sepan que yo soy Dios". En nuestro silencio, podríamos dedicarnos a leer a Rumi, Kabir y Tagore. Dios está en el entusiasmo de los versos inspirados, como en esta copla:

Escucha, mi corazón, el susurro del mundo.
Así es como te hace el amor.

Es Tagore, y no tiene que mencionar a Dios para que sientas que es espiritual.

> *Me cansé del camino*
> *yendo de aquí para allá.*
> *Me casé con él enamorado*
> *cuando me llevó a todos lados.*

De nuevo Tagore, tan espiritual, tan libre de religiosidad. Un libro que habla por completo desde el corazón sería la mejor alternativa al silencio. Cuando has escrito una oración que estás seguro que convencerá a un escéptico, te dispones a rendirte. Yo he llorado por versos que a otra persona le provocan risa o aburrimiento.

Lo cual deja el mundo de las ideas donde la razón, la sensatez y la lógica deben ser aplicadas. Con eso en mente, terminaré ofreciendo un conjunto de ideas clave, aquellas que deben ser dirigidas a ambas partes. Cada idea corresponde a una discusión más amplia en el libro. Por sí mismas, son como telegramas, unas cuantas frases para expresar el mensaje. He dividido el conjunto en tres secciones que corresponden a los grandes temas que han sido abordados en el texto: el ateísmo militante, la fe y Dios. Por mi nuevo entusiasmo con las redes sociales, he tuiteado estas ideas, así que puedo asegurar que generan movimiento, de una u otra forma. Creo que lo que pueden hacer aquí es mejor. Tienes una oportunidad de ver hasta dónde han llegado tus creencias.

Incluso nuestras creencias más preciadas han cambiado —o no—. A menudo somos los peores jueces de lo que sucede en nuestro mundo interior. Casi todas las ideas juegan en la superficie de la mente. Es mejor basarse en una imagen poética de Dios. Él es como un leve perfume que detectas cuando dormitas en la noche. Apenas sabes qué delicioso aroma te despierta, pero por un rato te es difícil volver a dormir.

Ateísmo militante
Diez errores en el espejismo de Dawkins

1. Su ateísmo ataca la versión de Dios del catecismo como si no existiera otra. Agrupa cualquier tipo de creencia religiosa con los excesos de los extremismos fanáticos.

2. Su ateísmo descansa sobre la creencia de que el universo no tiene una fuente inteligente. Pero un universo aleatorio es la explicación menos probable acerca de cómo surgió la vida inteligente.

3. Su ateísmo equipara la realidad con el mundo material, tal como lo perciben los cinco sentidos. No considera la revolución cuántica, que abrió una realidad más allá del mundo visible.

4. Su ateísmo vincula todo a las leyes inflexibles de la naturaleza, pero no puede explicar por qué las leyes de la naturaleza existen o de dónde vienen.

5. Su ateísmo usa la evolución como argumento en contra de una fuente de vida inteligente, aunque la supervivencia del más fuerte no puede explicar la creación de la vida.

6. Su ateísmo se posiciona como racional pero no puede explicar el origen de la racionalidad. ¿Cómo es que la actividad fortuita del cerebro produce orden y lógica?

7. Su ateísmo afirma que la biología es la base de la conciencia sin ofrecer una teoría de cómo aprendieron a pensar las moléculas.

8. Su ateísmo ve el cerebro en términos rígidos de causa y efecto. Todo pensamiento y comportamiento es determinista. No explica el libre albedrío, la creatividad ni el entendimiento.

9. Su ateísmo niega la existencia del yo, y considera que es una ilusión creada por el cerebro. Pero las neurociencias nunca han encontrado el lugar donde reside el "yo" en el cerebro.

10. Su ateísmo no puede explicar cómo el yo ilusorio llega al conocimiento de sí mismo.

Fe
Diez razones por las que la fe vale la pena

1. La fe no es creencia ciega, sino un saber que proviene de la experiencia.

2. La fe es la disposición de entrar en lo desconocido.

3. La fe expresa asombro ante el misterio de la existencia.

4. La fe proviene del silencio interno y de lo que revela.

5. La fe da confianza en el mundo interior de entendimiento, intuición e imaginación.

6. La fe acerca a una persona a la fuente de la creación.

7. La fe presenta al ser verdadero, que está más allá del ego.

8. La fe conecta al mundo de "aquí dentro" con el mundo de "allá afuera".

9. La fe suprime la división entre lo natural y lo sobrenatural.

10. La fe en tu ser más profundo es fe en Dios.

Dios

Diez ideas que le dan un futuro a Dios

1. Dios es la inteligencia que concibe, gobierna, construye el universo y se convierte en él.

2. Dios no es una persona mítica: es el Ser mismo.

3. Dios no fue creado. El universo no puede revelar a Dios, ya que todo lo que existe fue creado.

4. Dios existe como campo de todas las posibilidades.

5. Dios es conciencia pura, la fuente de todos los pensamientos, sentimientos y sensaciones.

6. Dios trasciende todos los opuestos, incluyendo el bien y el mal, que surgen en el campo de la dualidad.

7. Dios es Uno pero se diversifica en muchos: hace posible al observador, al observado y al proceso de observación.

8. Dios es dicha pura, la fuente de toda alegría humana.

9. Dios es el ser del universo.

10. Sólo hay Dios. El universo es Dios manifestado.

Agradecimientos

Un nuevo libro se expresa conforme crece, algunas veces más del cerebro que del corazón, y a veces al contrario. Primero, estoy profundamente agradecido con los muchos científicos eminentes en el ámbito de las ciencias físicas y biológicas con los que he estado dialogando a lo largo de los últimos años. Han ampliado y fortalecido mi comprensión de incontables maneras. Este libro acerca de Dios surgió de la necesidad de que la espiritualidad sea creíble para la gente moderna y la traiga de regreso del umbral de la incredulidad. Estoy muy agradecido por la oportunidad de satisfacer esta necesidad, y con la gente que trabajó con tanta dedicación para volverlo realidad.

El equipo en Harmony y Crown me ha apoyado y ha creído en mi trabajo a lo largo de muchos cambios en el mundo editorial. Tina Constable (editora de Crown), Diana Baroni, Meredith McGinnis, Amanda O'Connor, Michael Nagin, Patricia Shaw y Tammy Blake son esa clase de personas de las que los escritores no podemos prescindir, y espero fervientemente que el mundo de los libros se dé cuenta de eso en las próximas décadas.

Hay ciertos proyectos en los que las contribuciones del editor son especialmente decisivas. Este libro fue uno de ellos, y mi editor Gary Jansen adecuó el tono, la dirección y la redacción con un juicio astuto en cada paso del camino: gracias. Nuestra relación se ha convertido en un vínculo de confianza, afecto y respeto mutuo.

Mi vida laboral es guiada de forma experta por mi equipo, compuesto por Carolyn y Felicia Rangel, y Tori Bruce, quienes son tan cercanos a mí como mi propia familia. Mi agradecimiento también abarca a Poonacha Machaiah, Sara Harvey, Kathy Bankerd, Attila Ambrus y el personal del Chopra Center. Todos ustedes me han enseñado lo que significa "el espíritu en acción".

Mi esposa, Rita, es la luz alrededor de la cual gira nuestra extensa familia. Ahora acoge a Mallika, Sumant, Tara, Leela, Gotham, Candice y Krishu. Ellos son la dulce alegría de mi vida.